SUBMARINE IMMERSED TUNNEL
Settlement and Stress Characteristics

海底沉管隧道沉降及受力性状

魏 纲 ◎ 著

浙江大学出版社
·杭州·

图书在版编目（CIP）数据

海底沉管隧道：沉降及受力性状 / 魏纲著.
杭州：浙江大学出版社，2024.8. -- ISBN 978-7-308
-25374-1

Ⅰ. U459.5
中国国家版本馆 CIP 数据核字第 2024L2Z931 号

海底沉管隧道：沉降及受力性状
魏　纲　著

责任编辑	陈　宇
责任校对	赵　伟
封面设计	浙信文化
出版发行	浙江大学出版社
	（杭州市天目山路148号　邮政编码310007）
	（网址：http://www.zjupress.com）
排　　版	杭州星云光电图文制作有限公司
印　　刷	杭州捷派印务有限公司
开　　本	710mm×1000mm　1/16
印　　张	17.25
字　　数	328千
版 印 次	2024年8月第1版　2024年8月第1次印刷
书　　号	ISBN 978-7-308-25374-1
定　　价	88.00元

版权所有　侵权必究　印装差错　负责调换

浙江大学出版社市场运营中心联系方式：0571-88925591；http://zjdxcbs.tmall.com

前　言

　　沉管法是20世纪初发展起来的一种修建水下隧道的新工法,目前已被世界各国广泛采用。自1910年美国底特律河建成第一座沉管隧道以来,世界上已有20多个国家共建成了200多座沉管隧道。截至2020年,我国已建成和在建的沉管隧道达26座,主要分布在台湾、香港、珠江三角洲以及长江三角洲等沿海地区。沉管法应用于海底隧道建设时,与矿山法、盾构法等其他水底隧道施工方法相比具有诸多优点,如航运影响小、工程造价低、管段预制条件好、地质水文适应性强、抵御自然灾害能力强、断面设置灵活及防水性能好等。这些优点为沉管隧道在国内外的发展奠定了坚实基础。真正让我国人民了解沉管法隧道的是港珠澳大桥海底沉管隧道,该隧道全长6.7km,是世界上最长的公路沉管隧道和唯一的深埋沉管隧道,也是我国第一条外海沉管隧道。该隧道海底部分长约5664m,由33节巨型沉管和1个合龙段最终接头组成,最大安装水深超过40m,创造了多项世界纪录,让国人感到非常自豪。

　　在沉管隧道技术不断发展的同时,也出现了很多安全问题,如沉降、不均匀沉降引起的管节开裂、渗水漏水、横撑破坏以及路面破坏等,这些问题给隧道的正常使用带来了很多不便。因此,研究沉管隧道沉降、了解沉降产生的机理和变化规律非常有必要。与矿山法、盾构法等其他水底隧道施工方法相比,沉管法是一个相对冷门的课题,关于它的研究课题、研究成果明显偏少,目前仍有许多问题值得进一步研究。

　　在作者主持的国家自然科学基金面上项目"考虑结构-基础-土体-水共同作用的海底沉管隧道沉降及受力性状研究"(批准号:51178428)、浙江省自然科学基金重点项目"运营环境下海底沉管隧道灾变机理及试验研究"(编号:LZ12E08001)、2013年度浙江省本科院校中青年学科带头人学术攀登项目"考虑回淤影响的海底沉管隧道基础层压缩特性研究"(编号:pd2013454)的资助下,作者自2011年开始研究沉管隧道,已陆续发表了20余篇中文和英文论文,并以此书将研究成果整理成册出版。

由于作者水平有限,再加上编写时间仓促,书中内容难免存在疏漏之处,敬请读者批评指正。本书在编写过程中引用和参考了大量文献与相关资料,在此特向所有原作者致以谢意。本书在写作过程中得到了许多同事和学生的帮助。特别感谢我的研究生裘慧杰、苏勤卫、邢建见、陆世杰,以及本科生王栋迪、杨泽飞、朱昕光、黄絮、胡慧静、赵春艳等提供的帮助,在此谨向他们致以谢意。最后,还要感谢中铁隧道集团有限公司杭州分公司和舟山沈家门港海底沉管隧道工程业主单位给予的帮助。

本书由浙大城市学院浙江省城市盾构隧道安全建造与智能养护重点实验室、城市基础设施智能化浙江省工程研究中心资助出版,浙大城市学院魏纲独著。

魏　纲

2023 年 8 月 6 日

于浙大城市学院

目 录

第1章 绪 论 ··· 1
   1.1 研究背景及意义 ··· 1
   1.2 国内外研究现状 ··· 4
   1.3 沉管遂道沉降研究现有的不足之处 ······················· 19
   1.4 本书研究内容 ·· 20
   参考文献 ·· 22

第2章 舟山沈家门港海底沉管隧道工程施工介绍 ············ 30
   2.1 工程环境概况 ·· 30
   2.2 工程设计概况 ·· 31
   2.3 工程水文地质条件 ·· 33
   2.4 拼装阶段施工介绍 ·· 37
   2.5 本章小结 ··· 49
   参考文献 ·· 50

第3章 舟山沈家门港沉管隧道沉降监测数据整理及结果分析 ··· 51
   3.1 引 言 ·· 51
   3.2 管节沉降监测方案 ·· 52
   3.3 监测数据整理分析 ·· 54
   3.4 施工影响分析 ·· 59
   3.5 实测数据修正分析 ·· 63
   参考文献 ·· 68

第4章 基于光纤光栅技术的海底沉管隧道管段应变研究 ··· 70
   4.1 引 言 ·· 70
   4.2 光纤光栅传感器工作原理 ··································· 71

4.3 现场监测系统 ………………………………………………… 72
4.4 实测数据分析 ………………………………………………… 76
4.5 稳定后各截面应变值与理论计算值的对比 ………………… 83
4.6 本章小结 ……………………………………………………… 86
参考文献 …………………………………………………………… 87

第5章 沉管隧道基础层压缩的缩尺模型试验介绍 …………… 89
5.1 引　言 ………………………………………………………… 89
5.2 试验设计 ……………………………………………………… 90
5.3 试验材料和设备 ……………………………………………… 94
5.4 砂盘扩散试验 ………………………………………………… 96
5.5 试验步骤 ……………………………………………………… 97
5.6 试验过程 ……………………………………………………… 98
5.7 本章小结 ……………………………………………………… 99
参考文献 …………………………………………………………… 100

第6章 基础层压缩的缩尺模型试验数据分析 ………………… 101
6.1 引　言 ………………………………………………………… 101
6.2 各工况下基础层沉降随荷载变化 …………………………… 101
6.3 不同工况比较分析 …………………………………………… 110
6.4 基础层压缩组成与机理分析 ………………………………… 111
6.5 回淤影响评估 ………………………………………………… 112
6.6 工程建议 ……………………………………………………… 119
6.7 本章小结 ……………………………………………………… 120
参考文献 …………………………………………………………… 121

第7章 沉管隧道沉降机理及控制措施研究 …………………… 122
7.1 引　言 ………………………………………………………… 122
7.2 实测数据收集 ………………………………………………… 123
7.3 实测数据统计分析 …………………………………………… 126
7.4 隧道差异沉降产生原因、危害 ……………………………… 134
7.5 防治差异沉降的措施 ………………………………………… 136

7.6　本章小结 ··· 138
　　参考文献 ··· 139

第8章　沉管隧道沉降计算方法研究 ··· 141
　　8.1　引　言 ··· 141
　　8.2　修正弹性地基梁法的计算方法 ··· 142
　　8.3　利用三参数模型的沉降计算方法 ······································· 162
　　8.4　本章小结 ··· 168
　　参考文献 ··· 169

第9章　沉管隧道结构纵向受力理论计算模型研究 ··························· 170
　　9.1　引　言 ··· 170
　　9.2　沉管隧道纵向计算模型 ··· 171
　　9.3　算例分析 ··· 175
　　9.4　舟山沈家门港海底沉管隧道三维有限元模拟 ························· 181
　　9.5　本章小结 ··· 186
　　参考文献 ··· 187

第10章　潮汐荷载下沉管隧道管节环向应变计算模型研究 ·················· 189
　　10.1　引　言 ··· 189
　　10.2　管节环向应变理论计算模型 ·· 190
　　10.3　舟山沉管隧道管节环向应变增量实测 ································ 192
　　10.4　舟山沉管隧道管节环向应变理论计算 ································ 200
　　10.5　本章小结 ··· 206
　　参考文献 ··· 207

第11章　潮汐荷载下沉管隧道管节竖向位移响应研究 ······················· 210
　　11.1　引　言 ··· 210
　　11.2　土层沉降计算模型建立 ·· 211
　　11.3　管节竖向位移计算方法 ·· 214
　　11.4　宁波甬江沉管隧道工程实例分析 ····································· 217
　　11.5　本章小结 ··· 224
　　参考文献 ··· 225

第 12 章　车辆荷载对沉管隧道影响的理论方法研究 …………… 228
　　12.1　引　言 ………………………………………………… 228
　　12.2　车辆荷载作用下基于 Kelvin 黏弹性地基梁的管节动力模型分析计算
　　　　　……………………………………………………… 229
　　12.3　车辆荷载作用下基于 Timoshenko 梁理论的管节竖向位移计算
　　　　　……………………………………………………… 238
　　12.4　本章小结 ……………………………………………… 250
　　参考文献 …………………………………………………… 251

第 13 章　车辆荷载下沉管隧道动力响应有限元分析 …………… 254
　　13.1　引　言 ………………………………………………… 254
　　13.2　工程概况 ……………………………………………… 255
　　13.3　有限元模型建立 ……………………………………… 255
　　13.4　计算结果分析 ………………………………………… 260
　　13.5　本章小结 ……………………………………………… 266
　　参考文献 …………………………………………………… 266

第1章
绪　论

1.1　研究背景及意义

1.1.1　沉管隧道发展现状

随着社会经济的快速发展、交通运输的日益便捷，桥梁已不再是跨越江河湖海的唯一构筑物。随着技术的不断突破，水底隧道越来越多地进入了人们的视野。相较于桥梁，水底隧道具有如下优点：①受气候和极端天气影响小；②对航空和航海干扰小；③不需引桥，线路短，占用地面空间小；④抗震性好。目前，水底隧道的施工方法主要有气压沉箱法、围堤明挖法、盾构法以及沉管法等。其中，沉管法为一种主要施工方法，施工步骤为：先在大型船台上或干坞内预制管节，管节两端用临时封墙密封，并在水底开挖基槽；管节下水浮运至设计位置进行定位，向管内注水加载实现管节下沉，然后通过调整临时支撑系统的高程实现相邻管节的对位与拉合；管节连接完成后进行基础处理，回填砂石和碎石，排出封墙间的水，从而实现管节的水力压接；最后拆除两端封墙形成整体隧道。沉管隧道的施工过程如图 1.1-1～图 1.1-4 所示。

图 1.1-1　管节预制

图 1.1-2　管节浮运

图 1.1-3 管节沉放　　　　　　　　图 1.1-4 管节对位拉合

沉管法应用于水下隧道建设时,与明挖法、盾构法等其他隧道施工方法相比具有如下优点:①断面设置灵活,空间利用率高;②管节预制有利于缩短水上工期,减小对航运的影响,同时保证管节质量;③埋深浅,工程造价低;④相较盾构隧道接头少,防水性能良好;⑤没有地下工作,安全性好,施工精度高;⑥抗震性能好。基于以上优点,沉管隧道在全球范围内被广泛采用。

1810 年,查尔斯·怀亚特(Charles Wyatt)在伦敦进行了世界上首次沉管隧道施工试验。1896 年,美国在波士顿建成世界上首条输水隧洞。1910 年,美国在底特律河建成世界上第一条铁路沉管隧道。1942 年,荷兰首次采用矩形钢筋混凝土管节建成马斯隧道(Maastunnel)。由于沉管隧道结构的特殊性,建设中需要解决水下连接技术和基础处理技术这两项关键技术。在水下连接技术方面,1959 年,加拿大采用水力压接技术建成迪斯隧道。20 世纪 60 年代,荷兰发明了 GINA 止水带,日本在此基础上进一步研发了新型止水带[1]。在基础处理技术方面,丹麦在 19 世纪 40 年代发明了喷砂法,瑞典在 19 世纪 60 年代首次采用了灌囊法,荷兰在 19 世纪 70 年代发明了压砂法,日本在 19 世纪 70 年代推出了压浆法[2]。在此后半个世纪中,随着水下连接技术和基础处理技术日趋成熟,沉管法越来越受到工程界的青睐。

国内沉管隧道起步较晚,19 世纪 60 年代初,上海开始开展类似沉管法的理论研究。1976 年,上海金山石化工程中首次采用沉管法建成了一条排污隧道。1972 年,香港建成了跨越维多利亚港的红磡海底隧道。1984 年,台湾建成了高雄公路沉管隧道。1993 年,大陆建成了首条沉管隧道——广州珠江隧道。1995 年,大陆第二条沉管隧道——宁波甬江沉管隧道建成,这是国内沉管隧道工程在软土地区的首次尝试。国内已经建成和在建的沉管隧道主要分布在长三角和珠三角地区。其中,已经建成的港珠澳大桥沉管隧道为目前全世界最长的公路沉管隧道,隧道全长 6700m,沉管段长 5664m,单个管节长 180m,最大安装水深超过 40m。

我国地域辽阔、水网交错、海湾繁多,这些条件为未来沉管隧道建设提供了广阔平台。最近几十年,沉管技术在我国的发展速度已经显示出了其蓬勃的生命力。我国在推进国内沉管技术发展的进程中,一方面,不断学习国外先进的建造技术与经验,另一方面,在实际工程中多次尝试应用新工艺、新材料、新器具,为未来沉管隧道工程建设积累了许多宝贵的案例。

1.1.2 研究意义

很长一段时间,技术人员认为上浮是沉管隧道唯一的危险状态,而对沉管隧道管节的沉降问题却并不重视,几乎所有的设计都是针对预防沉管隧道上浮来进行的。然而监测结果表明,隧道沿轴向会出现较大的不均匀沉降[3-4],该现象在软土地区尤为突出[5]。例如,丹麦奥尔堡的利姆海峡(Limfjord)隧道在施工完成后,17年内累计沉降最大达到75mm;比利时安特卫普的肯尼迪隧道在施工完成后,11年内累计沉降最大达到53mm[6];我国宁波甬江沉管隧道运营16年后,累积沉降最大达到83mm[7];珠江越江沉管隧道运营8年后,累积沉降最大达到25mm[3];上海外环沉管隧道最大沉降为310mm[8]。由于沉管隧道结构沿纵向容易发生不均匀沉降,故在隧道部分及接头处会产生较大的应力或位移,从而损坏管段和接头,影响隧道运营安全。若沉管隧道为铁路隧道,沉降会使纵向铁路线的形状发生不连续变化,从而影响列车的正常运行。有些沉管隧道甚至会因为沉降过大而出现管段开裂、渗漏等严重问题,直接影响隧道的寿命与安全。蒙庆辉等[9]的研究表明,50mm不均匀沉降可以使沉管隧道整体管段产生裂缝,裂缝很可能会贯通底板。上海打浦路隧道曾因地面超载引起纵向不均匀沉降而导致隧道严重漏水。此类工程事故的发生,不仅会对周边建筑物和基础设施造成影响,产生巨大的经济损失,还会严重威胁到附近居民的生命财产安全。因此,沉管隧道沉降的机理、计算方法及控制措施等相关研究尤为重要。

在受力方面,人们一直认为沉管隧道从施工阶段到运营阶段均受到较大的浮力,其抗浮系数在施工阶段一般为1.05,运营阶段为1.1[10]。通常这样设计后,沉管隧道的工后沉降会比较小。但事实上,由于海底隧道环境的不稳定性,沉管隧道的受力情况会产生明显变化,沉管隧道因此会产生不均匀沉降。软土地区由于在管段预抬升时易出现顶起困难,故施工时需要在基础层下施加临时支撑垫块。然而,隧道在临时支撑垫块处常常出现内壁开裂等现象,但该情况目前并未引起设计者足够的重视[11-14]。学者们的研究均未考虑临时支撑垫块对管段的影响,研究存在不足。因此,研究沉管隧道的受力情况以及基础层的压缩性能尤为重要。

沉管隧道建造位置特殊,沉埋于水底之下,虽然规避了桥梁结构的缺点,但由于埋置深度较浅,常年受到潮汐周期荷载的作用。沉管隧道施工完成后,河床淤泥长期回淤会在隧道表面形成一层回淤土,该层土透水性较差。根据工程现场监测,伴随着潮汐水位的升降,沉管隧道管节也会发生上升或下沉[15-17]。其中,比利时安特卫普的肯尼迪隧道在5.4m潮汐作用下,岸边端面振幅达到5mm,跨中端面振幅达到10mm。管节竖向长期循环浮动过大会使管节产生疲劳损伤,同时也会对接头的密水性和管节内行车的舒适性产生影响。因此,研究潮汐荷载作用下沉管隧道管节竖向位移和环向应变对增强隧道运营监控以及保证隧道的安全使用具有重要意义。

国内外现有的有关沉管隧道的研究主要集中在管节静力分析[18-19],有关管节动力方面的研究主要集中在管节地震响应分析[20-23],而对车辆荷载引起的管节位移响应的少有涉及。沉管隧道多建造于沿海地区,地基较为软弱,国内外已建沉管隧道多为公路隧道,运营期间常年受到车辆循环荷载的作用,其作用不可忽略。此外,为防止接头处应力集中,软土地区沉管隧道管节接头一般采用柔性接头,该部位对水密性控制较为严格,对沉降较为敏感。因此,研究车辆荷载作用下沉管隧道管节位移响应对管节竖向位移及接头竖向位移差控制有着重要意义。

1.2 国内外研究现状

1.2.1 沉管隧道沉降相关研究

(1)理论研究

目前常用的地基沉降简化计算方法主要有三类。第一类方法为国内各行业规范中的分层总和法或应力面积法,该类方法以室内固结试验所得的压缩模量为参数进行沉降计算,通过经验系数来调整计算结果。其经验系数的范围较广,且计算的准确性需要依靠大量的地区实测数据修正[24]。第二类方法为 e-$\lg p$ 法,该类方法通过压缩指数、回弹指数和前期固结压力等参数进行固结沉降、回弹和再压缩沉降的计算。该方法将回弹和再压缩的过程视为相同的过程,与实际不符[25]。第三类方法主要基于原位测试,如杨光华[26]根据原位载荷板试验提出的非线性切线模量法通过两个非线性参数 m 和 j 来描述土体应力与应变的关系,该关系能反映隧道的卸载再加载特性,部分克服了分层总和法的缺陷,适用于各种土层;徐国平等[27]依据原位孔压静力触探(CPTU)试验数据和室内固结试验数据,对 Janbu 切线模量法的计算公式和参数取值进行了初步探讨,最后通过算例说明了该方法的计算过程。

早在1995年,中国学者就已经开始研究沉管隧道的沉降机理及其计算方法。

徐干成等[28]将引起沉管隧道基础沉降的原因归纳为重复荷载、施工活动和管段上覆荷载的初始压缩、地震荷载以及地下水位下降四类,并提出了沉管隧道基础下沉的预测方法和相应的预防措施。他们采用经验公式,根据室内或原位试验获得的土体压缩性指标,对基槽开挖覆盖回填后地基土层产生的回弹和再压缩变形以及基础层的初始压缩变形进行了计算。

刘伟等[29]将地基视为黏弹性体,发现地基的沉降特征符合开尔文(Kelvin)模型;将沉管隧道视为黏弹性地基上的弹性梁,通过计算黏弹性解,得到了黏弹性地基梁上的挠曲和地基反力随时间的变化曲线。

李剑等[30]通过监测运营期间的沉管隧道,发现隧道出现了不同程度的沉降,且沉降问题在软土地基上尤为突出。他们指出,河道积淤、潮汐的往复荷载以及超载等均可引起沉管隧道沉降,并提出了加固后管体应力的计算方法,分析了管体本身的内力和加固情况。

邵俊江等[31]指出,潮汐水位周期性变化对隧道工后沉降变形有较大的影响。而且,随着潮位差的增大,隧道高、低潮平潮时刻的沉降差异也相应更为明显。他们还建立了双侧土地基和单层土地基的隧道沉降计算方程,并利用拉普拉斯(Laplace)变换求得了沉降分布和量值计算的解析表达式。

宋仪[32-33]对国内部分已建成沉管隧道的后期沉降进行了统计,发现隧道均有不同程度的基础下沉和管段开裂现象,并将沉降原因归为隧道抗浮安全系数偏大、清淤难度大和砂基础质量难以控制三个方面。

王中文等[34]结合港珠澳大桥沉管隧道的施工方案,针对地基沉降及隧道健康监测等提出了切实可行的研究思路。他们通过研究指出,一般情况,在对沉管隧道的横向计算中,模型沿沉管隧道纵向取单位长度,并按平面应变假定进行计算,将管体结构简化为平面框架,计算外部荷载时考虑水压、土压、淤泥和汽车等作用下的各种不同荷载组合;在纵向计算时将管体假定为三维弹性地基实体梁单元。

魏纲等[35]于2012年对关于沉管隧道结构的沉降与变形等的国内外研究进展作了综述,指出了当时研究的不足,建议之后的研究应考虑海底沉管隧道沉降产生的原因和作用机理,并提出了沉降的分析计算方法,建立了沉管隧道结构力学分析模型,研究了沉管隧道结构的长期受力性状。

魏纲等[4]修正了先前的沉管隧道竖向沉降计算中的弹性地基梁法,对K值的计算方法以及柔性接头的约束方式进行了改进,使其更加符合工程实际;建立了砂基础层的沉降计算方法,并提出采用土体回弹梁计算地基土层沉降。同时,他们以浙江舟山沈家门港海底沉管隧道工程为例,计算了正常及极限工况下隧道产生的竖向沉降。结果表明,计算结果与工程实测较为吻合,且可以较好地反映土层不均匀、回淤不均匀和不同接头形式对沉管隧道沉降的影响。

孙钧[36]提出了港珠澳沉管隧道日后长期运营过程中可能面临的由分布不均匀的水道回淤情况导致的深厚软基土产生较大的沿隧道纵向的不均匀差异沉降问题,并对隧道节段接头等部位的受力、变形及如何合理调控沉管隧道管节内预应力值等问题进行了一些分析和探讨,对治理措施提出了优化建议。

苏勤卫[37]把沉管隧道基础层和地基土层整体定义为复合地基,用弹簧代表基础层,Kelvin模型代表地基土,提出采用三参数模型来模拟复合地基。在弹性地基梁解的基础上,可根据对应性原理和三参数模型本构关系,利用拉普拉斯变换推导出沉管隧道三参数模型的沉降解析解。该方法既考虑了沉管隧道基础层的沉降影响,还反映了沉降随时间的变化规律。结果表明,该方法得出的计算值与实测值较接近,具有较高可靠性。观察发现,沉降随时间的增长(7个月以后)逐渐达到稳定;同时,沉管隧道基础层产生的沉降很大,超过了总沉降的60%,应引起重视。

王殿文[38]依托港珠澳大桥,针对相邻管节间不均匀沉降问题提出了新的基础注浆施工过程,同时保证了沉管安装质量及注浆效果,并通过设置沉降监测点,由高程观测验证了该施工过程对治理管节间不均匀沉降的有效性。

林鸣等[39]为降低沉管管节之间的差异沉降所带来的结构风险,用记忆支座代替传统支座作为沉管管节竖向剪力键之间的竖向传力板,保护了管节接头部位的结构免受剪切破坏,尤其外侧墙的混凝土开裂所带来的钢筋腐蚀与耐久性问题。同时,加载试验成功后,记忆支座成功应用于港珠澳隧道。

纵向差异沉降控制在港珠澳大桥沉管隧道工程中属于决定工程成败的关键技术。徐国平等[40]基于港珠澳大桥沉管隧道研发了超长沉管受隧道沉降控制标准定量分析方法及沉降控制技术,提出了一套关于沉管隧道的基础-结构总体计算方法,同时还研发了专用于沉管隧道分析的软件。

方亮等[41]依托某沉管隧道工程,利用弹性地基梁沉管隧道纵向计算理论,结合监测所得的沉降数据,基于徐国平等建立的接头容许剪力值与纵向差异沉降容许值间的关系获得的纵向差异沉降简化计算方法,计算得到了沉管隧道各管节的容许差异沉降值。计算结果表明,该沉管隧道差异沉降在容许沉降值范围内。

李建宇等[42]针对沉管隧道基础沉降及差异沉降问题,提出了组合基床方案。他们通过复合地基沉降计算分析及观测数据,探究了新型复合地基及组合基床方案在控制沉降方面的效果显著性,总结出了复合地基沉降计算方法,为类似工程提供了指导。

王坤等[43]针对港珠澳大桥沉管隧道中运用刚性桩复合地基产生的沉降问题,进行了荷载试验,修正了该地基加固区复合模量提高系数,提出了复杂工况下该复合地基的沉降计算方法。式(1-1)和式(1-2)分别是正常固结土地基与超固结土地基加固区沉降计算公式。他们还结合实测数据验证了沉降计算方法的准确性。

$$s_1 = \sum_{i=1}^{m}\left[\frac{\Delta H_i}{\xi(1+e_{0i})}\left(c_{ci}\lg\frac{p_{ci}+\Delta p_i}{p_{ci}}\right)\right] \tag{1-1}$$

$$s_1 = \sum_{i=1}^{m}\left[\frac{\Delta H_i}{\xi(1+e_{0i})}\left(c_{si}\lg\frac{p_{ci}}{p_{0i}}+c_{ci}\lg\frac{p_{0i}+\Delta p_i}{p_{ci}}\right)\right] \tag{1-2}$$

式中：m 为土层分层数；p_{ci} 为第 i 层土的前期固结压力；e_{0i} 为第 i 层土的初始孔隙比；c_{si} 为第 i 层土的再压缩指数；c_{ci} 为第 i 层土的压缩指数；p_{0i} 为第 i 层土的初始自重应力；Δp_i 为荷载在第 i 层土产生的平均附加应力；ΔH_i 为第 i 层土的厚度；ξ 为复合模量提高系数。

陈伟乐等[44]重点讲述了港珠澳大桥沉管隧道在砂土液化、回淤强度大等不良地质情况下产生沉降而采用的基础处理技术的创新与提升，并指出应在此基础上，充分考虑结构与基础的相互作用，开展对不良地质条件下沉管隧道沉降防控技术和隧道病害诱发机理等的研究。

王延宁等[45]基于柔性沉管隧道的受力变形特征，引入淤积荷载函数和地层参数，优化了回淤清淤循环荷载下管节长期沉降的理论分析模型，并以宁波甬江沉管隧道工程为例，将所得计算值与其他现有模型进行比较。结果表明，该模型的计算结果与实测数据更吻合；清淤频次影响沉降大小，甬江隧道一年两次清淤引起的管节接头沉降最小。研究结果对沉管隧道管节接头的设计计算、运营管理有指导意义。

(2) 实测分析

Schmidt 等[46]对美国汉普顿第二公路隧道(Second Hampton Roads Tunnel)从施工期到运营期的沉降进行了长期监测。监测结果表明，软土地基上的沉管隧道会发生较大的沉降。他们提出沉管隧道的计算应包含施工阶段土的回弹和隧道沉放后土的再压缩变形。

陈东霞等[47]对模型试验中竖井开挖的沉降数据进行了处理，并以其为依据，建立了最佳维数等信息模型；同时还采用后验差检验法对模型的精度进行检验，并依据此模型对未来时刻竖井沉降进行短期预测。

李伟等[48]对某过江隧道中段沉管进行了连续 36h 的沉降观测，并对谐波进行分析，研究了潮汐对过江隧道中段沉管高程的影响。他们发现潮位的变化会直接影响监测点的高程，监测点高程与潮位存在明显的谐波特性波动周期，且周期为 12h。隧道沉管竣工后经历了较长一段时间的稳定期，沉管高程的日变化规律主要由潮汐变化决定。

梁禹[3]对广州地铁一号线越江隧道运营期的结构变形进行了监测与分析，结果显示,砂垫层的压缩变形是一个长期的过程。在结构刚度足够的前提下,沉管荷载、顶部压实荷载、水压以及列车运行荷载等的共同作用会导致基础发生压缩变形而产生沉降,是引起沉管段总体沉降和不同地段沉降不一致的主要原因。

魏纲等[49]通过收集国内外19座沉管隧道的沉降实测数据,分析了施工期间沉降、工后沉降、总沉降以及施工期间沉降和总沉降引起的首尾沉降差;总结了管段之间接头处沉降差的变化规律;对差异沉降产生的原因、危害进行了分析,并对此提出相应的防治措施。

魏纲等[50]根据某海底隧道施工期间的沉降监测数据,分析了隧道沉降的发展规律,对单个及多个管节的不均匀沉降进行了研究。他们从土体压缩方面提出沉管隧道施工期间的沉降机理,得到施工时间差异和单管节累积沉降差异是不均匀沉降发生的主要原因;另外,从施工外因的角度对注浆和回填的影响进行了探讨,得出注浆差异是造成后续不均匀沉降的内因,回填造成的基础层和土层的压缩是造成施工期间沉降的外因。

张海丰等[51-52]依托港珠澳大桥岛隧工程,对沉管隧道地基基础进行监测。监测结果表明,堆载预压下,地质越差区域沉降位移量越大,荷载越大沉降位移量也就越大;挤密砂桩和堆载预压手段能够有效缓解过渡段表层的差异沉降所带来的危害。

薛建设[53]进行了反复荷载作用下土样的固结变形特征试验。研究表明,在反复荷载作用下,土样固结完成时间比静载长,且其累计变形量呈振荡式增加,故提出在理论计算时不能将反复荷载等效为静载进行计算。他在试验基础上推导出了与孔隙比变化率相关的沉降计算经验公式并进行了修正。

胡玗晗[54]利用RESON多波束测深系统,结合高精度曲面建模(HASM)探究了某沉管隧道外部覆土厚度和沉降变化。监测结果表明,沉管沉降变化与沉管覆土变化呈负相关。他认为由于隧道在沉降变化的同时还受到水文地质条件等多种因素的影响,因此该监测系统应该结合更多影响因子进行下一步研究。

胥新伟等[55]认为大型沉管隧道监测系统受外界环境和隧道工艺差异影响大,目前并没有标准、统一的监测系统。为准确掌握沉管隧道施工阶段的荷载变化,他们通过多种新型监测技术对港珠澳大桥沉管隧道进行施工监测,获得了管节间差异沉降等数据,通过分析监测数据对沉管隧道工程风险进行了预警。

李斌等[56]以港珠澳大桥的现场实测所得数据对沉管隧道的沉降现象及规律进行了归纳总结。他们在讨论沉降的组成及机理的同时,通过监测数据分析了瞬时沉降对沉管隧道工程的影响,并论证了瞬时沉降的关键影响因素,提出了瞬时沉降的计算方法。

史志想等[57]以某沉管隧道的长期沉降监测数据为范本,探讨了隧道沉降的纵向分布规律、沉降稳定性、隧道差异沉降以及各个管节自身的竖向弯曲变形姿态。结果表明,沉管隧道的沉降因受到地基刚度分布、覆土厚度及周边环境复杂程度的影响而具有不确定性。隧道姿态的变化会导致沉管隧道各管节处于不同形态的自身竖向弯曲状态而增加隧道状况的复杂程度。

由于沉管隧道运营条件的特殊性和复杂性,必须对沉管进行定期检测和实时监测。丁浩等[58]指出,我国沉管隧道检测方法以人工测试和无损检测结合为主。为弥补传统人工检测的缺点,应当设置实时健康监测系统以监测沉管不均匀沉降、接头变形、裂缝等问题。但是沉管隧道检测和监测技术没有统一的技术规范,且存在着一定的滞后性和时效性,因此适合沉管隧道结构特殊性运营环境且精准高效的检测与监测技术有待进一步研究。

(3) 模型试验

裘慧杰[59]通过缩尺模型试验,模拟了水下环境和灌砂法施工工艺下基础层的形成和压缩,研究了不同条件下的基础层压缩特性,得到了模拟工况下砂石基础层的平均压缩模量。在施工过程中,砂石的相互作用使整体压缩模量产生了4.4倍的增幅,且整体压缩量与基础层密实度有关。裘慧杰[59]基于研究结果总结了沉降原因,并提出了控制沉降的可行性建议。

黄晓晖等[60]采用均匀设计法,通过室内模型试验研究了桩长、桩距、垫层和桩帽对减沉桩承载性能的影响。他们对试验数据进行了相关性分析和回归分析。结果表明,桩长、桩距和桩帽对沉管隧道沉降的影响随着外荷载的增加而改变;垫层厚度和桩帽存在交互作用,两者共同对沉管沉降产生影响。他们在432种减沉桩组合中找出了符合沉降控制要求的最优化组合。

胡指南等[61]依据港珠澳沉管隧道,进行了1∶4.69的大型沉管节段模型试验,对超长海底沉管隧道在不均匀沉降及不均匀荷载作用下的节段接头作用机理进行了研究,获得了节段接头剪力键剪应力随差异沉降的变化规律及节段接头各剪力键剪应力沿横向的分布规律。

王延宁等[62]利用堆载模拟沉管隧道运营期间下部地基所受的附加压力,研究了复合地基沉降变形的特性,试验中预设了高精度静力水准系统,从而能够直接获得沉降数据。

黄赵星[63]以广州如意坊沉管隧道为依托,对隧道的地基土开展了固结、回弹-再压缩试验及K_0固结不排水三轴试验,采用电镜扫描与压汞技术相结合的方法对结构性土的微观结构演化规律进行研究,并探讨了沉管隧道沉降问题。

沉管隧道在不同类型的地基上会产生较大的差异沉降。刘亚平等[64]设计了水下载荷试验系统,通过试验获得了不同水深处的地基沉降实测数据。通过与隧道沉降数据比对,验证了地基沉降特性与沉管相符,该水下系统有一定的可靠性。

胡指南等[65]利用1∶4.69大比尺模型试验以及有限元模拟,研究差异沉降作用下沉管隧道节段接头剪力键受力规律。研究结果表明,差异沉降作用下,沉管接头剪力键受力过程分为三个阶段,并提出通过施加预应力拉索,可提高剪力键抵抗差异沉降的能力及整体刚度。

李志成等[66]通过7组不同工况模型静载试验探究了卵石垫层物理参数及荷载值与沉降量之间的关系。试验结果表明,卵石垫层所受的竖向荷载与其沉降量呈现非线性关系。他们总结了卵石垫层各项物理指标与垫层沉降量的关系,为沉管隧道垫层设计提供了参考。

韩瀛光[67]以港珠澳大桥沉管隧道的E18管节为依据,采用模型试验研究了不同回淤程度及不同预应力张拉程度下沉管隧道的地基沉降规律及地基应力分布规律。结果表明,随着预应力张拉程度的增大,地基沉降及差异沉降均会不同程度减小,这说明施加预应力对地基沉降及差异沉降均有抑制作用;回淤越大,基底应力越大,且管节各节段基底应力增大值基本相同;回淤相同时,随着预应力张拉程度的增大,各节段之间基底应力的差值逐渐减小。

付佰勇等[68]为了探究碎石垫层和深层水泥搅拌桩处理沉管隧道地基时的沉降变形规律,开展了2组载荷板试验。研究表明,载荷板沉降曲线呈非线性变化,且因为存在人工铺设垫层厚度不均及开挖时桩头掉渣清理不完全等问题,载荷板4个角的沉降不均匀。他们同时利用PLAXIS 3D反分析验证了试验准确性,并基于试验提出了提高垫层刚度和抗变形能力以降低沉降。

李进等[69]依托深中通道深层水泥搅拌法(DCM)复合地基项目,对沉管隧道块石垫层开展了陆上工艺振密试验研究,分析了块石垫层振密时间和变形模量等对DCM桩顶沉降、桩顶及桩间土应力变化特性的影响。试验研究结果表明,液压振动锤转速、激振力和振密时间在合理范围能够达到石层有效振密,且降低了对桩的影响。他们也基于此提出了相应的减小沉降和降低对DCM桩影响的措施。

(4)数值模拟

彭海阔等[70]通过研究发现,利用板壳单元或实体单元进行沉管隧道模拟能够有效提高试验准确性。耿伟光等[71]在此基础上利用ANSYS有限元软件对实体单元进行了沉管隧道建模,并对不同预应力大小作用下沉管隧道的沉降量、沉管隧道接头张开量以及隧道接头处的不平衡剪应力进行比较,进一步探究了改进接头对沉管隧道沉降、接头防水性以及接头处抗剪性能产生的影响。

郑永来等[72]以上海外环沉管隧道为例,运用FLAC有限差分计算软件建立了相应的计算模型。在考虑六级核爆非命中的情况下,模型模拟出了隧道的纵向变形曲线及各段的曲率半径,并根据式(1-3)计算出了接头水平张开量,得到地面武器动载作用下该隧道管体产生的不均匀沉降不会影响隧道结构安全的结论。

$$\Delta x = \frac{Lh}{2\rho} \tag{1-3}$$

式中,L 为单段隧道长度;h 为隧道高度;Δx 为接头水平张开量;ρ 为曲率半径。

郭东鞯等[73]利用 FLAC 有限差分计算软件对港珠澳沉管隧道基础沉降进行了分析研究,研究了隧道基础不均匀沉降特性。分析结果表明,在基础未处理情况下,假设沉管隧道横断面基底土层水平层呈均匀分布,则基底横断面沉降值基本按水平均匀分布,沉降差异不大。回淤后基础沉降约为淤前基础沉降的 2.0~3.5 倍,基础沉降量较大的区域主要位于沉管隧道的两头埋深较浅的地段,这些地段应进行基础加固处理。

叶建忠等[74]利用 ANSYS 有限元软件对沉管隧道的沉降控制措施进行了数值模拟计算。计算得出控制沉管隧道沉降要从源头入手,对于初建隧道,应从设计上充分考虑河床的淤积演变,提高地基承载力设计要求,有效控制沉管隧道运营阶段的沉降。

丁文其等[75]利用 ABAQUS 数值模拟软件建立了基于地层-结构法的沉管隧道三维有限元模型。他们依据港珠澳沉管隧道实例,研究了初始地应力平衡的效果、隧道沉降变形及接头相对变形,得到 20m 回淤土荷载引起的隧道最大沉降增量约为 96mm,航道处清淤会产生明显的回弹变形,对沉降变形产生的影响范围约超出清淤范围一个管节。

叶亮等[76]利用 ABAQUS 数值模拟软件,以港珠澳沉管隧道实例为依据,研究了水力压接力、回淤土厚度、地基总体刚度和最大地基刚度变化等四个主要因素对沉管隧道沉降和接头张开量的影响程度。研究结果表明,按对隧道沉降影响程度,由大至小可排列为地基总体刚度、回淤土厚度、最大地基刚度变化和水力压接力。

王培[77]以我国某条沉管隧道为依据,利用 ABAQUS 数值模拟软件,建立了隧道长期沉降流固耦合数值模型,研究了沉管隧道在施工期与运营期内的隧道沉降情况。他将模拟情况与 16 年内的沉降监测数据进行对比分析,结果数据拟合较好。他得出沉管隧道变形主要是由软土的再压缩变形导致。由于基槽的开挖使槽底隆起,隧道及覆土荷载施加后,软土会被压缩,从而发生沉降。

周舟等[78]通过建立文克勒地基,建立了荷载-结构法有限元模拟,并依据初始应力法研究了预应力锚索对沉管隧道接头的影响。结果表明,施加预应力锚索能够在一定程度上减小差异沉降,提高管节刚度,并控制接头相对变位。

刘禹阳[79]利用 ANSYS 有限元分析软件对沉管隧道节段接头剪力键应力与地基沉降的关系及剪力承担比进行了研究。结果表明,纵向中间下弯工况下,竖向剪力键在地基沉降增大的过程中,剪力值一直增大,且中墙剪力键承受剪力值大于侧墙剪力键;中间节段扭转工况下,沉降一侧的剪力值大于未发生沉降一侧的剪力值,且竖向剪力键的剪力逐渐减小,沉降侧侧墙的剪力始终为最大。

谢雄耀等[7]基于流-固耦合理论的有限元方法计算了沉管隧道的长期沉降;并以甬江沉管隧道为实例,结合地层条件、潮汐和清淤资料,利用 ABAQUS 数值模拟软件对该隧道的长期沉降进行了计算与对比分析。在验证了计算模型准确性的同时,在该计算方法的基础上分析了地层条件、基槽淤积及回淤和清淤三个主要因素对隧道运营期沉降的影响。

寇磊等[80]建立了反映原状软土 K_0 固结率的相关弹-黏塑性本构模型,采用 FLAC 有限差分计算软件对上海外环沉管隧道运营期进行研究计算,从而准确量化了沉管隧道长期不均匀沉降受时空特性的影响及发展规律。结果表明,基础层的孔隙水压力消散及隧道顶部回淤厚度的增加均会引起沉管隧道变形。

张杰[81]以深中通道沉管隧道为依托,在考虑四种工况情况下,利用 FLAC 有限差分计算软件建立了三维数值模型,模拟了下卧土层流变情况下下卧软土层的沉降,并与不考虑四种情况下的沉降进行对比,得到了土体流变效应对下卧土层和沉管隧道沉降的影响规律。

陈庆[82]为了研究不同地基条件下沉管隧道的沉降规律和横向地基刚度分布模式,采用弹塑性分析方法,利用 PLAXIS 2D 软件建立了地基-沉管隧道-回填荷载的二维数值模型。结果表明,横向地基刚度分布与沉管隧道两侧回填大小、施工工序密切相关,基底条件对沉管沉降和横向地基刚度分布的影响非常大。

夏兰强[83]依托港珠澳大桥,利用 ANSYS 有限元软件进行足尺数值模拟以探究不同差异沉降下节段接头剪力键的受力特点和沉管模型在不同工况下的受力特点及规律。

王湛等[84-85]以广州某沉管隧道工程为例,采用荷载-结构法建立地基刚度变化及管节损伤的三维有限元计算模型,探讨了沉管隧道在三种复杂地基刚度情况下的整体沉降,并分析了相邻管节在接头位置处的差异沉降。结果表明,地基刚度分布均匀有利于减小管节接头处的差异沉降,且接头位置及管节中间位置两侧的地基刚度提高有助于减小管节的整体沉降。

石俊亮[86]利用 ANSYS 有限元软件对差异沉降作用下沉管半刚性管节节段接头的力学特性进行了数值分析,在预应力拉索作用下,从直剪性能和抗弯性能两方面结合模型试验,探究了预应力拉索对接头抗剪性能、接头张角与抗弯刚度的影响。

崔少岭[87]依托港珠澳大桥沉管隧道,利用 ANSYS 有限元软件对剪力管节接头模型进行数值分析,探究了管节接头承载能力和破坏特征。研究表明,管节接头在差异沉降中会处于不同的受力状态,设计施工中要充分考虑;管节节段抗弯或直剪工况下,中墙剪力键起主要作用。研究结合模型试验获得了接头剪力键的破坏过程和破坏状态。

许昱等[88]以离岸人工岛岛隧结合部沉管隧道为依据,采用 PLAXIS 3D 软件进行三维有限元分析,研究了管节应力及沉降特性。结果表明,不同基础处理方式下,管节沉降与上覆荷载基本相符,管底应力与沉降量的分布形式和管顶荷载呈正相关,且基础处理及减载效果较好。

陈海军等[89]依托广州南沙区沉管隧道,根据淤泥层厚度选取了不同基础设计方案,同时利用 PLAXIS 2D 有限元软件进行数值模拟,以探究施工设计方案对沉管隧道纵横断面的沉降影响。研究表明,不同设计方案下,横断面沉降变形规律大致相同;纵断面沉降分析模型表明,沉管隧道自身沉降规律与周围土体变形规律相近。该研究为沉管隧道不同厚度淤泥质地层的基础设计方案提供了依据。

欧伟山等[90]依托广州洲头咀隧道工程 E2、E3 管节不连续安装的特殊工况,分析了后铺法灌砂基础差异沉降的原因,采用结构软件建立了钢剪切键顶部压力与应力关系曲线,对钢剪切键进行受力监测,监测结果验证了该工程应对差异沉降所采取措施的有效性。

胡传鹏等[91]考虑到沉管基础纵向软硬地层差异及防波堤处荷载变化,采用数值分析软件进行荷载-结构模型有限元数值计算,在考虑地基不均匀刚度影响下,分析了管节接头的非线性效应;并基于理论计算了管底荷载、结构内力、沉降及地基刚度,以限制下穿防波堤基础沉降差异和刚度,达到保护管节接头剪力键和结构内力的目的。该研究为沉管下穿码头、防波堤等基础设计和沉降控制提供了技术参考。

1.2.2 管节受力研究

当下的跨海工程建设多采用沉管隧道形式,如宁波甬江沉管隧道、港珠澳大桥沉管隧道等。早年的相关研究主要基于施工荷载、土压力、压载水荷载和回淤等对管节受力变形进行研究;近年来,部分学者开始注意潮汐和车辆荷载对于管节受力及沉管沉降的影响,并针对特定荷载进行了相关研究。

(1)基本荷载作用下管节受力变形研究

唐英等[92]依托南京长江沉管隧道,列举了相关荷载并进行了工况讨论;在荷载组合纵向计算方面,建立了将沉管隧道段看成弹性地基上的箱型截面梁的计算模型,列举了管段纵向作用(荷载)组合,对接头采用"不完全铰"模拟实际受力情况。该模型相较于以前的刚接或铰接模型,更接近实际工程。

宁茂权[93]依托舟山沈家门港海底沉管隧道对管节纵向受力进行了研究，提出将管段沉放对接阶段按照简支梁计算，而基础整平处理则按照弹性地基梁计算；接头根据管节所处位置进行设计，中间及北岸管节采用半柔半刚性接头，南岸管节采用刚性接头。经过计算得到管段纵向承载力与变形均满足要求，但是在计算过程中未考虑相邻管节的影响。

刘鸿哲等[94]在研究中指出，沉管隧道抗震设计共有两种方法：一种是响应位移法；另一种方法是将沉管隧道结构离散为多质点-弹簧模型，将地基等效为一系列弹簧和阻尼器，日本川崎港沉管隧道的抗震设计运用的就是该种方法[95]。Kiyomiya等[96]利用第二种方法进行了沉管隧道的动力反应分析，并考虑了管节接头非线性的影响。结果表明，接头非线性对计算的结果影响不大。刘鸿哲等[94]在考虑沉管隧道纵向地基不均匀分布及其他因素基础上，选用多质点模型——弹簧模型，假定土质点间以及土质点与基岩间为弹簧连接，将隧道简化为弹性地基梁，建立了沉管隧道地震计算模型。模型利用温克勒（Winkler）地基梁理论和快速傅里叶变换（FFT）技术，建立了动力 Winkler 地基梁频域分析方法，如图 1.2-1 所示，并采用该方法与响应位移法对港珠澳大桥沉管隧道工程进行纵向受力计算，讨论沉管隧道的变形问题。但该模型并未考虑土体的连续性。

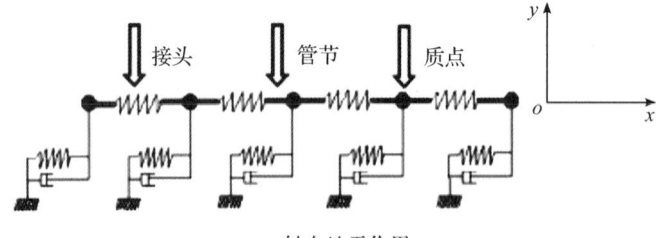

(a) 轴向地震作用

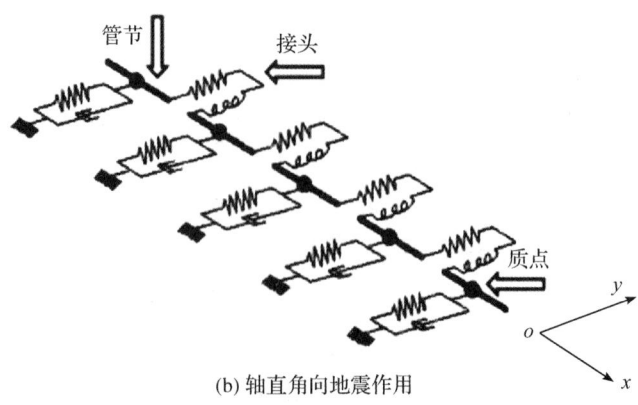

(b) 轴直角向地震作用

图 1.2-1　动力 Winkler 地基梁模型

李贞新等[97]在沉管隧道管节地震动力响应研究中,依托港珠澳大桥沉管段工程,建立了一套针对超长沉管隧道的地震响应快速分析方法,并基于该方法获得了考虑地震水准的地基刚度计算方法以及管片接头和节段接头变形计算方法。

Wu 等[98-100]提出管节环向剪切变形引起的错位也会影响隧道管节的纵向变形。他们在考虑弯曲效应引起的变形及剪切变形基础上,提出了一种新的纵向结构模型。该模型将隧道简化为均质的季莫申科(Timoshenko)梁理论,合理地描述了隧道实际变形模式。将研究建立的模型与传统模型进行比较。结果表明,建立的基于 Timoshenko 梁理论模型能够预见更小的变形和环间错位。

Wang 等[101]和 Zhou 等[102]采用欧拉(Euler)梁模型分析管节受力时未考虑其剪切变形,而 Wu 等[99]将管节模型简化为可同时考虑弯曲和剪切的 Timoshenko 梁模型时忽略了管节连接之间接头位移差。因此,王延宁等[45]考虑沉管隧道运维期间的回淤清淤荷载的影响以及柔性沉管隧道的变形特征,将沉管隧道管节等效为置于弗拉索夫(Vlasov)双参数地基上的 Timoshenko 梁,推导出了竖向变形公式,分析了运维期间回淤荷载影响下沉管隧道管节接头的竖向位移规律,并依托宁波甬江沉管隧道将实测结果与理论计算结果进行对比。结果表明,基于 Vlasov 双参数地基的 Timoshenko 梁模型相较基于 Winkler 地基的 Euler 梁模型和 Timoshenko 梁模型更为合理,计算结果与实测数据更吻合。

李瀚源[103]依托深中通道沉管隧道,建立了不同水深处标准横断面的二维力学模型,基于 ULS 荷载基本组合,研究了沉管结构在荷载结构模型下管节受力和变形规律。ULS 荷载基本组合及分项系数如表 1.2-1 所示。

表 1.2-1 ULS 荷载基本组合及分项系数

荷载类型	分项系数	荷载类型		分项系数
结构自重	1.2	混凝土收缩		1.0
压重混凝土	1.2	汽车荷载	不考虑	—
附加恒载	1.2		单孔满布	1.4
平均水位压力	1.1		双孔满布	1.4
竖向土压力	1.2	水位变化	极高水位	1.4
侧向土压力	1.4 或 1.0		极低水位	1.4
侧墙负摩擦	1.4 或 1.0	波浪荷载梯度温度		1.4
纵向地基不均匀	1.2			1.4

(2)潮汐荷载作用下管节受力变形研究

当下,国内外学者针对潮汐荷载下沉管隧道的管节受力研究仍然较少。

谢雄耀等[104]依托宁波甬江沉管隧道工程,依据运营期间沉降监测数据及地层条件探究了相关因素影响运营期沉降的影响。结果表明,潮汐荷载使沉管隧道沉降呈周期性变化,且该变化占运营期沉降的 4%～10%。

邵俊江等[31]根据沉管隧道的实际情况和潮汐荷载的特点,建立了双层土地基和单层土地基的隧道管节沉降变形计算方程,基于泰尔扎吉(Terzaghi)一维固结理论作出了潮汐荷载下扰动土层和原状土层的竖向位移解析解。但他们在计算中简化了扰动土的压缩模量和渗透系数,在管节竖向位移计算时没有将管节的刚度和管节间接头作用纳入考虑范围,因此,与实际潮汐荷载作用下土体压缩模量和渗透系数的时变性以及管节竖向位移计算结果存在一定偏差。

魏纲等[105]在邵俊江等[31]研究的基础上,考虑了潮汐荷载引起的管土效应以及管节接头的影响,利用三角函数拟合潮汐荷载,并基于 Winkler 地基模型,考虑管节接头,建立了管节-接头计算模型,依托宁波甬江沉管隧道,分析潮汐荷载作用下管节竖向位移,将理论和实测结果进行对比。结果表明,管节中间沉降量比两端沉降量大,同时证实该研究建立的管节-接头计算模型具有实际可靠性。

于洪丹等[106]以厦门海底隧道为依托,考虑潮汐荷载的循环作用对海底隧道衬砌的疲劳损伤过程,利用 ABAQUS 数值模拟软件模拟了管节应力与渗流耦合作用下潮汐荷载对沉管隧道衬砌和围岩的影响。结果表明,潮汐荷载的循环往复作用类似于在衬砌上循环施加拉压荷载,这对衬砌的使用以及沉管的长期使用是不利的。

周桓竹等[107]利用三角函数模拟潮汐荷载,通过理论计算出土层非线性固结沉降以及反算得到等效压缩基床参数,以此探究潮汐荷载影响下管节位移;建立管节-地基计算模型进行挠度理论推导并依托宁波甬江沉管隧道对比计算结果和实测值,分析得到沉管隧道结构受力特征和沉降变形特点。

(3)车辆荷载作用下管节受力变形研究

目前,国内外沉管隧道结构设计大多采用拟静力法分析车辆荷载的作用[92,105-106]。

高峰等[108-109]依托长江沉管隧道,引入 Winkler 弹性地基梁原理和三维有限元拟静力法,计算了列车荷载和 ZK 标准活载作用下沉管隧道纵向受力状态和接头受力状态,按照最不利荷载加载获得了两种荷载作用下的管节位移、弯矩和剪力的最大反应值,同时将沉管隧道接头按照铰结、柔性联结和刚结考虑。结果表明,三者的计算结果基本相同。

魏纲等[110]将软土地区海底沉管隧道地基土视为 Kelvin 模型,引入黏弹性地基梁模型,采用模态叠加法获得了沉管隧道的竖向位移和地基反力,并依托天津海河沉管隧道,分析了车速、地基土模量对其竖向位移和弯矩的影响。结果表明,车速越大,管段振动单个周期所需时间越短,振动越剧烈,但对振动幅度和弯矩影响不大;地基土模量越大,振动幅度和弯矩越小,但对周期影响不大。

魏纲等[111]依托宁波甬江沉管隧道工程,利用 MIDAS GTS NX 软件建立了沉管隧道三维有限元模型,模拟了车辆荷载对管节及接头产生的动力响应并进行分析。结果表明,有限元模型得到的管节中点竖向位移与理论计算接近,具有一定的可靠性。同时,他们还指出了该工程需要重点监测的管段,对指导实际工程具有重要意义。

王颖轶等[112]在研究车辆荷载对沉管隧道影响的基础上,建立了沉管隧道车-路耦合状态下车辆动力的荷载计算数学模型和理论解。结果表明,路面状况会显著影响系统振动特性,且路面不平顺幅值与车体位移、加速度的变化规律呈近似正比的关系。该研究建立的模型和分析方法对实际工程有参考意义,拓宽了车辆荷载作用对沉管隧道影响的研究方向。

(4)管节接头及节段接头研究

沉管隧道接头设计是沉管工程质量优劣的关键问题之一。大量研究结果表明,接头模型与研究结果息息相关,因此,学者们针对管节接头计算模型、设计要求以及接头变形展开了广泛研究。

金锋[113]基于广州珠江沉管隧道提出在沉管隧道工程中应关注管节接头的刚柔问题,以全刚性、全柔性及端接头柔性其他接头为刚性这三组方案进行试验。研究表明,相较于刚性接头,柔性接头具有减小隧道纵向力和弯矩,调节地震、管节下沉变形的作用。

唐英等[92]在南京长江沉管隧道结构设计研究中提出了关于接头设计的几点思考:①接头处容易出现渗漏的问题,因此具备非常可靠的水密性是接头设计的首要任务;②管节接头的类型、尺寸应当尽量少而统一;③接头设计应当简洁,环形接头和部件布置要避免过大的应力集中,接头需要有适当的强度和变形性能。

任孝思等[114]通过对旧金山海湾地铁隧道的设计标准、动力分析简化模型及土-隧道系统动力分析模型的三种接头抗震理论进行比较分析后,选用柔性接头作为珠江水下隧道沉管段的接头。通过试验和理论研究表明,由 GINA 止水带、OMEGA 止水带等组成的柔性接头可以在满足接头设计基础上简化最终接头的复杂工艺。

刘建飞等[115]依托某沉管隧道工程,从三维实体单元出发,对沉管隧道管节在静力作用下的受力和位移进行了模拟分析。研究将接头间的支座设置为仅能承受压力的杆单元,GINA 止水带采用非线性的弹簧单元,同时考虑施工期间的基本荷载和运营期的附加荷载(温度变形、差异沉降等)。结果表明,管节所受剪力与橡胶支座面积和弹性模量有关。同时,通过应力计算发现,管节接头部分更容易产生应力集中且集中明显。但在研究过程中,由于对模拟中的实体单元进行了简化,因此忽略了沉管四周弹塑性情况对管节受力的影响。

宁茂权[93]对隧道工程的各项影响因素进行了研究,并对舟山沈家门海底沉管隧道工程进行了设计。结果表明,沉管管段既要满足结构力学要求,又要满足运输和运营期的抗浮性、稳定性、耐久性要求。宁茂权[93]在进行管段接头设计时,中间及北岸管节采用半柔半刚性接头,南岸管节采用刚性接头,同时在管段接头处设置了 GINA 止水带和 OMEGA 止水带,并对两种不同类型的止水带进行了选型计算。

陆明等[116-117]、陈越[118]、张志刚等[119]提出接头设计中要注意接头防水性和水密性。陆明等[116-117]利用 GINA 止水带和 OMEGA 止水带以及超压释放充气管进行了管节接头的防水设计,管节接头防水构造如图 1.2-2 所示。节段接头通过设置混凝土剪切键和临时预应力拉索来控制剪切位移,其防水与管节接头的不同之处在于利用了密封条代替超压释放充气管。陈越[118]提出沉管基础和管节的不均匀沉降会影响到柔性接头部位的安全性和防水效果,严重影响沉管隧道的正常运营。

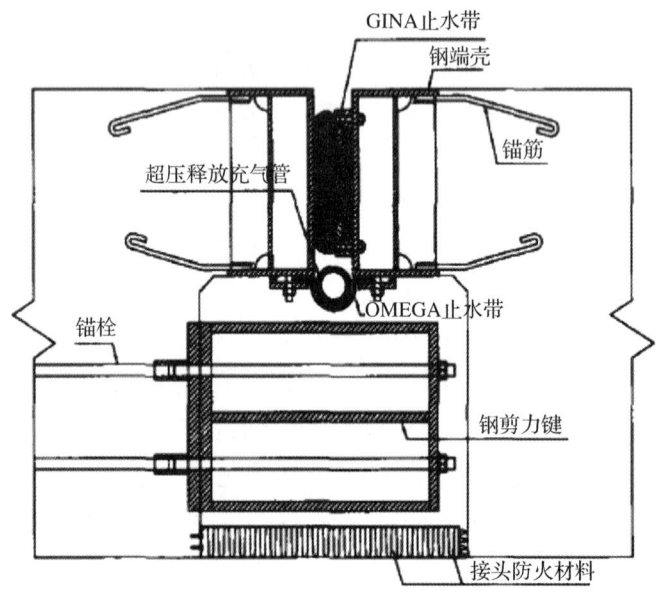

图 1.2-2 管节接头防水构造

蒋至彦等[120]利用1∶10大比尺管节接头力学模型进行了水平地震荷载下的平面弯曲试验，获得了不同轴压力水平下压弯变形规律。刘鹏等[121-122]建立了沉管隧道接头力学模型用于研究接头轴向和切向位移以及转角，分析了不同工作模式下管节剪力键的受力作用机理，研究了实际荷载作用下沉管隧道接头的受力和位移情况，获得了沉管隧道接头位移和力的关系曲线。

李瀚源[103]建立了梁-弹簧模型研究管节接头受力和变形，同时采用ABAQUS数值模拟软件建立了三维数值模型，在考虑接头部件间非线性本构关系基础上开展了管节接头受力与变形的数值模拟，研究了管节接头及剪力键在不同工况下的受力与变形特点。

石俊亮[86]利用ANSYS有限元软件对差异沉降作用下沉管半刚性管节节段接头力学特性进行了数值分析，在预应力拉索作用下，从直剪性能和抗弯性能两方面结合模型试验探究了预应力拉索对接头抗剪性能、接头张角与抗弯刚度的影响。

周桓竹[123]等基于潮汐荷载的影响，将管节等效为置于Vlasov双参数地基上的Timoshenko梁，推导出竖向变形计算公式，并与Winkler地基上的Timoshenko梁计算模型进行对比，依托宁波甬江沉管隧道进行了管节接头竖向位移分析。结果表明，基于Vlasov双参数地基上的Timoshenko梁假设的简化模型能更好地描述沉管隧道管节接头竖向位移特征。

刘洪洲[124]等在谢雄耀等[104]的研究基础上，结合深中通道沉管隧道工程，选取了导致病害产生的不利荷载因素加以组合分析，提出不同因素组合下接头渐进破坏模式，即不良地质与荷载变异—管节接头差异沉降—止水带过度压缩或弯扭疲劳而致破损剪力键榫槽拉剪破裂—接头渗漏水—接头功能失效，同时指出海底原岩的不均匀和不规律分布是地基土刚度不均匀的主要原因，而潮汐荷载会使管节两侧受力不均，从而对其中一侧的地基产生偏压，造成关节间的扭转和倾斜。

1.3　沉管遂道沉降研究现有的不足之处

针对沉管隧道沉降的研究仍然存在如下不足之处。

①计算模型方面。目前的沉降计算模型仍存在较多假设。例如，没有考虑管段间受力变形的作用；假定了荷载不随时间改变而改变；没有考虑管节对接时接头处荷载的传递；仅考虑了地基参数固定和地层均匀，忽略了运营期间的车辆循环荷载以及下卧淤泥质地层等影响因素。

②试验研究方面。受到现有试验条件的制约，模型试验多为缩尺试验，这会简

化试验的部分条件。例如,韩瀛光[32]忽略了沉管隧道两侧的回填回淤对沉管隧道地基承载特性的影响;针对被保留的用于浮运沉放的纵向预应力,仅从其对地基沉降的影响的角度进行了量化研究,但并未研究其对管节受力的影响、对管节水密性的影响;沉管隧道的周围环境尤为复杂,而缩尺试验所能模拟的较少,不同的施工方法、运营期间的动静荷载及不同长期荷载等因素的影响难以在缩尺试验中体现。

针对管节受力计算有如下不足之处。

①现有研究在计算管段受力和变形时,大部分学者仅建立了单一管段研究模型,未考虑相邻管节对管段受力和变形的影响,且理论分析时会忽略管节本身刚度和接头的作用。

②在研究车辆荷载作用下管节受力时,现有研究大多使用拟静力法分析车辆荷载的作用,且大多研究将管节视为置于弹性地基上的 Euler 梁,只考虑了其弯曲变形,而未考虑其剪切变形。

在沉管隧道地震响应方面,相关地震动力响应分析方法研究缺乏全因素研究,常常忽略隧道惯性、复杂地基条件、土体动刚度系数、阻尼系数以及土体连续性等因素的影响。

关于潮汐荷载对沉管隧道影响的研究较少,仅有极少数学者对其展开了研究,且这些研究还主要集中在实测和数值分析中;关于潮汐荷载作用机理及计算方法的理论研究较少,还有待进一步深入分析。在潮汐引起沉管隧道管节环向应变方面,仅魏纲等[54]对舟山沉管隧道进行了实测分析和理论方法研究,采用该文献提出的管节环向应变理论方法计算得到的结果与实测结果虽然在数量级上相同,但是具体值仍有一定偏差。因此,该理论方法有待进一步改进。

1.4 本书研究内容

(1)依托舟山沈家门港海底沉管隧道,对工程施工期间管节的沉降实测数据进行统计分析,总结施工期间的沉降特征;比对实测数据和其他工程案例的沉降统计结果,对沉管隧道沉降组成和沉降量的范围展开讨论,对施工沉降、运营沉降进行比较分析。

(2)开展缩尺模型试验,模拟灌砂的施工工艺及水环境下砂层和下卧碎石层的相互作用,对基础层的压缩特性进行研究;设置对比情况,分析评估基槽内的回淤对基础层压缩的影响;结合实测数据和模型试验,对施工期沉管隧道沉降产生原因进行总结,分析沉降机理;对一定条件下理论计算时基础层模量选取提供参考意见,提出可行的沉管隧道施工沉降控制措施。

(3)开展沉管隧道纵向不均匀沉降的计算方法研究,包括各个截面基础层和地基土层再压缩沉降的计算及总沉降随时间的变化规律;通过计算管节各截面的沉降量和荷载,反算得到 K 值,再利用有限元软件得到沉管隧道纵向沉降曲线及不同时刻的沉管隧道纵向不均匀沉降曲线。

(4)采用新的管节模型,按具体施工步骤对其沉放对接阶段结构纵向内力进行计算分析;针对现有接头模型的不足,改进半柔半刚性接头等效模型,同时考虑临时支承垫块的影响,提出运营期沉管隧道纵向受力计算模型,按施工阶段和运营阶段进行管节纵向受力计算分析,并提出合理建议。

(5)借助 MIDAS GTS NX 有限元软件建立沉管隧道管节环向应变二维计算模型;假定水底表面的回淤土层不透水,将潮汐荷载等效为周期作用在回淤土层上的大面积超载,对潮汐荷载引起的管节环向应变进行计算;根据舟山沈家门港潮位变化情况,计算管节环向应变增量,与实测环向应变增量进行对比分析;总结潮汐荷载引起管节环向应变增量变化规律,预测管节不同截面处内、外壁环向总应变分布,并对管节环向应变进行了单因素影响分析。

(6)采用光纤光栅传感器对沉管隧道管段变形进行实时监测,研究其变化规律并研究潮汐荷载对其产生的影响;利用三角函数对潮汐荷载进行拟合,并采用半解析法计算潮汐荷载作用下地基土层的一维非线性固结沉降;考虑接头作用,将管节等效为置于弹性地基上的 Euler 梁,从而建立管节-接头计算模型;依托宁波甬江沉管隧道工程,计算管节中点和端部竖向位移随潮位的变化,对比理论计算结果与实测结果验证上述理论方法的可靠性。

(7)考虑车辆动力荷载作用,将沉管隧道管节视为置于黏弹性地基上的 Timoshenko 梁;同时,改进传统柔性接头等效模型,限制接头两端竖向位移及转角并考虑接头阻尼作用,从而建立沉管隧道管节动力响应计算模型;依据 Timoshenko 梁理论,推导管节竖向振动微分方程,采用数值迭代的方法对管节位移响应进行求解;依托宁波甬江沉管隧道工程,分析车辆荷载下沉管隧道管节中点和端部的竖向位移响应情况,计算接头两端竖向位移差,并对管节竖向位移进行单因素影响分析;借助 MIDAS GTS NX 软件建立宁波甬江沉管隧道三维有限元模型,对车辆冲击荷载下的管节竖向位移响应进行计算分析,验证上述理论方法的可靠性。

参考文献

[1] 王艳宁,熊刚. 沉管隧道技术的应用与现状分析[J]. 现代隧道技术,2007,44(4): 1-4.

[2] 傅琼阁. 沉管隧道的发展与展望[J]. 中国港湾建设,2004,3(5): 53-58.

[3] 梁禹. 广州地铁一号线越江隧道运营期结构变形监测[J]. 现代隧道技术,2008, 45(3): 84-87.

[4] 魏纲,朱昕光,苏勤卫. 沉管隧道竖向不均匀沉降的计算方法及分布研究[J]. 现代隧道技术,2013,50(6): 58-65.

[5] 李剑,李清富,李冰. 沉管隧道沉降控制的计算分析[J]. 郑州大学学报(工学版), 2002,23(3): 94-97.

[6] 邵俊江. 沉管隧道的沉降预测及其控制研究[D]. 上海:同济大学,2003.

[7] 谢雄耀,王培,李永盛,等. 甬江沉管隧道长期沉降监测数据及有限元分析[J]. 岩土力学,2014,35(8): 2314-2324.

[8] 潘永仁,彭俊,Saito N. 上海外环沉管隧道管段基础压砂法施工技术[J]. 现代隧道技术,2004,41(1): 41-45.

[9] 蒙庆辉,刘吉福,赵永伦. 沉管法隧道纵向变形浅议[J]. 地下工程与隧道,2001, (3): 12-15,48.

[10] 陈韶章. 沉管隧道设计与施工[M]. 北京:科学出版社,2002.

[11] 陈清军,朱合华,李彤,等. 沉管隧道结构的空间受力性态分析[J]. 力学季刊, 2000,21(2): 237-242.

[12] 石广斌. ANSYS在隧道衬砌结构分析中的应用[J]. 西北水电,2004,15(1): 15-17.

[13] 刘建飞,贺维国,曾进群. 静力作用下沉管隧道三维数值模拟[J]. 现代隧道技术,2007,44(1): 5-9.

[14] Anastasopoulos I, Gerolymos N, Drosos V, et al. Behaviour of Deep Immersed Tunnel Under Combined Normal Fault Rupture Deformation and Subsequent Seismic Shaking[J]. Bull Earthquake Engineering, 2008, (6): 213-239.

[15] Grantz W C. Immersed Tunnel Settlements. Part 1: Nature of Settlements[J]. Tunnelling and Underground Space Technology, 2001, 16(3): 195-201.

[16] Grantz W C. Immersed Tunnel Settlements. Part 2: Case Histories[J]. Tunnelling and Underground Space Technology, 2001, 16(3): 203-210.

[17] 魏纲,裘慧杰,杨泽飞,等. 考虑回淤的沉管隧道基础层压缩模型试验研究[J]. 岩土工程学报,2014,36(8):1544-1552.

[18] Xiao W H, Yu H T, Yuan Y, et al. Compression Bending Behavior of A Scaled Immersion Joint[J]. Tunnelling and Underground Space Technology, 2015, 49: 426-437.

[19] Li W, Fang Y G, Mo H H, et al. Model Test of Immersed Tube Tunnel Foundation Treated by Sand-flow Method[J]. Tunnelling and Underground Space Technology, 2014, 40(2): 102-108.

[20] Oorsouw R S V. Behaviour of Segment Joints in Immersed Tunnels under Seismic Loading[D]. Delft: Delft University of Technology, 2010.

[21] Ding J H, Jin X L, Guo Y Z, et al. Numerical Simulation for Large-Scale Seismic Response Analysis of Immersed Tunnel[J]. Engineering Structures, 2006, 28(10): 1367-1377.

[22] Anastasopoulos I, Gerolymos N, Drosos V, et al. Nonlinear Response of Deep Immersed Tunnel to Strong Seismic Shaking[J]. Journal of Geotechnical and Geoenvironmental Engineering, 2007, 133(9): 1067-1090.

[23] Kiyomiya O. Earthquake-resistant Design Features of Immersed Tunnels in Japan [J]. Tunnelling and Underground Space Technology, 1995, 10(4): 463-475.

[24] 中华人民共和国住房和城乡建设部. 建筑地基基础设计规范:GB50007-2011[S]. 北京:中国建筑工业出版社,2011.

[25] 殷宗泽. 土体沉降与固结[M]. 北京:中国电力出版社,1998.

[26] 杨光华. 地基非线性沉降计算的原状土切线模量法[J]. 岩土工程学报,2006,28(11):1927-1931.

[27] 徐国平,付佰勇,张志刚,等. Janbu切线模量沉降计算方法及参数取值初探[J]. 岩土工程学报,2013,35(增刊2):804-808.

[28] 徐干成,李永盛,孙钧,等. 沉管隧道的基础处理、基槽淤积和基础沉降问题[J]. 世界隧道,1995,(3):2-18.

[29] 刘伟,蒋树屏. 关于沉管隧道地基反力的探讨[J]. 公路交通技术,2000,(4):48-50.

[30] 李剑,李清富,李冰. 沉管隧道沉降控制的计算分析[J]. 郑州大学学报(工学版),2002,(3):94-97.

[31] 邵俊江,李永盛. 潮汐荷载引起沉管隧道沉降计算方法[J]. 同济大学学报,2003,31(6):657-662.

[32] 宋仪. 广州市仑头—生物岛沉管隧道设计体会[J]. 隧道建设,2007,(增刊2):

207-212.

[33] 宋仪. 广州市仑头—生物岛沉管隧道设计体会[J]. 现代隧道技术, 2007, (6): 37-43, 65.

[34] 王中文, 刘刚亮, 陈儒发. 港珠澳大桥沉管隧道施工关键技术(储备)研究[C]//第五届全国公路科技创新高层论坛论文集[下卷]. 北京: 人民交通出版社, 2010, 630-636.

[35] 魏纲, 魏新江. 海底沉管隧道长期沉降及受力性状研究[J]. 市政技术, 2012, 30(1): 61-63, 66.

[36] 孙钧. 港珠澳大桥强回淤水道软基沉管隧道节段接头结构处治问题研讨[J]. 地下工程与隧道, 2014, (1): 1-5, 54.

[37] 苏勤卫. 海底沉管隧道管段沉降与应变研究[D]. 杭州: 浙江大学, 2015.

[38] 王殿文. 港珠澳大桥沉管隧道基础注浆施工技术[J]. 中国港湾建设, 2018, 38(11): 57-60.

[39] 林鸣, 林巍, 尹海卿, 等. 记忆支座—沉管隧道管节接头差异沉降问题解决方案[J]. 中国港湾建设, 2018, 38(6): 1-8.

[40] 徐国平. 厚软基上的超长沉管隧道[J]. 中国公路, 2018, (11): 24-27.

[41] 方亮, 蔡文豪. 沉管隧道差异沉降容许值的计算[J]. 广东土木与建筑, 2019, 26(5): 10-12, 23.

[42] 李建宇, 卢永昌, 林佑高, 等. 复合地基及组合基床在港珠澳大桥沉管隧道中的应用[J]. 水运工程, 2019, (9): 273-278.

[43] 王坤, 李建宇, 林佑高, 等. 刚性桩复合地基在港珠澳大桥中的应用[J]. 水运工程, 2019, (9): 242-248.

[44] 陈伟乐, 张士龙. 海底沉管隧道基础处理及沉降控制技术的新进展[J]. 公路, 2020, 65(8): 395-399.

[45] 王延宁, 周桓竹, 俞缙. 沉管隧道运维期回淤影响下的长期沉降模型[J]. 岩土工程学报, 2022, 1-9.

[46] Schmidt B, Grantz W C. Settlements of Immersed Tunnels[J]. Journal of the Geotechnical Engineering Division, 1979, 105(9):1031-1047.

[47] 陈东霞, 王星华. 沉管隧道竖井基槽开挖时沉降的灰色预测[J]. 长沙铁道学院学报, 1999, 17(4): 74-78.

[48] 李伟, 熊福文. 潮汐对过江隧道沉降的影响[J]. 上海地质, 2007, (2): 18-20.

[49] 魏纲, 裘慧杰, 魏新江. 沉管隧道施工期间与工后长期沉降的数据分析[J]. 岩石力学与工程学报, 2013, 32(增刊2): 3413-3420.

[50] 魏纲, 裘慧杰, 丁智, 等. 海底沉管隧道施工引起的沉降实测与计算分析[J]. 现

代隧道技术，2014，51(5)：121-128.

[51] 张海丰，曹新海，蒋健. 沉降位移监测技术在深海隧道基础中的应用[J]. 安徽建筑，2016，23(1)：165-166.

[52] 曹新海，张海丰，蒋健. 港珠澳大桥沉管隧道地基基础堆载预压位移沉降监测技术[J]. 建筑施工，2016，38(3)：268-270.

[53] 薛建设. 反复清淤回淤荷载作用下海底沉管隧道软土固结变形特征及地基沉降计算研究[D]. 北京：北京交通大学，2018.

[54] 胡玗晗. 基于多波束测深系统的隧道沉管覆土及沉降变化研究[J]. 科技资讯，2019，17(27)：1-2，4.

[55] 胥新伟，张乃受，刘思国. 大型跨海沉管隧道施工监测新技术[J]. 中国港湾建设，2020，40(6)：59-64.

[56] 李斌，高潮，张嘉莹. 港珠澳大桥沉管隧道瞬时沉降规律分析[J]. 岩土工程学报，2021，43(增刊2)：263-266.

[57] 史志想，吴华勇，文水兵. 运营期沉管隧道沉降变形分析[J]. 城市道桥与防洪，2022(6)：233-237.

[58] 丁浩，景强，闫禹，等. 沉管隧道运维技术发展现状综述[J]. 中国公路学报，2022，35(10)：1-12.

[59] 裘慧杰. 沉管隧道施工期沉降监测分析及基础层模型试验研究[D]. 杭州：浙江大学，2014.

[60] 黄晓晖，龚维明，穆保岗，等. 基于均匀设计的带桩帽钢管减沉桩承载性能试验研究[J]. 岩土力学，2014，35(11)：3148-3156.

[61] 胡指南，张宏光，谢永利，等. 超长沉管隧道大型模型试验设计与应用[J]. 现代隧道技术，2014，51(6)：123-129.

[62] 王延宁，蒋斌松，于健，等. 港珠澳大桥岛隧结合段高压旋喷桩地基沉降试验及研究[J]. 岩石力学与工程学报，2017，36(6)：1514-1521.

[63] 黄赵星. 结构性土的微观结构演化规律及沉管隧道沉降分析[D]. 上海：上海交通大学，2020.

[64] 刘亚平，胥新伟，魏红波，等. 港珠澳大桥深水地基载荷试验技术[J]. 岩土力学，2018，39(增刊2)：480-485.

[65] 胡指南，冯怀平，马超超，等. 沉管隧道节段接头剪力键受力阶段与沉降控制标准研究[J]. 现代隧道技术，2018，55(4)：132-138.

[66] 李志成，冯先导，沈立龙. 沉管隧道含垄沟卵石垫层变形特性试验研究[J]. 岩土力学，2019，40(增刊1)：189-194，202.

[67] 韩瀛光. 近海环境下沉管隧道地基承载特性研究[D]. 西安：长安大学，2021.

[68] 付佰勇,宋神友,徐国平,等. 碎石垫层与深层水泥搅拌桩复合地基沉降研究[J]. 公路,2021,66(5):65-70.

[69] 李进,金文良,王强,等. 复合地基条件下沉管隧道块石垫层振密试验研究[J]. 中国港湾建设,2021,41(1):39-43.

[70] 耿伟光,徐伟. 改进沉管隧道节段接头对隧道受力及变形的影响分析[J]. 福建交通科技,2018,(1):40-43.

[71] 彭海阔,孟光,李鸿光. 沉管隧道结构有限元建模及模型有效性研究[J]. 噪声与振动控制,2007,6:1-3,16.

[72] 郑永来,倪寅. 武器动载导致的越江隧道纵向不均匀沉降对沉管接头张开量影响研究[C]//第2届全国工程安全与防护学术会议论文集(下册),2010,715-718.

[73] 郭东犇,郑万坤. 港珠澳大桥沉管隧道沉降分析研究[J]. 山西建筑,2012,38(16):212-214.

[74] 叶建忠,应础斌. 沉管隧道沉降控制研究[C]//2013年全国公路隧道学术会议论文集,重庆:重庆大学出版社,2013,61-67.

[75] 丁文其,朱令,彭益成,等. 基于地层-结构法的沉管隧道三维数值分析[J]. 岩土工程学报,2013,35(增刊2):622-626.

[76] 叶亮,丁文其,朱令,等. 基于正交设计的沉管隧道变形影响因素敏感性分析[J]. 施工技术,2013,42,154-159.

[77] 王培. 软土地基沉管隧道沉降流固耦合数值分析[J]. 低温建筑技术,2014,36(5):114-117.

[78] 周舟,丁文其,刘洪洲,等. 预应力锚索对沉管隧道接头力学特性影响研究[J]. 地下空间与工程学报,2015,11(增刊1):24-29.

[79] 刘禹阳. 节段接头剪力键应力与地基沉降关系及剪力承担比研究[D]. 西安:长安大学,2014.

[80] 寇磊,白云. 考虑软土K_0固结的沉管隧道长期沉降分析[J]. 铁道工程学报,2016,33(1):80-86.

[81] 张杰. 下卧土层流变引起的海底沉管隧道的沉降及其控制方法研究[D].北京:北京交通大学,2018.

[82] 陈庆. 超宽沉管隧道横向地基刚度数值模拟研究[J]. 公路,2018,63(6):325-328.

[83] 夏兰强. 沉管隧道管节接头剪力键地震响应分析[D]. 镇江:江苏科技大学,2019.

[84] 王湛,张宝湖,张延猛,等. 基于横向不均匀地基刚度的车陂路沉管隧道管节损伤与变形分析[J]. 隧道建设,2021,41(增刊2):209-214.

[85] 王湛,张延猛,郭强,等. 考虑不均匀地基刚度影响的沉管隧道和损伤分析[J]. 建筑结构,2020,50(增刊1):1127-1131.

[86] 石俊亮. 差异沉降作用下沉管半刚性管节节段接头力学特性研究[D]. 石家庄:石家庄铁道大学,2020.

[87] 崔少岭. 预应力拉索对沉管节段接头受力特性影响研究[D]. 石家庄:石家庄铁道大学,2020.

[88] 许昱,徐国平,付佰勇,等. 离岸人工岛岛隧结合部沉管隧道基础沉降控制研究[J]. 隧道建设(中英文),2021,41(增刊1):338-344.

[89] 陈海军,孙志彬,张聚文. 淤泥层中沉管隧道基础形式选型及沉降数值分析[J]. 公路交通技术,2022,38(3):95-102.

[90] 欧伟山,王雪刚. 后铺法灌砂基础沉管隧道沉管差异沉降原因分析及对策[J]. 中国港湾建设,2022,42(6):20-24.

[91] 胡传鹏,张涛,李云刚. 沉管隧道下穿防波堤基础设计及沉降控制[J]. 中国港湾建设,2022,42(5):39-43,57.

[92] 唐英,管敏鑫,万晓燕. 高速铁路南京长江沉管隧道段的结构设计与计算[J]. 中国铁道科学,1999,20(4):88-96.

[93] 宁茂权. 沈家门港海底沉管隧道设计介绍[J]. 现代隧道技术,2008,45(6):61-69.

[94] 刘鸿哲,黄茂松. 超长沉管隧道纵向地震响应频域分析方法[J]. 岩土工程学报,2015,37(11):1971-1978.

[95] Hamada M. Earthquake Observation on Two Submerged Tunnels and Numerical Analysis[C]// Proceedings of 8th World Conference on Earthquake Engineering. San Francisco,1984:673-680.

[96] Kiyomiya O, Tanabe G. Dynamic Response Analysis of Immersed Tunnel Considering of Non-linearity of Flexible Joint[C]// Paper Presented at the Twenty-eighth Meeting of the Japan Soil Mechanics and Foundation. Japan,1994.

[97] 李贞新,徐国平,苏宗贤. 超长沉管隧道地震响应快速分析方法研究[J]. 公路,2015,60(4):14-21.

[98] WuHN, ShenSL, Liao SM, et al. Longitudinal Structural Modelling of Shield Tunnels Considering Shearing Dislocation Between Segmental Rings [J]. Tunnelling and Underground Space Technology,2015,50:317-323.

[99] Wu H N, Shen S l, Yang J, et al. Soil-Tunnel Interaction Modelling for Shield Tunnels Considering Shearing Dislocation in Longitudinal Joints[J]. Tunnelling and Underground Space Technology,2018,78(8):168-177.

[100] 陈拴, 吴怀娜, 沈水龙, 等. 盾构隧道纵向结构变形模式及理论模型[J]. 土木工程学报, 2019, 52(增刊1): 85-92.

[101] Wang J C, Huang W M, Yang Z X, et al. Analytical Solution for Segmental-Tunnel Lining Incorporating Interaction between Adjacent Rings[J]. Journal of Engineering Mechanics, 2020, 146(7): 1-17.

[102] Zhou S H, He C, Guo P J, et al. Modeling of Vehicle-Track-Tunnel-Soil System Considering the Dynamic Interaction between Twin Tunnels in a Poroelastic Half-Space[J]. International Journal of Geomechanics, 2020, 20(1): 04019144.

[103] 李瀚源. 沉管隧道结构及接头力学性能分析—以深中通道工程为例[D]. 北京: 北京交通大学, 2018.

[104] 谢雄耀, 易成敏, 李伟平, 等. 甬江沉管隧道运营期接头监测数据安全性分析[J]. 岩土工程学报, 2019, 41(12): 2338-2344.

[105] 魏纲, 陆世杰. 考虑管土效应的潮汐荷载引起沉管隧道管节沉降研究[J]. 岩石力学与工程学报, 2018, 37(增刊2): 4329-4337.

[106] 于洪丹, 陈卫忠, 郭小红, 等. 潮汐对跨海峡隧道衬砌稳定性影响研究[J]. 岩石力学与工程学报, 2009, 28(增刊1): 2905-2914.

[107] 周桓竹, 王延宁, 寇晓强. 考虑潮汐荷载作用的沉管隧道竖向位移计算[J]. 铁道科学与工程学报, 2022, 19(3): 790-797.

[108] 高峰, 关宝树, 潘昌实. 沉管隧道在列车振动作用下受力状态的研究[C]//第九届全国结构工程学术会议论文集(Ⅱ), 2000, 734-738.

[109] 高峰, 关宝树. 列车荷载对长江沉管隧道的影响[J]. 铁道学报, 2001, 23(3): 117-120.

[110] 魏纲, 苏勤卫. 车辆荷载对软土地区海底沉管隧道的影响分析[J]. 地震工程学报, 2015, 37(1): 94-99.

[111] 魏纲, 陆世杰, 齐永洁. 车辆荷载下沉管隧道动力响应有限元分析[J]. 低温建筑技术, 2019, 41(9): 89-93.

[112] 王颖轶, 宋神友, 刘健, 等. 基于车-路耦合的沉管隧道车辆动力荷载建模与分析[J]. 交通建设与管理, 2022, (2): 118-122.

[113] 金锋. 广州珠江沉管隧道设计工作中的几点体会[C]//中国土木工程学会隧道及地下工程学会第八届年会论文集, 1994, 362-367.

[114] 任孝思, 陈越, 杨治兴, 等. 珠江沉管隧道接头设计及处理技术[J]. 世界隧道, 1996, (6): 12-19.

[115] 刘建飞, 贺维国, 曾进群. 静力作用下沉管隧道三维数值模拟[J]. 现代隧道技术, 2007, 44(1): 5-9.

[116] 陆明,陈鸿.超深埋海底沉管隧道接头防水设计的探讨[C]//中国土木工程学会隧道与地下工程分会防水排水专业委员会第十五届学术交流会论文集,2011,36-40,133.

[117] 陆明,陈鸿.超深埋海底沉管隧道接头防水设计探讨[J].中国建筑防水,2012,8:17-21.

[118] 陈越.港珠澳大桥岛隧工程建造技术综述[J].施工技术,2013,42(9):1-5.

[119] 张志刚,刘洪洲.公路沉管隧道的发展及其关键技术[J].隧道建设,2013,33(5):343-347.

[120] 蒋至彦,禹海涛,柴瑞,等.沉管隧道接头变轴力同幅弯曲试验研究[C]//水下隧道建设与管理技术论文集,2013,423-429.

[121] 刘鹏,丁文其,杨波.考虑接头力学特性的沉管隧道计算方法[J].中南大学学报(自然科学版),2014,45(6):1983-1991.

[122] 刘鹏,丁文其,金跃郎,等.沉管隧道接头三维非线性刚度力学模型[J].同济大学学报(自然科学版),2014,42(2):232-237.

[123] 周桓竹,寇晓强,王延宁.潮汐作用下的沉管隧道竖向位移计算[J].岩土力学,2021,42(10):2785-2794,2807.

[124] 刘洪洲,徐国平,许昱,等.复杂环境下沉管隧道接头渐进破坏模式探析[J].公路,2022,67(2):308-314.

第2章
舟山沈家门港海底沉管隧道工程施工介绍

2.1 工程环境概况

舟山沈家门港海底沉管隧道位于浙江省舟山市普陀区,为人行隧道。工程由沈家门新街与滨海路交叉口起,穿过海港至鲁家峙规划广场东端,大致呈南北走向:北起沈家门滨港路轮渡码头,南至鲁家峙岛客运大楼。工程由沉管段、北岸段、南岸段和干坞组成。沈家门侧西梯道出入口长度为35.4m、东坡道出入口长度为73.2m、主通道明挖暗埋段长度为10.4m;沉管段长度为218m;鲁家峙侧明挖暗埋结构长度为28.3m、隧道出入口长度为28.5m;隧道合计建筑长度为393.9m。

工程北端为沈家门城区较繁华的滨港路,南端为鲁家峙,属于旧城拆迁改造地段,场地地貌如图2.1-1所示。当拟建场地旧建筑物拆除后,隧道南侧明挖段及干

图2.1-1 场地地貌现状

坞基坑施工周边仍存在较多低矮且陈旧的工业与民用建筑物,这对隧道施工造成了一定困难。除此之外,海底隧道施工对船只避风及来往会产生较大的影响。

2.2 工程设计概况

隧道采用沉管法进行施工,由沈家门侧出入口段、北明挖暗埋段、沉管段、南鲁家峙侧明挖暗埋段及出入口段组成。北暗埋段起始桩号CK1+000~CK1+24.18m,沉管段起始桩号CK1+24.18~CK1+225.8m,南暗埋段起始桩号CK1+225.8~CK1+257.28m,底部最低标高为-16.50m。主隧道轴线走向为3.90°,近南北向。舟山沉管隧道沉管段纵剖面图见图2.2-1。

沉管段由E1(北岸)、E2、E3(南岸)三个管段组成,分别长70m、74m、74m,总长218m。沉管隧道管段横断面见图2.2-2,尺寸均为11.5m×6.4m,结构底板厚0.90m,顶板厚0.70m,侧墙厚0.75m,沉管段顶部最低标高为-9.16m。

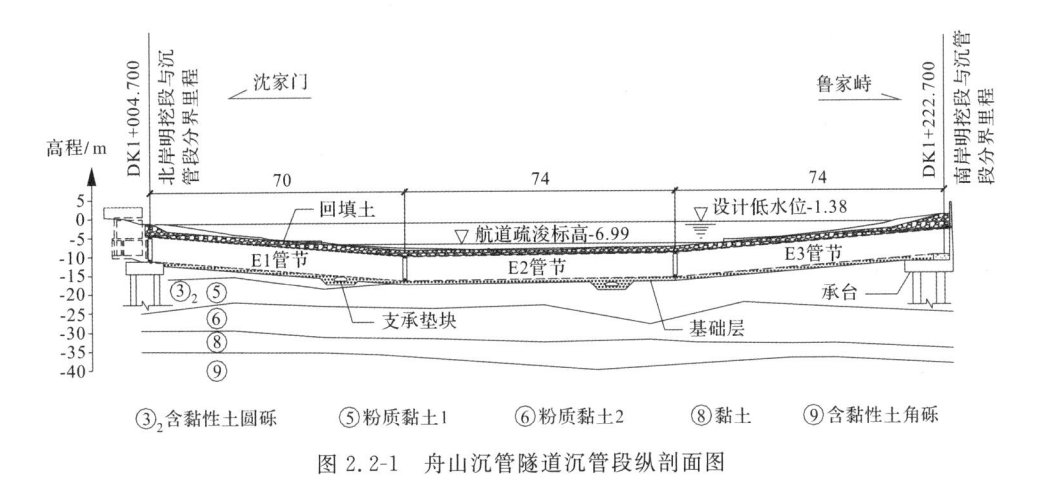

图2.2-1 舟山沉管隧道沉管段纵剖面图

北岸明挖段基坑呈T字形,北侧为滨港路,南侧为沈家门港口浅海海域,最大开挖深度约为15m;海域内采用围堰隔断海水,基坑支护方案用1000mm钻孔桩墙加内支撑支护方案或850mm SMW工法桩墙加内支撑支护方案,该结构兼作永久结构考虑。基坑一般每3m设一道支撑,最深处设六道支撑。第一道采用钢筋混凝土支撑,其余采用钢管支撑,支撑的水平间距为9m。

隧道南岸明挖段基坑呈长条形,包括主隧道暗埋段、坡道暗埋段和坡道敞开段,长约60m,走向基本与海堤垂直,开挖场地均处陆地上。基础底为1:5的斜

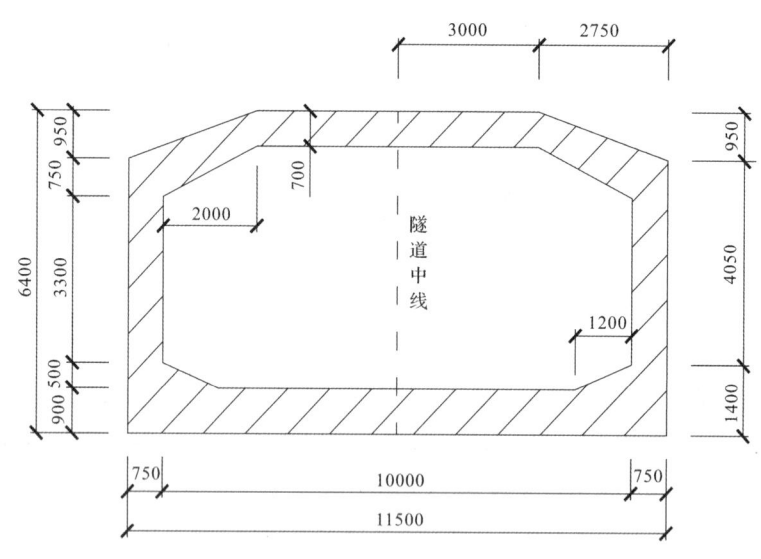

图 2.2-2 沉管段横断面示意图(单位:mm)

坡,基础埋深最大标高为－7.30m,由北向南与地表接顺,最大开挖深度约为15m,采用850mm双轴SMW桩墙;基坑沿深度一般约每3m设一道支撑,最深处设四道支撑,第一道采用钢筋混凝土支撑,其余采用钢管支撑,支撑的水平间距为9m。坡道敞开段开挖深度较浅,采用放坡开挖配以明排地表水(大气降水)方案。

南岸附近开挖干坞,干坞基坑的边坡防护结构应当进行方案比选,常用的结构有放坡开挖、格栅式搅拌桩重力式挡墙、SMW桩＋锚索、钻孔桩＋挡土挡水帷幕及地下连续墙＋锚索等五种形式[1]。干坞基坑呈长方形,基坑底长为91m、宽为74m,基底标高局部为－8.03m(主管节预制场地),其余大部分为－5.51m。

预制连接南北基坑的三个管节,三个管节依次从北端岸上段向南端沉放,中间接头与北岸接头采用半柔半刚性接头相连,南岸最终接头采用刚性接头。对接采用水力压接法,接头间用PC钢索连接。

舟山沈家门港海底沉管隧道基槽回填覆盖横截面如图2.2-3所示。隧道基础层用注浆法处理,施工前,在敞口开挖的基槽底面预铺0.6m的碎石层,管节整体沉放完成后回填砂石。基槽回填覆盖具体施工工序如下:①基槽清挖与清淤(基槽底面2m厚部分);②基础回填碎石垫层(厚0.6m)并初步整平;③管段浮运与沉放;④进行两侧碎石层定位回填(在两侧底板上2m深范围抛填碎石,作为基底压砂时的封层);⑤基础压砂回填处理(厚0.4m);⑥回填砂石(一般回填);⑦覆盖回填,沉管顶部及两侧2.5m范围至沉管顶抛填1.5m厚块石作为覆盖层,两岸岸边沿纵向边坡(1:2)回填覆盖层;⑧自然回淤(回填覆盖层以上部分可通过自然回淤恢复海床)。

由于管节体积小，自重轻，海峡空间也较狭窄，故在沉管隧道沉放拼装期间，需要着重考虑抗浮、掉头周转空间小、管节沉放坡度大等技术问题。

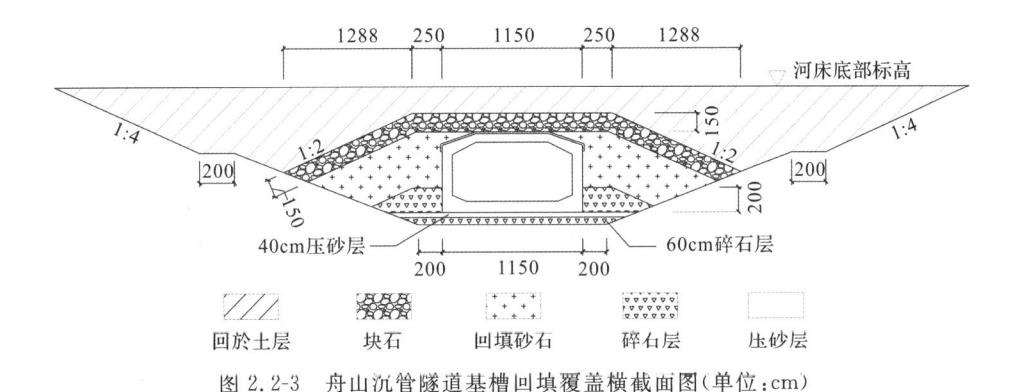

图 2.2-3　舟山沉管隧道基槽回填覆盖横截面图(单位：cm)

2.3　工程水文地质条件

1. 北岸明挖段基坑地质条件

北岸明挖段地质条件[2]如下。

①$_{1}$层填土，受场地地形条件影响，其厚度分布不均，滨港路外侧海域内除 ZK7 孔附近的早期道头遗址外，其他地段层厚一般为 0.70~1.70m；而滨港路现状地面标高为 2.38~2.48m，前述已知，滨港路属于填海而成，表层填土厚度一般约在 5m。填土主要成分为块石、碎石，其粒径较大、透水性较好。

②$_{1}$层淤泥，物理力学性质极差，具有高含水率、高流变性、高孔隙性、高压缩性、透水性差和抗剪强度低的特点。

②$_{2}$层淤泥质粉质黏土，属于浙江沿海第三次海侵时所形成的滨海相淤积层，在本场地分布较稳定，层顶标高为 −3.85~−1.24m，层厚为 6.40~7.90m。渗透系数为百万分之一数量级，具有高压缩性、低渗透性和物理力学性质较差的特点。

②$_{3}$层粉质黏土，在本场地分布较稳定，层顶标高为 −9.70~−8.81m，层厚为 3.00~4.30m。渗透系数为百万分之一数量级，具有高压缩性、低渗透性和物理力学性质较差的特点。根据结构设计纵断面，北岸明挖段混凝土结构底板基本位于本层位上部，局部位于②$_{2}$层底部。经过基础处理后可作为拟建建筑物的浅基础持力层。

③₂层含黏性土圆砾,在本场地分布较稳定、略有起伏,层顶标高为－13.65～－12.70m,层厚为2.10～6.00m。黏性土呈可塑状,该层中卵石含量为10%～25%、圆砾含量为20%～45%,其余为砂粒和黏性土,动力触探实测指标为6击/10cm,钻探时极易产生塌孔。该层物理力学性质较好,可作为支护结构的基础持力层。

④层粉质黏土,呈透镜体形式产出,仅在ZK5中出现,呈软塑状,物理力学性质较差,可不考虑对支护结构施工的影响。

⑤层粉质黏土,在本场地分布较稳定,局部略有起伏,层顶标高为－18.70～－15.91m,层厚为4.30～9.40m。物理力学性质较好,是基坑开挖围护结构及拟建建筑物的良好桩基持力层。

下伏呈可塑状、中等压缩性的⑥层粉质黏土,中偏低压缩性的⑦层含黏性土角砾,物理力学性质较好,且埋藏分布也较稳定,均可作为基坑开挖围护结构及拟建建筑物的桩基持力层。

2. 南岸明挖段基坑和干坞基坑地质条件

南岸明挖段基坑和干坞基坑地质条件[2]如下。

靠海堤部位填土①₁₋₁层较厚,层厚一般为3.20～5.60m,具有强透水性的特点,其余地段①₁₋₁层厚度较小。南侧明挖段底板为②₂层淤泥质粉质黏土,其层底标高为－8.29～－8.89m。

根据已完成的勘探孔资料,干坞基坑范围内主要地层为①₁₋₁层填土、①₁₋₂层粉质黏土和②₂层淤泥质粉质黏土,基坑底为②₂层淤泥质粉质黏土,下卧层大部为岩土工程性质较好的⑤层粉质黏土、局部存在③₁层砾砂。

③₁层砾砂含有承压水,从最深基坑底板－8.03m至③₁层粗砂顶板厚度只有0.85m。本场地中其他层位的岩土工程性质如前所述。其中⑤层粉质黏土或⑥层粉质黏土可作为基坑支护结构的基础持力层。

3. 主隧道沉管段地质条件

主隧道沉管段地质条件[2]如下。

主隧道沉管段基底地基土有②₂层淤泥质粉质黏土(CK1+73.61～CK1+85.80、CK1+223.54～CK1+234.18)、②₃层粉质黏土(CK1+24.18～CK1+73.61)、③₁砾砂(CK1+213.04～CK1+223.54)、⑤层粉质黏土(CK1+85.8～CK1+98.82、CK1+131.20～CK1+213.04)、⑤含黏性土角砾(CK1+98.82～CK1+131.20)。其中,②₂、②₃层为软土,③₁层砾砂呈松散至稍密状,容易产生坍塌,⑤层为硬土,性质较好。隧道结构底板的岩土工程性质软硬不均。地层物理力学指标详见表 2.3-1。

此外,设计资料给出的隧道场地抗震设防烈度为Ⅷ度,设计基本地震加速度值为 0.10g,地震动反应谱设计特征周期为 0.45s。

4. 水文气象特征

舟山市位于中纬度地带,属亚热带海洋性季风气候区,四季分明、光照充足、无霜期长、冬暖夏凉、气候温和湿润。历年极端最高气温为 39.1℃,历年极端最低气温为 -6.6℃,多年月均最高气温为 26.9℃(8 月),多年月均最低气温为 5.5℃(1月),多年平均气温为 16.1℃。表 2.3-2 为舟山市 1954—2015 年的平均气温、平均最高气温、平均最低气温统计表。

根据定海站 1956—2005 年降雨量资料分析可知,舟山市多年平均降雨量为 1375mm;其中,最丰年为 1888.9mm(1977 年),最枯年为 628.4mm(1967 年),丰枯之比达 3 倍;流域降雨量年内分配呈双峰型,第一峰出现在 5—6 月(主要由峰面雨形成),第二峰出现在 8—9 月(主要由台风雨形成),这四个月的降雨量占全年降雨量的 50%。

1951—2005 年实测最大 24h 降雨量在 200mm 以上的暴雨共有 7 次,主要发生在 8—9 月,其中最大 24h 降雨量为 329.5mm(2005 年 8 月 5 日麦莎台风资料)。

沈家门港海域潮汐属不规则半日潮型,落潮历时略大于涨潮历时,平均高潮间隙为 9.5h,平均低潮间隙约为 3.5h。按 1985 国家高程基准(黄海高程),年平均低潮位为 -0.92m,多年平均潮差为 1.91m,多年最大潮差为 3.67m。潮流呈往复流,流向与岸线基本平行,涨潮时由东向西,落潮时由西向东,流速均为 2~3kn(节,kn=1.85km/h)。该海域风小浪轻,波高约 1.0m,为理想的避风港湾。

区域内自然灾害以热带风暴、寒潮和台风为主。舟山市每年的 7—9 月易受热带风暴和台风影响,根据 1967—2003 年的气象资料统计,区域内共计受到 144 次热带风暴影响,平均每年 3.9 次。从影响程度分析,达到中等强度的热带风暴有 48次,占比 33.3%,强热带风暴和台风合计 28 次,占比 19.4%。一次热带风暴影响的最长时间为 2~3d。

表 2.3-1 地层物理力学指标

层号	含水率 $\omega/\%$	孔隙比 e	重力密度 $\gamma/(kN/m^3)$	塑性指数 I_P	液性指数 I_L	常规压缩 压缩系数 $a_{1-2}/(MPa^{-1})$	常规压缩 压缩模量 E_s/MPa	直剪(固结) 黏聚力 C_c/kPa	直剪(固结) 内摩擦角 $\varphi_c/°$	渗透系数 $\times 10^{-7}$ cm/s 水平 K_h	渗透系数 $\times 10^{-7}$ cm/s 垂直 K_v	静止侧压力系数 K_0
①$_{1-2}$	34.0	0.937	18.8	11.9	1.27	0.537	3.21	10.9	9.30	—	—	0.47
①$_2$	28.9	0.812	19.3	10.2	0.91	0.314	4.66	17.6	16.8	—	—	0.46
②$_1$	60.47	1.669	16.6	21.0	1.71	1.20	2.24	—	—	—	—	0.51
②$_2$	38.9	1.08	18.2	14.4	1.28	0.701	2.99	11.3	8.90	2.89	2.56	0.61
②$_3$	36.6	1.014	18.5	13.0	1.25	0.576	3.53	17.9	13.7	5.50	5.32	0.48
③$_1$	—	—	19.2	—	—	—	—	0	38.0	470000	—	0.40
③$_2$	30.9	0.858	19.3	16.6	0.61	—	—	24.3	21.5	—	—	0.29
④	24.6	0.682	20.0	11.3	0.83	0.25	6.73	18.7	20.4	—	—	—
⑤	28.6	0.803	19.5	16.1	0.39	0.227	8.07	24.5	21.4	—	—	0.49
⑥	35.0	0.983	18.6	15.3	0.74	0.447	4.12	20.2	19.4	—	—	0.49
⑦	—	—	—	—	—	—	—	—	—	—	—	0.23

表 2.3-2 舟山市年平均气温、平均最高、平均最低气温的年及四季的年代平均值[3]

单位:℃

年份	平均气温 全年	平均气温 春	平均气温 夏	平均气温 秋	平均气温 冬	平均最高气温 全年	平均最高气温 春	平均最高气温 夏	平均最高气温 秋	平均最高气温 冬	平均最低气温 全年	平均最低气温 春	平均最低气温 夏	平均最低气温 秋	平均最低气温 冬
1954—1960	16.3	13.7	25.6	19.0	6.7	20.0	17.7	29.3	22.7	10.4	13.8	11.1	23.2	16.5	4.2
1961—1970	16.4	13.9	25.5	19.7	6.4	19.9	17.5	28.9	23.1	10.0	13.6	11.0	22.9	17.0	3.5
1971—1980	16.3	13.9	25.6	18.9	6.8	19.9	17.8	28.9	22.4	10.3	13.6	11.0	23.1	16.2	4.1
1981—1990	16.3	14.0	25.6	19.1	6.5	20.0	18.0	29.2	23.0	10.3	13.5	11.2	23.0	16.2	3.7
1991—2000	16.7	14.5	25.7	19.3	7.4	20.6	18.6	29.5	23.1	11.3	13.8	11.2	23.1	16.4	4.4
2001—2010	17.2	15.1	26.5	19.7	7.5	21.2	19.5	30.4	23.7	11.4	14.2	11.7	23.8	16.9	4.7
2011—2015	17.0	15.2	26.2	19.8	7.1	20.9	19.6	30.0	23.6	10.7	14.0	11.6	23.8	16.7	3.8

2.4 拼装阶段施工介绍

正在施工中的北岸基坑俯视图如图 2.4-1 所示。海底隧道基槽已按照设计要求开挖,并完成一轮系统的清淤工作。中国已建的沉管法隧道大多采用钢筋混凝土矩形结构,目前采用整体式管节和节段式管节两种预制方法[4]。该海底隧道采用整体式管节,其中三个管节已制作完毕,图 2.4-2 为干坞中正在预制的管节,其在干坞内经检验密封性良好,干坞缺口已经打开。

图 2.4-1 正在施工中的北岸基坑

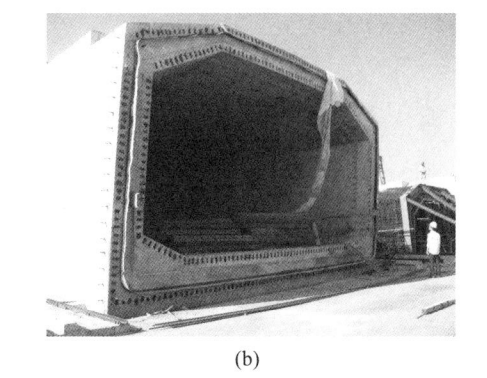

(a)   (b)

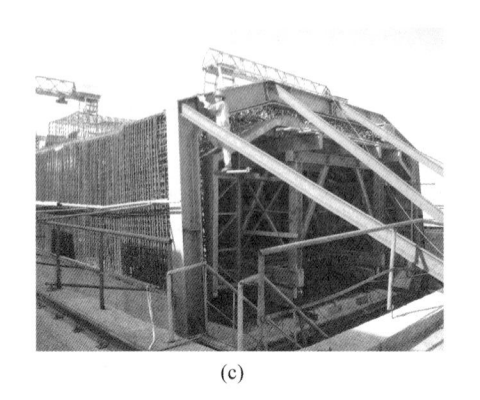

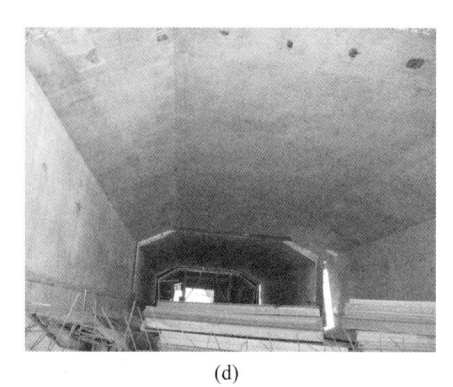

| (c) | (d) |

图 2.4-2　干坞中正在预制的管节

拼装施工按照 E1、E2、E3 的顺序依次进行,包括浮运对接、锁定注浆和抛石回填。在完全回填之前,管节间的端封墙和连接鼻托均不拆除。E1、E2 管节沉放尾端采用千斤顶临时支撑,E3 管节沉放尾端直接安置在最终接头前的混凝土承台上。

1. 船只用具介绍

船只和用具见图 2.4-3、图 2.4-4 和图 2.4-5。船只使用说明:①发力锚机的位置随管节的位置变化不断调整,而沉管在主航道移动时主要动力来源于主航道两头承重船上的锚机;②整平船主要负责回填锁定时的砂石运送,浮运过程中也充当主航道上的拉力;③承重船负责测量塔的吊装,千斤顶垫层的吊装及沉放管节时管节的临时浮吊。

| (a) 锚机 | (b) 锚索 |

图 2.4-3　锚机与锚索

图 2.4-4 整平船

(a) 承重船起吊机  (b) 承重船

图 2.4-5 承重船组

2. 装塔、浮运、沉放介绍

装塔工作在干坞内进行。首先用吊驳起吊沉管,使沉管稳定在管顶面略高出水平面位置,然后将拼装完毕的测量塔吊装到沉管管头。浮运出干坞前,管节四角钢制短墩与岸边或吊船上的拉锚机通过锚索连接。装塔是为测量服务的,是为了在河面广阔的视野上有个明显的测量标记。

从干坞方案、水文地质和工程可行性等条件出发,现场采用两岸绞车拖运和拖轮辅助的浮运方案[5]。浮运过程分三步完成:①出干坞掉头至主航道;②沿主航道移动至设计里程;③再次掉头至设计位置。

考虑成本、施工难易以及施工条件等因素,现场采用驳船沉放法[5]。沉放过程主要分两步:①向管节内水箱压水,增加管节质量;②逐渐放松吊索,使管节下沉。

两步交替缓慢进行。具体沉放位置的水下定位工作都由潜水员确认。该过程如图 2.4-6、图 2.4-7 和图 2.4-8 所示。

图 2.4-6　吊驳、管节、测量塔和锚固墩的细部

图 2.4-7　E2 管节浮运出干坞

图 2.4-8　管节在航道的运输过程

该工程中的施工细节介绍如下。

(1) 吊装测量塔的相对位置是在管节预制的时候设计好的,并且有相应的螺丝孔,吊装后测量塔靠螺丝固定。测量塔固定位置如图 2.4-6 所示。

(2) 吊驳起吊是用锚钩钩住沉管两侧预制的凹槽,但在整个浮运过程中吊驳船仅仅控制管节保持上浮,而没有任何移动的动力,管节移动靠锚索拉动完成。吊驳浮吊管节如图 2.4-6 所示。

(3) 浮运时间应选在水流流速及风速较小的平潮时,原因是考虑到管节转身面积较大,转身时排水量也很大,相应转身时作用在管节上的排水反力也很大,而管节两侧吊驳在管节转身时承受的横向作用力有限,较大的水流作用下容易造成吊驳倾翻而发生事故,如图 2.4-9 所示,吊驳与管节的组合体中吊驳重心靠近管节侧壁,管节横向受力较大会有扭转的趋势,容易使受力侧吊驳倾翻。

图 2.4-9 转身过程中的管节

(4) 整个浮运过程在两岸几个观测点的严密监控下进行,观测点上的全站仪报告管头、管尾两点与设计浮运路线的偏差及行走里程,再由管节上的人员指挥两岸锚机拉锚移动。

(5) 管节沉放中一个重要的步骤就是具体的定位,先将管头鼻托安放到对接处鼻托上(见图 2.4-10),潜水员检测止水带是否在对应位置并做调整,然后由管节两侧的拉压千斤顶拉动管节压缩止水带。通过观测测量塔的位移变化来分析对应千斤顶压力下止水带压缩量。

(a) 管头鼻托   (b) 鼻托对接

图 2.4-10 中间接头处鼻托

3. 锁定、顶升、注浆介绍

锁定的目的在于限制管节横向的位移，避免随潮汐发生较大的偏移，提高沉放后的安全性，同时也为后续的注浆工序做准备。具体的操作为通过整平船运送碎石和挖机到锁定位置，然后通过挖机向管节两侧填放碎石（见图 2.4-11）。具体的锁定位置由测量人员测量指挥，锁定的效果由潜水员下水检查。

图 2.4-11 整平船

顶升是指调整混凝土垫块的临时支撑，改变千斤顶压力，人为地抬升管节至设计标高。顶升在管节沉放完毕 3~5d 后进行，以确保千斤顶下的垫块在管节压力作用下有足够的时间压密垫块下方土层，使顶升管节至设计标高后短期内不会发生太大的沉降。顶升千斤顶(见图 2.4-12)在注浆凝固后拆除。

注浆是管节沉放后的一个关键工序,是针对管节下方土层软弱、地质条件差的一种基础处理方法。其基本原理就是通过注浆孔向在管节下方相对密闭的空间灌注混凝土浆液,置换出里面的水和一部分淤泥,待浆液凝结后,作为一层有强度的垫层,承受管节压力,减小压缩量。注浆过程如图 2.4-13 所示。

图 2.4-12　E2 管节的千斤顶

(a) 灌注混凝土浆液　　　　　　　　(b) 注浆口

图 2.4-13　注浆过程

注浆过程细节介绍如下。

(1)注浆系统。注浆系统中,浆液从运送车到压浆机(见图 2.4-14),经由注浆管到注浆孔,线路比较长,中途注浆管拼接处难免会有渗漏,而过大的渗漏会导致注浆孔口的注浆压力不足。因此,注浆管拼接前应对接口进行除锈清理,正式注浆前要对注浆系统进行通水检验,一般以通水时渗漏水流不连续为合格标准,管节漏水如图 2.4-15 所示。

图 2.4-14　压浆机　　　　　　　　图 2.4-15　漏水的注浆管

(2)注浆顺序。大致从低地势点往高地势点注浆,但若灌注到某一排,管节高程变化对注浆比较敏感时,也可先跳过一排或者两排,待整个管节注浆完毕后再补灌。这种中途单排注浆引起高程明显变化的原因,多为上一排灌注的浆液比较多,弥漫到了下一排注浆孔处或区域,导致管节堵塞。

(3)注浆停止标准。整个注浆过程中会有监测人员 24h 对管节头尾的高程进行监测,并观察注浆孔口的压力表。压力表呈现的注浆压力大于设计要求或者管节首尾任一处高程发生大于 3mm 的连续变化时应停止注浆进行检查。监测人员可通过观察注浆孔附近的观察孔和单排注浆量综合判断浆液是否注满。若打开观察孔喷出气体或者水,则说明未注满,可等待片刻管节回落后继续注浆,并减慢注浆速度;若喷出浆液,则说明该孔处已注满,继续检查附近观察孔。注浆过程如图 2.4-16 所示。

(a) 注浆口　　　　　　　　(b) 注浆压力表　　　　　　　(c) 监测管节

图 2.4-16　注浆过程

(4) 锁定过程。在时间安排上,抛石锁定不一定在顶升管节之前,抛石锁定完全根据沉放后管节的状况而定。例如,E1 管节沉放后有部分在围堰保护范围内,靠近岸边,地质条件也相对较好,受潮汐的影响也比较小,工程并没有急切地抛石锁定,抛石工序在顶升管节之后;而 E2 管节的姿态在沉放完毕的 24h 内发生了较大变化(沉放后管头偏西 1.1cm,管尾偏西 4.8cm,次日 10 点管头偏西 1.9cm,管尾偏西 9.4cm,12 点管头偏西 1.4cm,管尾偏西 8.1cm,14 点管头偏西 1.8cm,管尾偏西 9.2cm,16 点管头偏西 1.8cm,管尾偏西 9.4cm),施工方马上对管节西侧进行抛石锁定,以限制管节的进一步向西偏移,待情况稳定后才进行东侧的抛石锁定。

(5) 抛石锁定与注浆的联系。抛石锁定工序必然在注浆之前,除限制管节偏移保证安全外,抛石锁定的另一目的是为注浆做准备。一方面,管节两侧的抛石与管节下方的碎石层围成一个相对封闭的注浆空间,防止注浆过程中浆液渗漏;另一方面,抛石又需在管节纵向上留出一部分空隙,以便注浆过程中管节下方空隙中的水和淤泥能在注浆过程中从抛石空隙处流走,以免注浆过程中的压力过大导致管节上浮。

4. 回填、置换、贯通介绍

回填是指在管节上方覆盖砂料、块石等材料,一方面保护管节免受来往船只停船抛锚的直接冲击,另一方面增加管节的上覆压力,为以后拆除水箱的置换工作提供安全保障。回填完毕后,管节基本处于安全状态。片石回填如图 2.4-17 所示。

图 2.4-17　E1 片石回填

置换是指将管节内部水箱置换成混凝土层。预制后的管节由于自重较轻，受浮力作用管节会上浮。在干坞密封测试及浮运等后期工序中，可通过调整管节内部两侧大量水箱内的水量，来调节管节比重。回填完毕后，需把水箱拆除，并在管节内浇筑等重的混凝土层，以确保安全，方便装修行人通道。拆除前水箱如图 2.4-18 所示，拆除后如图 2.4-19 所示。

(a) 管节内左侧水箱　　　　　　　　(b) 两侧水箱

图 2.4-18　管节内部水箱

(a) 拆除水箱后的行人通道 　　　　　(b) 拆除水箱后的隧道内壁

图 2.4-19　拆除后的水箱

贯通是指拆除鼻托和管节端头的封闭墙及切除注浆孔。封闭墙起到封闭放水的作用,封闭墙中间柱的鼻托也为沉放对接提供了很大的帮助。沉放完成到注浆回填期间,管节内部的行人通道是封闭墙上的一个小铁门,目的就是在出现不可调整的施工错误后,可以关闭管节上浮,重新沉放,因此封闭墙的拆除应在确保管节安全以后。部分拆除的封闭墙和行人通道如图 2.4-20 所示。

(a) 拆除封闭墙的行人通道 　　　　　(b) 拆除的封闭墙

图 2.4-20　部分拆除的封闭墙及行人通道

5. 管节注浆遇到的问题及分析

(1) E1 管节

管节从南向北依次注浆,注浆超过 1/2 位置时,管节出现较大的上浮(南端为

12mm,中部为 34mm,北端为 68mm),现场马上停止注浆,并用承重船吊 2 个 100t 混凝土块置于管节北端,待北端回落 10mm 稳定后才继续注浆。

这个问题发生得比较突然,而且施工时一直重点关注南端,忽略了基坑底部接头处的沉降变化。事后分析原因可能有以下三点:①管节呈南低北高的姿态,随着注浆的进行,一部分的自重被已经灌注的浆液"托住",北部的注浆过程中管节的自重已经变小;②由于自南向北的注浆过程和自南向北的排水排淤泥过程,管节北部的淤泥含量要比南部注浆时高;③北部近 1/3 的管节处于围堰的包围中,排水排淤泥的空间受限制。

(2) E2 管节

总体上来说,E2 管节注浆期间的沉降控制非常好,注浆监测时,在 E1 管尾观察到 E2 管尾下沉 1cm。现场马上停止注浆,并要求对 E1、E2 管节进行系统的沉降测量。各技术人员就这一现象展开了讨论,当时的工况为注浆至 9 排(共 13 排),临时千斤顶位于第 10 排和 11 排之间,E1 管节北端在回填抛石。

总结原因可能如下:①最不利原因为临时千斤顶或者垫块发生下沉,若为此原因,则要重新调整千斤顶,这必然会对已注浆位置的注浆质量产生影响,但经过分析,该原因可能性不大,没有外力作用,千斤顶位置不应该发生突然的下沉;②千斤顶处沉降没有变化,以千斤顶位置为支撑,南端管节质量大过北端,因此会像跷跷板一样改变管节姿态,这个原因看起来符合逻辑,但考虑到千斤顶北部管节的各种约束,南部仅仅靠自重就改变管节姿态的可能性也不大;③非 E2 管节南端下沉,而是 E1 管节南端的观察位置上升了,这点是测量 E1 管节沉降变化后才总结出的,测量得 E1 管节北端下沉为 1.3cm,南端上浮为 1cm,E1 管节的沉降变化受 E1 管节的回填抛石影响。注浆过程中,管节发生下沉是不合逻辑的,当时现场人员都很紧张,注意力都集中在了千斤顶上,而抛石与注浆施工又不是同一个单位操作,注浆人员以为抛石在管节两侧,而抛石实际操作就回填在了管节上方,双方没有很好地沟通引起了不必要的紧张。

(3) E3 管节

不同于前两个管节紧凑地安排注浆工序,由于最终接头的施工,E3 管节的注浆被安排在沉放完毕的 20 多天后,而在灌注 E3 管节第 1 排孔时,管节就发生了上浮,施工时跳过第 1 排,直接从第 2 排开始灌注,相对于 E2 管节南部观察点管节最大的沉降变化为南端下沉 1.8cm,北端上浮 0.8cm。

有了 E2 管节的经验,E3 管尾的下沉很自然地让人想到了是因为观察点的上浮,而注浆孔与观察点又如此接近,因此,认为注浆过程中 E3 管头上浮的可能性很大,而接下去的测量结果也印证了这个猜测。但灌注第 1 排注浆孔就发生如此大的上浮是之前注浆过程中没有遇到的。针对这一现象,现场注浆作业时注时停,进展非常缓慢,而到第 4 排位置时,注浆终于变得顺畅了。发生这一现象的主要原因如下:①E2 管尾最后一排注浆孔的注浆量比较大,浆液蔓延到了 E3 管头位置,使 E3 管头位置的注浆空间非常小;②注浆工序间隔时间较长,而沈家门地区的回淤又非常严重,使管节两侧排气、排水和排泥的通道非常不顺畅,而后面的顺利注浆正是基于这些通道的贯通。

目前,舟山沈家门港海底隧道已全面竣工并投入使用,海底隧道行人通道如图 2.4-21 所示。

(a) 地面通道入口　　(b) 海底隧道行人通道

图 2.4-21　投入使用的行人通道

2.5　本章小结

(1)对浙江省舟山沈家门港海底沉管隧道的工程场地地理位置及地貌进行详细调查后,得出该工程周围较多陈旧的工民用建筑物会对隧道施工造成一定困难,同时海底隧道的施工对船只往来等会产生较大影响。

(2)对舟山沈家门港海底沉管隧道的北岸、南岸及主隧道处地质情况进行了详细介绍,并归纳了舟山市的水文气象特征。根据相关规范,确定了各段基坑及管节的施工方案。其中,北岸明挖段基坑支护方案用 1000mm 钻孔桩墙加内支撑支护方案或 850mmSMW 工法桩墙加内支撑支护方案;南岸明挖段基坑采用 850mm 双轴 SMW 桩墙。预制连接南北基坑的三个管节,三个管节依次从北岸上段向南岸沉放,中间接头与北岸接头采用半柔半刚性接头相连,南岸最终接头采用刚性接头。对接采用水力压接法,接头间用 PC 钢索连接。

(3) 从船只用具、装塔、浮运、沉放、锁定、顶升、注浆、回填、置换和贯通方面对拼装过程进行了解释,并指出以上过程中的注意事项。

(4) 分析了 E1 管节注浆过 1/2 位置时出现较大上浮的原因,可能有三种:①随着注浆进行,北部管节的自重变小;②管节北部的淤泥含量要比南部注浆时高;③北部近 1/3 的管节处于围堰的包围中,排水排淤泥的空间受限制。

(5) 分析了 E2 管尾下沉 1cm 的原因,可能是因为 E1 南端的观察位置上升。这是由于抛石与注浆施工不是同一个单位操作,注浆人员以为抛石在管节两侧,而抛石实际操作则回填在了管节上方,双方没有很好地沟通导致问题发生,建议施工单位之间应加强沟通。

(6) 分析了灌注 E3 管节第 1 排孔时管节就发生上浮的可能原因:①E2 管尾最后一排注浆孔的注浆量比较大,使得 E3 管头位置的注浆空间非常小;②注浆工序间隔时间较长,而沈家门地区的回淤又非常严重,使管节两侧的排气排水排泥的通道非常不顺畅,而后面的顺利注浆正是基于这些通道的贯通。

参考文献

[1] 程晓明,张莉娜,邓家胜,等.沉管隧道干坞工程设计与施工技术[J].四川建筑.2017,37(5):165-167.

[2] 宁茂权.沈家门港海底沉管隧道设计介绍[J].现代隧道技术,2008,45(6):61-69.

[3] 李云.近 62 年舟山市气温、降水特征分析[J].浙江气象,2016,37(2):5-10.

[4] 李志军,王秋林,陈旺,等.中国沉管法隧道典型工程实例及技术创新与展望[J].隧道建设(中英文).2018,38(6):879-894.

[5] 邓建林.沈家门港海底沉管隧道浮运、沉放施工控制技术[J].隧道建设(中英文),2015,35(9):914-919.

第3章
舟山沈家门港沉管隧道沉降监测数据整理及结果分析

3.1 引 言

沉管隧道是一种穿越江、河、海峡、湖泊的隧道,尤其适用于土质软弱地区,在国内主要应用于港珠澳地区和长三角地区[1-2]。长三角地区土质较软弱,海岸的回淤尤其严重,往往会对沉管隧道的沉降产生难以估计的影响。在较大的沉降影响下,沉管隧道的安全施工和正常运营都将受到威胁。因此,探寻沉管隧道的沉降规律,有助于提高其施工的安全性和使用的持久性。

目前,国内外学者已对沉管隧道的沉降变化规律有了一定的认识,文献[3]~文献[10]研究了各种沉降影响因素,如隧道施工、潮汐作用、河床淤积与冲刷、地下水位下降、车辆周期性动荷载和地震荷载等,定性得出了相应的沉降变化规律,但没有定量地研究各因素的影响程度。通过总结案例,邵俊江等[9]得出沉管隧道施工期间沉降为20~80mm,平均值为60mm,占最终沉降量的50%~60%;魏纲等[10]得出沉管隧道施工期间平均沉降值为53mm,占最终沉降量约56%。李斌等[11]明确瞬时沉降是海底沉管隧道沉降的重要组成部分,监测表明,港珠澳大桥沉管隧道总沉降量达到47.1~67.0mm。陈伟乐等[12]通过调研提出国内外沉管隧道发生沉降病害的主要原因是不利荷载与不良地质作用。李伟平等[13]指出过大的沉降或不均匀沉降是影响隧道运营的隐患或病害。蒙庆辉等[14]的研究表明,50mm的差异沉降已经能使整体管段产生横向裂缝,且很可能将贯通底板全厚。可见,沉管隧道施工期间沉降较大,有着严重危害。国内对施工期间沉降实测的研究非常缺乏,需进行细致的定量研究。

本章依托浙江省舟山沈家门港海底沉管隧道,对沉管隧道施工期间的沉降进行监测,从实测数据的角度探讨沉管隧道施工期间的沉降原因和机理,研究注浆和回填对管节沉降的影响,并对实测沉降数据进行修正分析,最后给出相应的沉降控制措施与建议。

3.2 管节沉降监测方案

1.施工测量依据和规范

(1)《中、短程光电测距规范》(GB/T 16818—2008)。
(2)《国家三、四等水准测量规范》(GB/T 12898—2009)。
(3)《工程测量标准》(GB 50026—2007)。
(4)《水运工程测量规范》(JTJ 203—2001)。
(5)甲方提供的施工测量控制点。

其中,甲方提供的施工测量控制点如下:共有五个平面控制点(B0、B1、XB2、XB3、N3);五个平面控制点都有高程,控制点成果如表 3.2-1 所示。

表 3.2-1 甲方提供的平面控制点汇总表

点名	X	Y	H
B0	3314572.7890	519177.8089	2.6859
B1	3314364.2670	519134.0010	2.6647
XB2	3314197.6789	519157.5574	3.8286
XB3	3314162.5452	518971.6620	3.8031
N3	3313955.1698	519130.4687	3.2649

2.测量技术方案

(1)控制点的复核

对甲方提供的五个平面控制点和高程控制点按照测量规范的要求进行复核。最终,以 XB2、XB3 作为起算点引测平面控制点和高程控制点。

(2)控制测量

按照使用方便、通视条件好和点位牢固可靠的原则布设测量控制点,依据甲方提供的平面控制点,在隧道的两岸分别布点,按一级闭合导线的要求布设平面控制网点,作为整个工程的首级控制网。

两岸共布设了 12 个平面控制点,分别为 G1、G2、G3、G4、G5、G6、G7、G8、NZ、

NZ1、NZ2、SZ。平面控制点上都引测了高程,高程控制点的加密作业精度不低于《国家三、四等水准测量规范》(GB/T 12898—2009)的要求。

施工控制点成果如表 3.2-2 所示。

表 3.2-2 施工控制点成果汇总表

点名	X	Y	H
G1	3313949.396	519105.626	3.303
G2	3313938.676	519070.720	2.988
G3	3313947.127	519029.360	2.607
G4	3313838.900	518826.072	4.288
G5	3314148.022	518965.818	2.863
G6	3314138.073	519033.772	3.009
G7	3314162.637	519020.053	3.017
G8	3314157.225	519110.773	3.001
NZ1	3314174.226	519060.978	2.991
NZ2	3314166.985	519060.745	−9.484
NZ	3314184.941	519060.248	2.684
SZ	3313897.112	519079.853	2.980

(3)管内测量

施工方全面负责整个过程中的测量任务,应甲方要求,监测方任务在管节处完成对接,管段之间水密空间放水压接后展开。2012 年 10 月—2013 年 1 月为舟山沈家门港海底沉管隧道管节拼装、注浆、回填的主要施工时间[15]。其间,我们对管节的沉降及沉放后的轴线偏移进行了全程测量,主要工作包括管节内轴线偏移测量和管节前中后部高程测量。

现场沉降测量采用水准仪,三个管节前、中、后各布置三个测量点,共计九个有效水准点,具体布置见图 3.2-1。依据施工方提供的控制点,在北岸基坑底部选通视良好位置设置沉降基准点 CJ0 作为沉降参照点,参照点高程与基坑底面控制点 NZ2 联测获得。三个管节的测量周期为管节的施工周期,故所测量的沉降总和即为施工期间沉降量。其中 E1、E3 管节由于有 8‰的坡度,2m 高度的水准尺不能满足 30m 水平距离两点的通视,故测量点间需增加两个转点测量。自管节沉放,临时行人通道打开,保持对管节的沉降测量,施工状态下的管节一天一测。

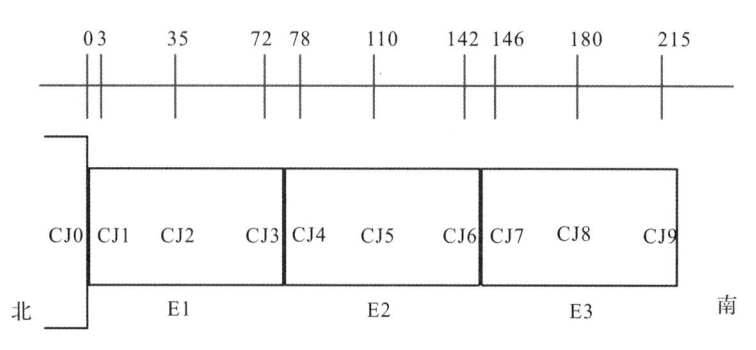

图 3.2-1　纵向测点布置(单位:m)

(4)管节施工情况

2012 年 10 月 13 日为 E1 管节与北岸基坑对接日期,2012 年 11 月 12 日为 E1、E2 管节对接日期,2012 年 12 月 12 日为 E2、E3 管节对接日期。2012 年 10 月 22 日—2012 年 10 月 24 日为 E1 管节注浆时间,2012 年 11 月 20 日—2012 年 11 月 24 日为 E2 管节注浆时间,2013 年 1 月 8 日—2013 年 1 月 11 日为 E3 管节注浆时间。管节沉放北端依赖已完成结构以鼻托的形式连接,南端依靠临时千斤顶支持管节下方的混凝土垫块支撑,管节下方注浆处理,无桩基等其他支撑。整个管节两侧与基槽的空隙封堵集中在对接后注浆前,仅留少数空隙段用作注浆期间的出水出气口;整个管节上部回填集中在注浆完成以后。出于安全要求,E1、E2 自北向南分区段回填,E3 自南向北分区段回填。

3.测量仪器及人员配置

现场配置三名测量员,主要仪器设备如表 3.2-3 所示。

表 3.2-3　主要测量仪器表

仪器名称	型号	精确度	数量
全站仪	苏一光 RTS630D	$\pm(2mm+2ppm\times D)$	1 台
水准仪	苏一光 DSO5	0.5mm/km	1 台

3.3　监测数据整理分析

由于对处于施工状态的管节保持一天一测的频率,最后所得数据数量比较大。因此,只选取变化较大的数据点,并对管节自身竖向位移变化情况、隧道纵向的竖向位移变化情况及管节间接头变化情况分别进行绘图分析。

1. 单个管节竖向位移变化

三个管节选用数据分别见表 3.3-1～表 3.3-3,数据图形见图 3.3-1～图 3.3-3。图中数据以沉放位置为沉降 0 点,正方向为垂直管节向上,表示管节位置高于沉放位置。

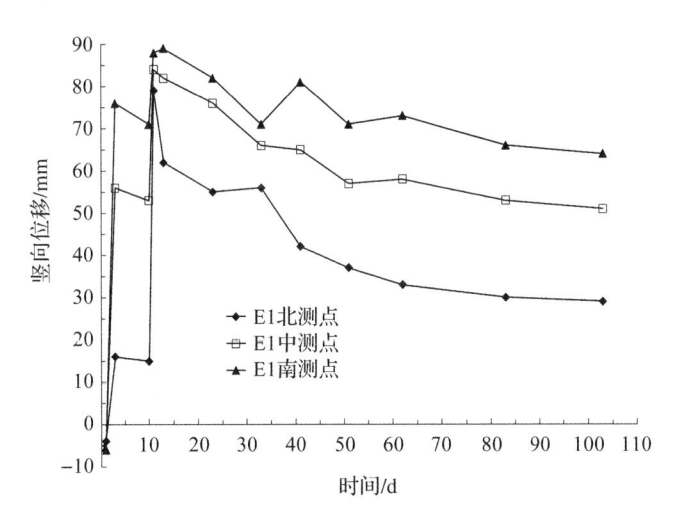

图 3.3-1　E1 管节施工期间的竖向位移变化曲线

表 3.3-1　E1 管节的竖向位移数据

日期	E1 管节累计竖向位移/mm		
	北	中	南
2012-10-13	−4	−5	−6
2012-10-15	16	56	76
2012-10-22	15	53	71
2012-10-23	79	84	88
2012-10-25	62	82	89
2012-11-04	55	76	82
2012-11-14	56	66	71
2012-11-22	42	65	81
2012-12-02	37	57	71
2012-12-13	33	58	73
2013-01-03	30	53	66
2013-01-23	29	51	64

表 3.3-2　E2 管节的竖向位移数据

日期	E2 管节累计竖向位移/mm		
	北	中	南
2012-11-12	−1	1	0
2012-11-17	36	147	313
2012-11-24	40	148	317
2012-12-14	41	145	313
2012-12-26	27	137	310
2012-12-28	17	133	308
2012-12-30	10	130	307
2013-01-05	3	123	298
2013-01-15	−1	118	293
2013-01-23	−4	114	285

表 3.3-3　E3 管节的竖向位移数据

日期	E3 管节累计竖向位移/mm		
	北	中	南
2012-12-12	1	2	3
2012-12-17	2	2	3
2012-12-22	0	2	2
2012-12-27	−3	−1	1
2013-01-01	−3	−1	2
2013-01-06	−9	−5	0
2013-01-11	−2	4	11
2013-01-16	−13	−4	11
2013-01-21	−15	−2	13

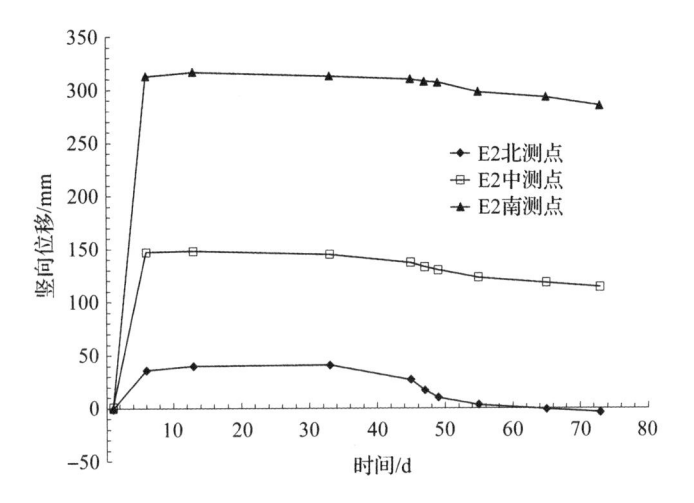

图 3.3-2　E2 管节施工期间的竖向位移变化曲线

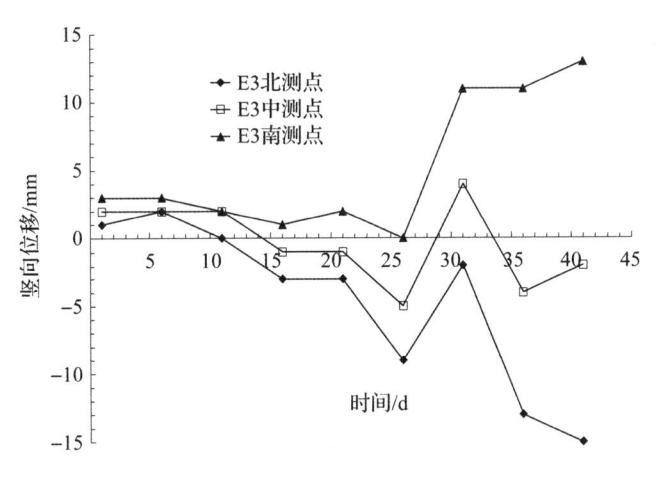

图 3.3-3　E3 管节施工期间的竖向位移变化曲线

如图 3.3-1 和图 3.3-2 所示,在水下施工初期,E1、E2 管节尾端由临时千斤顶支撑,由于施工过程调整标高,管节抬升量比较大。E1 管节整体抬升,抬升量超过 80mm;而 E2 管节抬升南北差异较大,南部抬升大、北部抬升小。整个施工期间,管节随时间增长出现 30～50mm 不等的沉降。

如图 3.3-3 所示,由于 E3 管节尾端为固定承台,前期沉降变化较小,且管尾(南端)几乎不产生沉降。后期,施工造成管尾抬升、北端下沉的现象。施工期间的沉降整体变化不大。

2. 隧道纵向的竖向位移变化

令对接后的后一管节首端的初始竖向位移与前一管节尾端的初始竖向位移相同，取同一时间(2012年11月12日，2012年12月11日，2013年1月5日，2013年1月23日)各管节三个位置的竖向位移，可以得到沉管隧道的纵向不均匀竖向位移曲线，见图3.3-4，具体数据见表3.3-4。由于三个管节施工存在先后顺序，后一管节对接完毕时，前一管节已经产生了一定的竖向位移，且在这个竖向位移下接头变形为零(不计拼接变形)。为使图3.3-4中管节的不均匀沉降能与接头变形统一，在绘图时，使后一管节沉放完成的初始沉降等于前一管节的管尾沉降。

表 3.3-4 　纵向不均匀位移数据表　　　　　　　　单位:mm

日期	里程/m								
	0	35	70	70	107	144	144	181	218
2012-11-12	56	66	71	71	73	72	—	—	—
2012-12-11	37	57	71	112	217	385	385	385	385
2013-01-05	30	52	65	75	195	370	376	380	385
2013-01-23	29	51	64	68	186	357	369	385	403

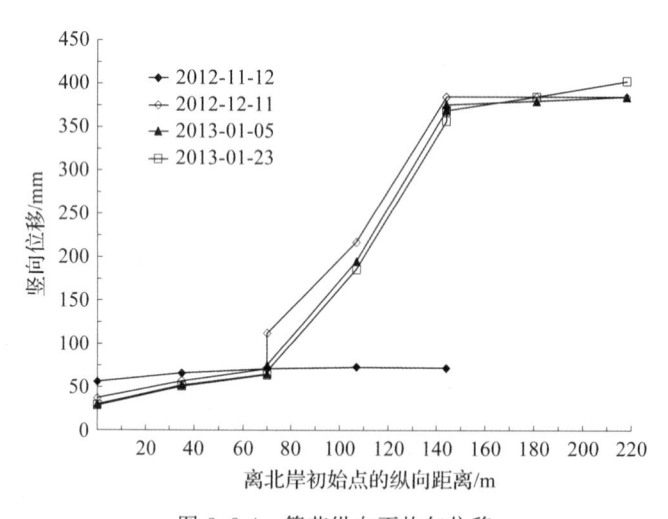

图 3.3-4 　管节纵向不均匀位移

从管节纵向不均匀位移图上可以较明显地看到各管节姿态随时间的变化。E1管节整体呈下沉，且明显北端大于南端；E2管节顶升高度比较大，沉降也是北端大于南端；E3管节沉放就位后北端首先下沉，然后北端继续下沉，南端上浮。但是图中各部分的沉降规律不明显，其主要原因是E2管节人为顶升位移较大，而自然沉降数据变化较小,人为因素干扰较大。

3. 管节间接头变化

以管节对接时两管节的相对标高作为接头差异沉降的零始点,对比同一时间相邻管节对接两端的竖向位移,可以得到管节各接头变形量随时间的变化规律,如图 3.3-5 所示。

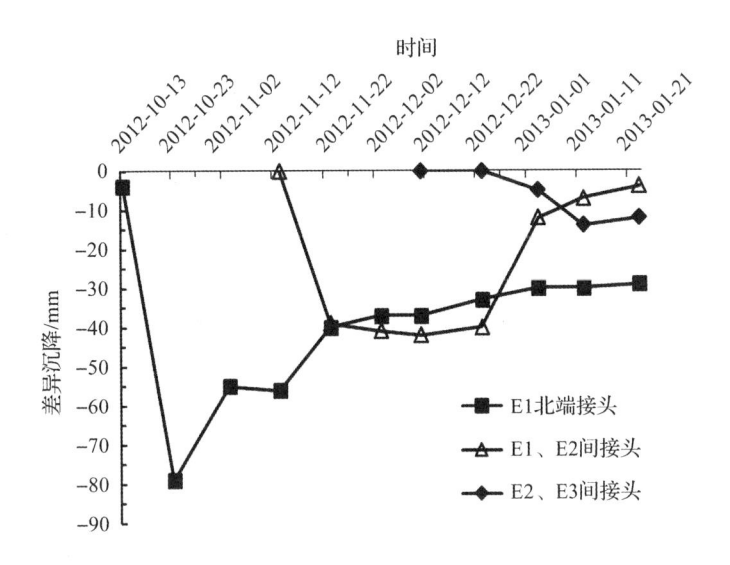

图 3.3-5　接头差异沉降变化

由图 3.3-5 可知,接头差异沉降数据变化比较大,但均为负值,表现为先增大、后减小。E1 管节北端接头历史最大变形为南端高于北端 79mm,最终为南端高于北端 30mm;E1、E2 间接头历史最大变形为南端高于北端 42mm,最终为南端高于北端 4mm;E2、E3 间接头历史最大变形为南端高于北端 14mm,最终为南端高于北端 12mm。其间的数据往复变化比较大,表明接头变形受施工影响比较敏感,同一工序对接头变形的影响也有差异。

3.4　施工影响分析

1. 注浆影响分析

(1)对本管节影响

本工程三个管节的注浆时间分别为 E1:2012 年 10 月 22 日—2012 年 10 月 24

日,E2:2012年11月20日—2012年11月24日,E3:2013年1月8日—2013年1月10日。注浆过程中,注浆压力控制在约0.25MPa;停止时,注浆压力为0.3MPa。下面是注浆期间的监测数据变化情况。

E1管节注浆期间,注浆经过管节1/2位置时,管节出现较大的上浮(南端12mm、中部34mm、北端68mm)。原因是同样注浆速率下,区域内的排水受到了基坑的限制,导致管节上浮。经现场压混凝土块处理后,北端回落18mm。注浆期间,E1管节竖向位移累计变化为北端上浮48mm、中部上浮30mm、南端上浮18mm。

E2管节在注浆初期北端发生过8mm的上浮,主要原因是受到E1管节抛石和E2管节注浆的双重影响。管节经现场控制后上浮回落,之后整体比较稳定。注浆期间,E2管节竖向位移累计变化为北端上浮3mm、中部上浮2mm、南端上浮7mm。

E3管节注浆初期北端上浮18mm,主要原因是回淤比较严重,堵塞了排水通道。经现场控制后,管节上浮明显回落,并且随着排水通道的贯通,管节位移没有增大。注浆期间,E3管节竖向位移累计变化为北端上浮11mm、中部上浮11mm、南端上浮11mm。

三个管节注浆期间的监测数据表明,注浆对管节竖向位移影响较大,会导致管节整体上浮,且会出现不均匀上浮,实测累计上浮量平均值达到15mm。管节出现问题的随机性比较大,主要与现场情况有关。施工时应采取一定的控制措施限制管节发生过大的上浮,一般条件下,最大上浮量应小于20mm。

(2)对临近管节及接头的影响

E2管节注浆前后E1管节的沉降变化如图3.4-1所示。注浆后,E1管节出现了不均匀的整体下沉,这与边注浆、边回填的施工工况有关。比较管节南端和中部的相对沉降可以发现,沉降由南端比中部低4mm变化到南端比中部高1mm,即管节注浆期间管节临近端比中部上升了5mm的相对值。研究表明,沉降数据变化是多个因素影响的结果,如隧道施工、潮汐作用、河床淤积与冲刷、地下水位下降、车辆周期性动荷载、地震荷载等[3-10]。本工程沉降变化可能是由于抛石中部比南端更大而造成的沉降差,也可能是由于南端附近注浆造成的抬升差。单就数值上的相对抬升量,为E2管节北端注浆期间上升值的160%,占最大单次上升量的62%。

E3管节注浆前后E2管节的沉降变化如图3.4-2所示,该过程的施工工况单一,仅进行了注浆一道工序。E2管节的北端及中部沉降没有变化,而靠近注浆管节的南端却抬升了3mm,南端与中部的相对沉降变化也是3mm,数值上为注浆期间E3管节北端上升量的30%,占最大单次上升量的17%。

对比 E1、E2 两管节在临近管节注浆期间的沉降变化情况，E2 管节的变化规律更加符合注浆影响的实际情况。表明临近管节注浆对前一管节的影响较小且比较局部，其影响机理应是注浆时浆液挤压临近管节未注浆区域，抬升管节尾端且没有完全回落。该抬升量占注浆管节临近端最大抬升值的 20% 左右，但临近管节抬升后的回落量比注浆管节小。回落后临近管节抬升量占注浆管节的 30% 左右，其差值表现为接头变形。

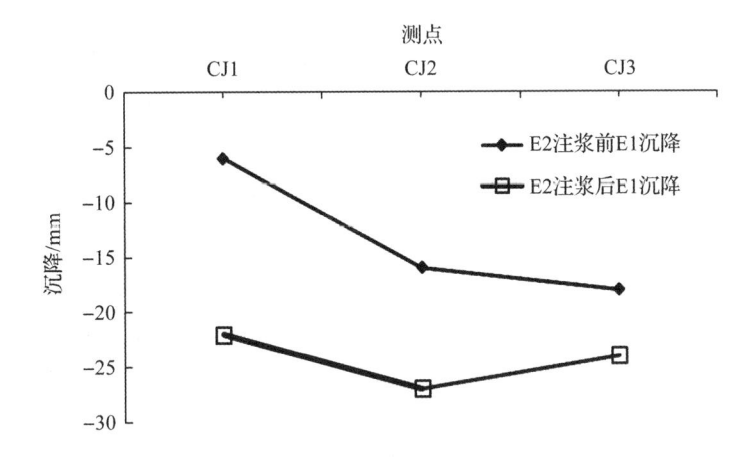

图 3.4-1　E2 管节注浆前后 E1 管节的沉降变化

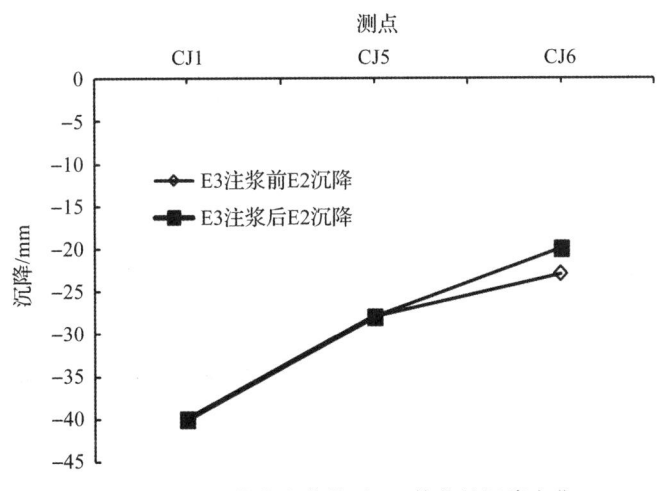

图 3.4-2　E3 管节注浆前后 E2 管节的沉降变化

2. 回填影响分析

(1) 对本管节沉降影响

在本工程测量期间，E2 管节的回填抛石施工时间相对比较集中，该管节的沉降数据比较有代表性，因此，取该管节的数据来讨论回填对管节沉降的影响。

如图 3.4-3 所示，回填由北向南进行，初期北端沉降速率较快，为 6.2mm/d，对应工况为北端抛石；中期各部沉降速率相当，为 0.6mm/d，对应工况为中部抛石；后期南端沉降速率较快，为 2.7mm/d，对应工况为南端抛石。E2 管节回填抛石期间总沉降量为北端 41mm、中部 25mm、南端 19mm，平均值为 28mm，平均沉降速率为 2mm/d。施工结束时，管节北端完全覆盖，回填期间沉降占到了注浆后总沉降量的 93.2%；中部也是完全覆盖，回填期间沉降占总沉降量的 73.5%；南端预留 5m 左右的区域待 E3 管节注浆完毕后回填，回填造成沉降占总沉降量的 59.4%。

尽管各部分的回填速率不同、回填也不均匀，但仍可以发现：①管节端部的回填对沉降影响非常大，端部受回填影响产生的沉降可以占到管节施工期间总沉降的约 90%，且端部回填时，对管节中部的沉降影响也比较明显；②回填至管节中部时，沉降速率明显减慢，中部回填期间造成的管节整体沉降也较小，占整个回填沉降的 10%~20%，考虑到随着 E2 管节南端的回填完全，E2 管节南端及中部还会有不同程度的沉降发生，回填抛石造成的沉降约占管节注浆后总沉降量的 80%~90%。

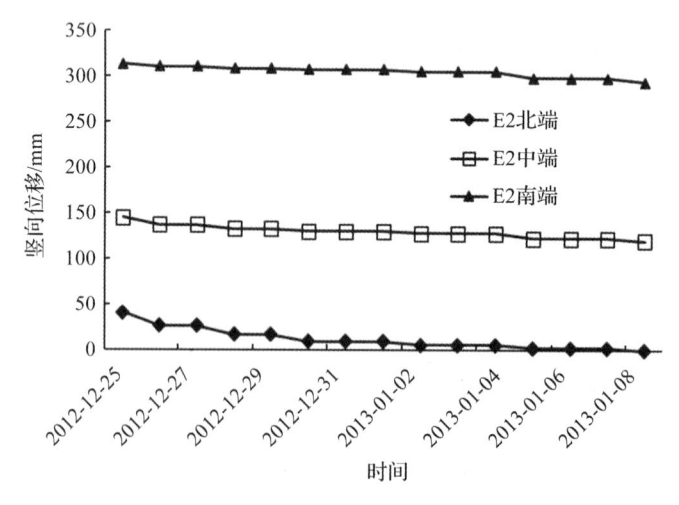

图 3.4-3 E2 管节回填期间的沉降变化

(2)对邻近管节及接头的影响

比较 2012 年 12 月 25 日—2012 年 12 月 30 日 E2 管节北回填期间 E1、E2 管节的沉降情况发现,E2 管节北端沉降 31mm,E1 管节南端沉降 7mm,E1、E2 间接头发生了 24mm 的变形。比较 2013 年 1 月 4 日—2013 年 1 月 8 日 E2 管节南回填期间 E2、E3 管节的沉降情况发现,E2 管节南端沉降 11mm,而 E3 管节北端沉降 10mm,E2、E3 间接头发生了 −1mm 的变形。比较 2013 年 1 月 12 日—2013 年 1 月 14 日 E3 管节回填期间 E2、E3 管节的沉降情况发现,E3 管节北端沉降量为 9mm,而 E2 管节南端沉降量为 2mm,E2、E3 间接头发生了 7mm 的变形。结果表明,回填会使临近管节产生沉降,管间接头也会产生变形。

E2 管节回填抛石时,E1 和 E3 管节的工况有所不同:①E1 管节已经基本施工完毕,E1、E2 间端封墙未拆除,两个管节仍由鼻托相连,图 3.3-4 也反映了当时管间接头有 −40mm 的变形,E2 管节北端由于回填抛石造成的较大沉降,一方面通过接头变形抵消,另一方面通过鼻托带动 E1 管节南端的沉降;②对于 E3 管节,由于仍未注浆,管节一端通过鼻托由 E2 管节支撑,另一端安置在混凝土承台上,管节下方中空,E2 管节由于回填导致南端的沉降,几乎完全带动了 E3 管节北端的沉降。

E2 管节回填造成的 E1 管节南端沉降与 E3 管节回填造成的 E2 管节南端沉降情况比较相似,沉降机理也相同。通过实测数据可以发现:①回填造成已注浆临近管节沉降约占回填沉降的 22%,接头变形约占回填沉降的 78%;②仅回填施工造成的接头变形,占整个施工期间接头变形的比例也非常大。图 3.3-4 显示 E1、E2 间接头历史最大变形为 42mm,E2 管节回填期间变形为 24mm,占总变形量的 57.1%。E2、E3 间接头历史最大变形为 14mm,E3 管节部分回填期间变形为 7mm,总变形量的占 50%。

3.5 实测数据修正分析

1.沉降数据修正介绍

本章上述分析都采用了测量的直接数据,因此掺杂的人为因素和偶然因素影响要远大于基础层和土层变形引起的沉降,而基础层和土层变形沉降主要在基础层注浆完成后的回填阶段,为了更方便、直观地研究施工期间基础层和下卧土层变形引起的沉降,对实测数据进行如下修正:①考虑到临时千斤顶抬升对管节高程影响虽较大,但不影响管底基础层和土层的沉降,因此剔除由于人为调整千斤顶引起的管节沉降变化数据;②考虑到注浆期间由于施工或环境因素导致管节的沉降数据变化较大,而注浆过程中基础层未施工完全,故剔除管节注浆期间的上浮变化,以注浆后管节高程作为数据分析的零始点。修正后的管节施工期间沉降数据见图3.5-1~图3.5-3。

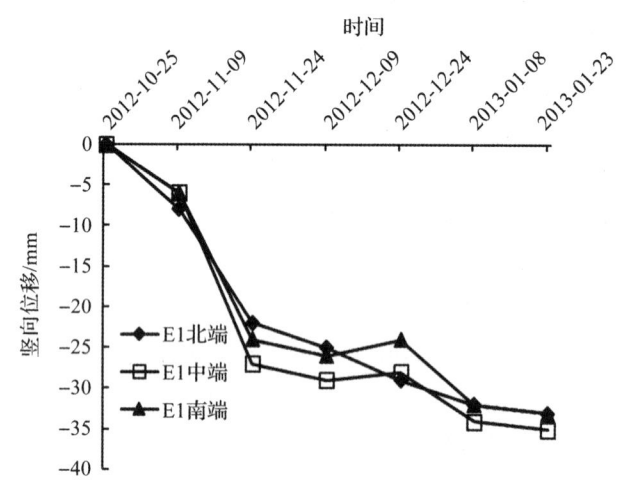

图3.5-1 E1管节沉降曲线

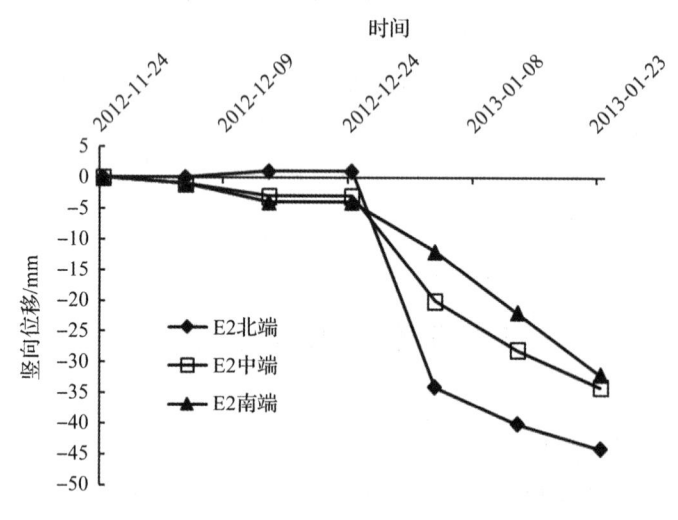

图3.5-2 E2管节沉降曲线

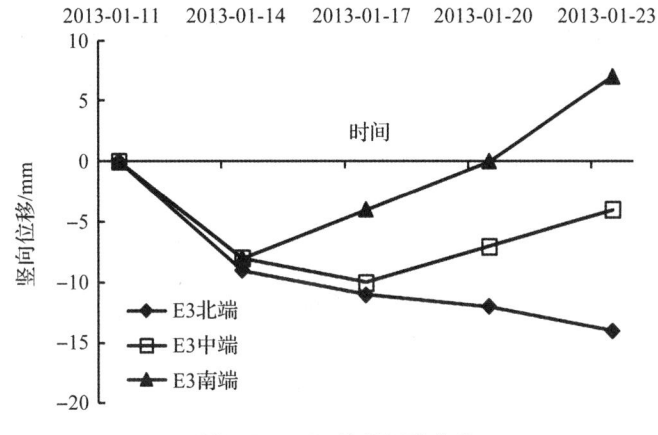

图 3.5-3　E3 管节沉降曲线

修正后施工期间累积沉降情况：①E1 管节整体下沉，北端 33mm，中部 35mm，南端 33mm；②E2 管节整体下沉，北端 44mm，中部 34mm，南端 32mm；③E3 管节，北端下沉 14mm，中部下沉 4mm，南端上浮 7mm。

E1、E2 管节的接头类型相同。E1 管节的沉降监测时间最长，沉降表现为先急剧增大（近似线性）后缓慢增长，如图 3.5-1 所示。E2 管节一开始没有沉降，回填后产生近似线性的急剧沉降，E1、E2 管节的平均沉降量为 35mm。沉降主要是在回填工序下产生的，受施工影响明显，如图 3.5-2 所示。E3 管节的竖向位移变化规律与其他管节明显不同，表现为先沉降后南端和中部产生上浮，这是由于北端下沉后，南端的固定混凝土承台产生支点效应，导致管节倾斜、南端上翘，如图 3.5-3 所示。

根据修正的管节沉降变化图，取相同时间下各管节的沉降，得到剔除了人为及偶然因素干扰的管节纵向不均匀沉降变化情况，如图 3.5-4 所示。同理，取同一时间 E1、E2 管节的差异沉降，得到由于基础层和土层变形引起的管节差异沉降变化情况，如图 3.5-5 所示。

如图 3.5-4 所示，E1 管节随时间增长沉降增长逐渐变慢，施工基本完成后沉降量很小；E2 管节沉降变化较大，北端最大沉降高达 45mm，且在短时间内完成；E3 管节尾部由混凝土承台支撑，发生北端下沉，南端上浮，沉降形式与前两管节明显不同；可见施工期间沉降速度受施工因素影响较大，沉降形式与接头和支撑形式相关联。E1、E2 间接头最大沉降差为 27mm，E2、E3 间接头最大沉降差为 18mm，这只是单一在施工期间由基础层和下卧土层压缩引起的沉降造成的差异值，实际接头变形仍要包含其他施工因素的影响，如注浆、千斤顶抬升等。

如图 3.5-5 所示,与图 3.3-4 中修正前的数据相比,修正后的数据在初期为负值,而在施工后期则转变为正值,数值上由南高于北 26mm,变化到最终的北高于南 11mm,同理该数据也仅仅反映由基础层和下卧土层压缩变形引起的沉降差异,而非实际接头的变形量。

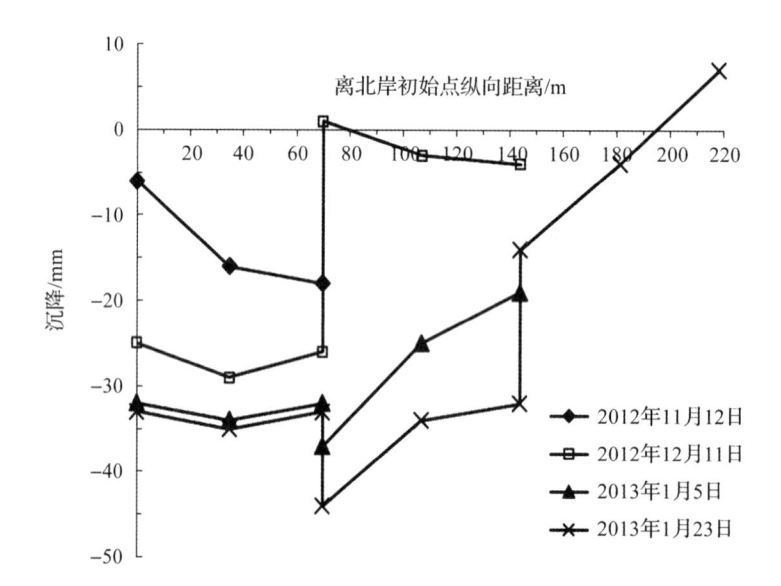

图 3.5-4 施工期间纵向不均匀沉降曲线

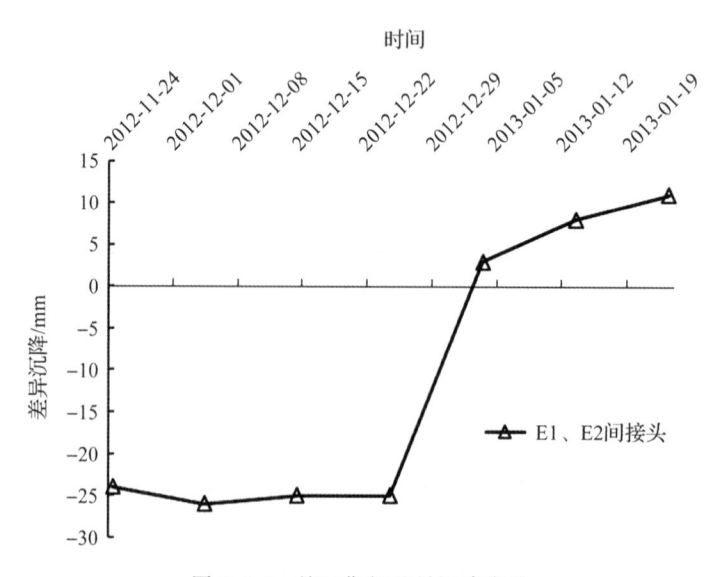

图 3.5-5 施工期间差异沉降变化

2. 修正沉降数据分析

从管节自身沉降的角度来分析,施工期间由基础层和下卧土层压缩引起的沉降变化表现为单向下沉且下沉速度不等,尤其 E1、E2 管节,北端下沉曲线有明显的折点。邵俊江等[9]提出沉管隧道施工期间的沉降由基础层的调整和初步压缩造成,而基础层调整和初步压缩的特征是受荷载作用变化明显且能很快完成,没有较长的时间延续性。这与本章测得的初期管节沉降规律相似,即线性增加、快速沉降,如 E1 管节 2012 年 11 月 24 日前的沉降情况,E2 管节北端 2013 年 1 月 3 日前的沉降情况。但两管节后期,尤其受后续管节施工影响较小的北端,沉降曲线变化明显与前期不同,依然随时间线性增长,但增长速度明显小于施工过程中的表现,前后的沉降机理应该不同。我们认为管节前期沉降主要是基础层变形调整和土层初步压缩引起的,后期在施工基本完成后,沉降主要是由下卧土层压缩引起的。基础层压缩和土层压缩,在施工期间的压缩持续时间有差异。

从管节间的角度分析沉降,测得的管节沉降是独立但包含了环境、荷载、结构约束在内的最终沉降,图 3.5-5 中反映的管节间差异沉降,初期总是比较大,随着后方管节的施工工序一步步完成,差异沉降减小,但最终沉降仍有一定的差异。在本章讨论的施工沉降角度上,可以把管节差异沉降理解为由于管节施工时间不同、施工产生的累计沉降不同而引起的变化差值,且最终的差异沉降仅与累计沉降有关,如图 3.5-5,E1、E2 间接头表现为,2012 年 11 月 24 日 E2 管节注浆结束,基础层开始受力,而此时 E1 管节已经有了一定的沉降,故差异沉降为负值,即南端高于北端;2012 年 12 月 24 日—2013 年 1 月 3 日,即图 3.5-5 中反映差异沉降变化最快的时间段,对应于现场工况为 E2 管节北端在回填抛石,此时 E2 管节北端急剧沉降,沉降量大于 E1 管节南端,导致沉降差异减小并反向拉大。

3. 沉降控制措施

为防止管节差异沉降过大导致管节接头内力过大而造成破坏,学者们在控制沉管隧道沉降方面展开研究。许昱等[16]通过室内及现场试验得到相关参数以研究管节应力和沉降特性,并根据变形模量等值开展有限元分析确定施工期间岛隧结合处沉管预抬量为 70mm 时可有效减小沉降。陈伟乐等[11]以港珠澳大桥沉管隧道为研究对象,提出了施工期间采用合理的基础处理手段以减小沉降,如采用双层垫层技术、挤密砂桩加堆载预压处理等。

此外,基于本章上述分析,笔者提出以下施工期间沉管隧道的沉降控制建议:①加强对接期间和调整管节标高期间的测量,减少注浆前管节轴线、标高与设计位置的误差,减少接头变形的不均匀性;②合理评估水下水土环境,合理布设基槽侧排水空隙,减少注浆扰动,同时注重注浆期间的沉降监测,控制管节注浆期间的抬升;③减慢回填速度,及时测量比较,避免回填时同土层、同工况的接头两端产生差异沉降过大,建议从管节中部向两端回填;④基槽开挖深度及清淤处理要连续,避免局部差异过大,对土质差异较大的区段应设置必要的桩基等其他支撑;⑤对沉降较大的工程,后续管节施工要及时跟进,以防止接头差异沉降过大,基槽清淤后也应及时跟进后续工程。

参考文献

[1] 郭东韡,郑万坤. 港珠澳大桥沉管隧道沉降分析研究[J]. 山西建筑,2012,38(16):212-214.

[2] 潘永仁,彭俊,Saito N. 上海外环沉管隧道管段基础压砂法施工技术[J]. 现代隧道技术,2004,41(1):41-45.

[3] Grantz W C. Immersed Tunnel Settlements Part 1: Nature of Settlements[J]. Tunnelling and Underground Space Technology, 2001, 16(3):195-201.

[4] Grantz W C. Immersed Tunnel Settlements Part 2: Case Histories[J]. Tunnelling and Underground Space Technology, 2001, 16(3):203-210.

[5] Kasper T, Steenfelt J S, Pedersen L M, et al. Stability of an Immersed Tunnel in Offshore Conditions under Deep Water Wave Impact[J]. Coastal Engineering, 2008, 55(9):753-760.

[6] Gokce A, Koyama F, Tsuchiya M, et al. The Challenges Involved in Concrete Works of Marmaray Immersed Tunnel with Service Life Beyond 100 Years[J]. Tunnelling and Underground Space Technology, 2009, 24(5):592-601.

[7] 魏纲,朱昕光,苏勤卫. 沉管隧道竖向不均匀沉降的计算方法及分布研究[J]. 现代隧道技术,2013,50(6):58-65.

[8] 邵俊江,李永盛. 潮汐荷载引起沉管隧道沉降计算方法[J]. 同济大学学报,2003,31(6):657-662.

[9] 邵俊江,李永盛. 沉管隧道沉降问题的探讨[J]. 地质与勘探,2003,39(增刊):178-181.

[10] 魏纲,裘慧杰,魏新江. 沉管隧道施工期间与工后长期沉降的数据分析[J]. 岩石力学与工程学报,2013,32(增刊2):3413-3420.

[11] 李斌,高潮,张嘉莹.港珠澳大桥沉管隧道瞬时沉降规律分析[J]. 岩土工程学报,

2021,43(增刊2):263-266.

[12] 陈伟乐,张士龙.海底沉管隧道基础处理及沉降控制技术的新进展[J].公路,2020,65(8):395-399.

[13] 李伟平,吴德兴,郭霄,等.宁波甬江沉管隧道大修设计与施工[J].现代隧道技术,2011,48(1):82-89.

[14] 蒙庆辉,刘吉福,赵永伦.沉管法隧道纵向变形浅议[J].地下工程与隧道,2001,(3):12-15,48.

[15] 宁茂权.沈家门港海底沉管隧道设计介绍[J].现代隧道技术,2008,45(6):61-69.

[16] 许昱,徐国平,付佰勇,等.离岸人工岛岛隧结合部沉管隧道基础沉降控制研究[J].隧道建设(中英文),2021,41(增刊1):338-344.

第 4 章
基于光纤光栅技术的海底
沉管隧道管段应变研究

4.1 引 言

　　沉管隧道因在经济和技术上的独特优点,尤其水下连接和基础处理的突破性进展,越来越受到工程界的青睐[1]。大部分沉管隧道都修建在软土地区,对沉降和变形非常敏感。蒙庆辉等[2]通过研究表明,50mm 的差异沉降已能使整体管段产生横向裂缝,这些裂缝很可能将贯通底板。现阶段,基于沉管隧道的研究,学者们对沉降问题研究得很多[3-5],而对应变研究得较少。对沉降的控制只能反映管节竖向变形,不能完整反映管节内外受力情况。应变是材料与结构的重要物理特征参量,最能反映局部结构特征且便于结构安全评价和损伤定位。因此,沉管隧道运营期间管节段应变监测显得尤为重要。

　　目前,大部分沉管隧道沉降变形监测及健康诊断都由水准仪完成。张华[6]采用水准测量方法对宁波甬江沉管隧道进行了变形监测,发现竖井、南岸边比较稳定,中间段沉管接头处沉降较大。刘正跟等[7]以宁波甬江沉管隧道为背景,建立了实时健康监测系统,采用电容感应式静力水准仪进行沉降监测,并通过计算机软件收集和处理数据。与传统的监测技术不同,光纤光栅监测技术能做到对大型基础工程设施的每一个部位像人的神经系统一样进行感知和远程监测[8-9]。这一技术在国内外已经成功应用于多种大型工程设施的应变监测和健康诊断中。例如,Rodrigues 等[10]介绍了光纤光栅传感器在大桥中的应用。何涛等[11]把光纤光栅传感器用于盾构隧道施工监测中,对监测结果进行了相应分析,表明利用光纤光栅传感器监测盾构隧道管片有很好的效果。刘恒材[12]利用光纤测试技术对南京地铁隧道沉降进行监测,选择合适的监测光缆及布设高斜比,制订出一套适用于地铁隧道沉降监测的工程监测方案,分析了地铁隧道沉降监测方案的准确性,推导出隧道沉降量的计算公式,并验证公式的可行性。但是该技术在沉管隧道中应用相对较少。

本章以浙江舟山沈家门港海底沉管隧道为例,把该技术应用于沉管隧道管节应变监测中[13]。本章研究了各截面测点实测应变值时间的变化规律以及潮汐荷载对监测结果的影响,修正了沉管隧道截面应变理论计算模型,对比分析了理论与实测的应变结果。

4.2　光纤光栅传感器工作原理

光纤光栅(FBG)利用光纤材料的光敏性,通过紫外光曝光的方法将入射光相干场图样写入纤芯,在纤芯内产生沿纤芯轴向的折射率周期性变化,从而形成永久性空间的相位光栅,其作用实质上是在纤芯内形成一个窄带的(透射或反射)滤波器或反射镜,如图 4.2-1 所示。当一束宽光谱光经过光纤光栅时,满足光纤光栅布拉格条件的波长将产生反射,其余的波长透过光纤光栅继续传输。

光纤光栅传感器应用于土木行业的研究时间并不长,现仍处于早期发展阶段。Mendez 等[14]于 1989 年最早提出将该项技术用于结构检测,此后,包括日本、美国、英国等在内的发达国家对光纤光栅传感器用于大型工程监测应用的问题展开了一系列研究[15]。反射波长和光栅周期的关系如下:

$$\lambda = 2n\Lambda \tag{4-1}$$

式中,n 为光纤芯的折射率;Λ 为光栅的周期。

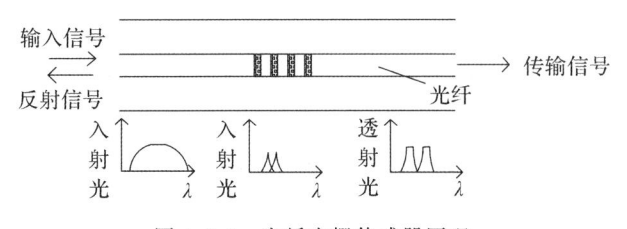

图 4.2-1　光纤光栅传感器原理

光纤光栅只能对某个波长进行反射,反射波长的变化需要通过光纤光栅解调仪来测量,一般需要对多个光纤光栅传感器进行测量,即要进行波长复用。将多个光纤光栅串接,每个光纤光栅对应一个中心波长,在保证测量的动态范围内,各个光纤光栅的波长之间不重叠,通过光纤光栅解调仪实现对不同光纤光栅传感器反射波长的测量,从而转化成压力或应变的数据,如图 4.2-2 所示。

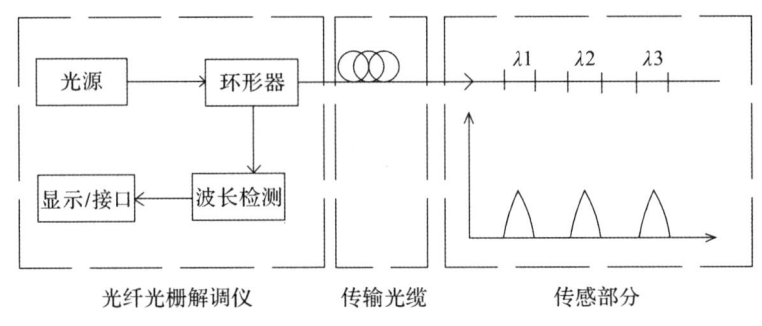

图 4.2-2 光纤光栅传感器系统组成

4.3 现场监测系统

1. 工程概况

舟山沈家门港海底隧道工程位于浙江省舟山市普陀区,为行人隧道,工程由沈家门新街与滨海路交叉口起,穿过海港至鲁家峙广场东端。隧道采用沉管法进行施工,由沈家门侧出入口段及明挖暗埋段、沉管段、鲁家峙侧明挖暗埋段及出入口段组成。沉管段由 E1(北岸)、E2、E3(南岸)三个管节组成。地基土层自上而下分别为②$_2$淤泥质粉质黏土层、②$_3$粉质黏土层、③$_2$含黏性土圆砾层、⑤粉质黏土层、⑤$_1$含黏性土角砾层、⑥粉质黏土层、⑦含黏性土角砾层[16]。具体工程概况见第 2 章,工程场地地貌形状见图 2.1-1,隧道纵断面见图 2.2-1,沉管横断面见图 2.2-2。

2. 光纤型号选择

经过多次论证,本次监测所采用的光纤为珺光琥珀 $900\mu m$ 紧套单模光纤 $83\mu m/125\mu m/900\mu m$(芯径/包层直径/紧套直径),从实际应用来看,这种型号比较理想。其主要技术参数见表 4.3-1 和表 4.3-2。

表 4.3-1 光纤光栅应变传感器技术参数

产品型号	JPFBGS-200
产品量程/$\mu\varepsilon$	$\pm 1000, \pm 2000, \pm 3000$
分辨率/%FS	≤ 0.5
工作温度/℃	$-25\sim 60$
产品尺寸/mm	$20\times 100\times 10$

第 4 章　基于光纤光栅技术的海底沉管隧道管段应变研究　73

表 4.3-2　光纤光栅解调仪网络一体机技术参数

产品型号	JPFBG-1100	光学接口	FC/APC
通道数/个	16	测量距离/km	100
波长范围/nm	1525～1565	通信接口	100M 以太网
分辨率/pm	1	电源	220V/50Hz
动态范围/dB	>50	质量/kg	3
扫描频率/Hz	1～5	工作环境/℃	-10～50
扫描方式	通道并行	外形尺寸/mm	482×300×89

3. 安装方案

管段测点截面的选择主要基于两点考虑：一是前期对隧道的沉降监测；二是结构整体受力情况。施工期间，沉降监测显示 E2 管节临时垫块截面处出现裂缝，E3 管节与南岸明挖暗埋段接头处产生渗漏，于是在 E2 管节垫块处和 E3 管节出口处确定为测量截面，E1 管节测量截面选择为中点处。故每个管节选择一个横截面布置传感器，共有三个测量截面，每个横断面布置六个应变传感器和一个温度传感器。截面上的传感器串联布置，各截面引一根光纤沿桥架拉到隧道北岸进口弱配电室内，然后与安装好的光纤光栅解调仪连接，进行远程应变监测。具体位置根据结构受力特点分布，E1 管节截面有六个测点，分别对应于 1～6 号测点。E2 管节截面也有六个测点，分别对应于 E1 管节截面 1～6 号测点，取为 7～12 号测点。E3 管节截面也有六个测点，分别对应于 E1 管节截面 1～6 号测点，取为 13～18 号测点。具体见图 4.3-1 和图 4.3-2。

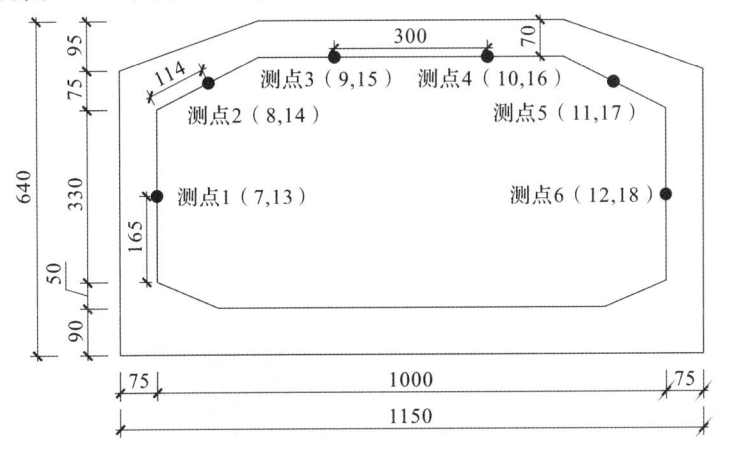

图 4.3-1　光纤光栅传感器测点布置横向剖面图（单位：cm）

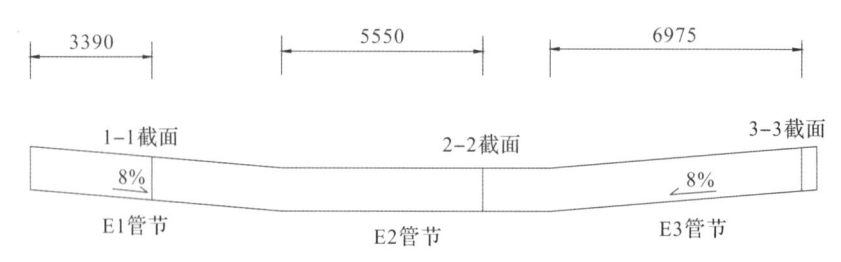

图 4.3-2　光纤光栅传感器纵向布置图(单位:cm)

4. 现场安装

安装过程自 2013 年 10 月 15 日起,传感器安装时隧道正在装修,现场情况比较复杂。隧道内部整体情况如图 4.3-3 所示。隧道侧壁在铺设 2.5cm 的砂浆后要铺贴大理石,而传感器安装后厚度约为 4cm,故侧壁的 1 号和 6 号传感器需要开槽才能安装,槽尺寸为 15cm×30cm×2cm,如图 4.3-4 所示。顶部由于要吊顶,安装无特殊处理,只需避开装修图纸上的构件即可。安装完成情况如图 4.3-5 所示。

图 4.3-3　隧道内部整体情况

图 4.3-4　侧壁传感器安装

图 4.3-5　传感器安装完成

2013 年 10 月 24 日，三个截面的传感器安装完成，记录每个传感器的应变数据以作为基准值。由于现场桥架及配电室并未装修好，而业主方要求光纤沿着弱电桥架拉，解调仪放到北岸的配电室内进行远程监控，故安装过程停止了一段时间，最终于 2014 年 2 月 22 日完成安装，如图 4.3-6 所示。

图 4.3-6　解调仪安装完成

4.4 实测数据分析

1. 各截面测点应变实测值随时间变化规律

沉管隧道对接、注浆等施工工序完全结束时间是2013年5月中旬。应变数据从2013年10月24日开始采集,并以这次数据为基准,之后每隔一个月采集一次。各截面传感器实测波长值如表4.4-1～表4.4-3所示,表中1号到6号为应变传感器,温度代表温度传感器。

表4.4-1　截面E1实测波长值　　　　　　　　　　　　　　单位:nm

日期	1号	2号	3号	4号	5号	6号	温度
2013-10-24	1535.863	1538.716	1543.404	1550.438	1554.022	1558.440	1562.717
2013-11-24	1536.013	1538.605	1543.359	1550.310	1554.000	1558.340	1562.556
2013-12-24	1535.873	1538.429	1543.163	1550.148	1553.944	1557.189	1562.354
2014-01-24	1535.830	1538.434	1543.160	1550.130	1553.940	1557.163	1562.319
2014-02-24	1535.822	1538.458	1543.206	1550.146	1553.949	1557.177	1562.312
2014-03-24	1535.833	1538.414	1543.166	1550.154	1553.876	1557.090	1562.347
2014-04-24	1535.752	1538.442	1543.203	1550.148	1553.875	1557.105	1562.242
2014-05-24	1535.725	1538.493	1543.277	1550.194	1553.844	1557.146	1562.265
2014-06-24	1535.863	1538.473	1543.261	1550.194	1553.844	1557.146	1561.235
2014-07-24	1535.750	1538.473	1543.261	1550.194	1553.844	1557.146	1562.265
2014-08-24	1535.750	1538.473	1543.261	1550.194	1553.844	1557.146	1562.265

表4.4-2　截面E2实测波长值　　　　　　　　　　　　　　单位:nm

日期	7号	8号	9号	10号	11号	12号	温度
2013-10-24	1530.852	1533.434	1542.998	1549.843	1556.112	1560.221	1561.281
2013-11-24	1530.691	1533.277	1537.642	1542.813	1549.714	1556.077	1561.198
2013-12-24	1530.485	1533.062	1537.404	1542.624	1549.483	1556.029	1560.871
2014-01-24	1530.494	1533.089	1537.403	1542.600	1549.455	1556.031	1560.863
2014-02-24	1530.516	1533.128	1537.433	1542.619	1549.483	1556.042	1560.900
2014-03-24	1530.495	1533.113	1537.415	1542.610	1549.428	1555.968	1560.841
2014-04-24	1530.519	1533.146	1537.458	1542.612	1549.450	1555.979	1560.883
2014-05-24	1530.519	1533.199	1537.308	1542.937	1549.275	1555.337	1560.873
2014-06-24	1530.579	1533.139	1537.408	1542.637	1549.425	1555.937	1560.853
2014-07-24	1530.579	1533.139	1537.408	1542.637	1549.425	1555.937	1560.853
2014-08-24	1530.579	1533.139	1537.408	1542.637	1549.425	1555.937	1560.853

表 4.4-3　截面 E3 实测波长值　　　　　　　　　单位：nm

日期	13号	14号	15号	16号	17号	18号	温度
2013-10-24	1531.484	1540.225	1545.912	1550.033	1558.612	1562.170	1563.212
2013-11-24	1531.330	1540.165	1545.800	1549.886	1555.550	1558.439	1562.015
2013-12-24	1531.066	1540.107	1545.595	1549.701	1555.525	1558.165	1561.809
2014-01-24	1531.044	1540.132	1545.598	1549.704	1555.533	1558.151	1561.829
2014-02-24	1531.048	1540.153	1545.650	1549.726	1555.555	1558.190	1561.852
2014-03-24	1530.986	1540.081	1545.583	1549.687	1555.488	1558.159	1561.791
2014-04-24	1531.007	1540.095	1545.639	1549.717	1555.502	1558.192	1561.830
2014-05-24	1531.077	1540.095	1545.630	1549.737	1555.502	1558.162	1561.827
2014-06-24	1531.077	1540.095	1545.630	1549.737	1555.502	1558.162	1561.826
2014-07-24	1531.077	1540.095	1545.630	1549.737	1555.502	1558.162	1561.826
2014-08-24	1531.077	1540.095	1545.630	1549.737	1555.502	1558.162	1561.826

可根据传感器型号相应转化对应应变值，转化公式为：

$$Y = k(x - x_0) - \frac{a_t}{a_s}(x' - x'_0) \quad (4-2)$$

式中，Y 为应变值；k, a_t, a_s 为传感器参数；x, x_0 为应变传感器当前及初始波长值；x', x'_0 为温度传感器当前及初始波长值。

三个截面的应变随时间的变化曲线分别如图 4.4-1、图 4.4-2、图 4.4-3 所示。变化曲线到 2014 年 7 月基本达到稳定，其中正值代表受拉，负值代表受压。如图 4.4-1 所示，E1 管节截面的 1～5 号传感器变化规律相似，都是受拉。其中 1 号和 3 号测点应变稳定值较接近，为 1.2×10^{-4}；2 号、4 号、5 号测点都稳定在 1×10^{-4}；6 号测点，即 E1 管节西侧壁在拉压之间波动，但应变值较小，最后稳定在 2×10^{-5}。可以发现，单从一个截面来看，尽管截面所取测点对称分布，但是应变却没有类似对称规律，变化差异较大。还可以看到 6 个测点在 2014 年 2 月底的时候都有一个明显的突升，然后慢慢回落稳定。分析原因如下：2014 年 1 月 28 日沉管隧道开始试通行，安装工程基本结束，所以这个突升不大可能是由自身施工原因导致，经分析可能原因是 E1 管节临近北岸滨海马路，2 月底滨海街重修扩建工程正好施工到 E1 管节附近，管节受到附近施工外力才导致应变突然增大，但未影响安全运营。

E2 管节截面中 1 号、2 号测点应变变化规律很接近，在 2014 年 4 月后稳定在 1×10^{-4}，且都为受拉；3～6 号测点则受压，应变值较大，尤其 4 号、5 号传感器，达到 7×10^{-4}。相比 E1 管节截面，E2 管节应变值变化更早达到稳定，变化曲线在 2014 年 4 月后即达到稳定，此时离施工期结束还有 11 个月；其次是 E2 管节变化没有 E1 管节剧烈，比较平缓，但数值偏大，如图 4.4-2 所示。

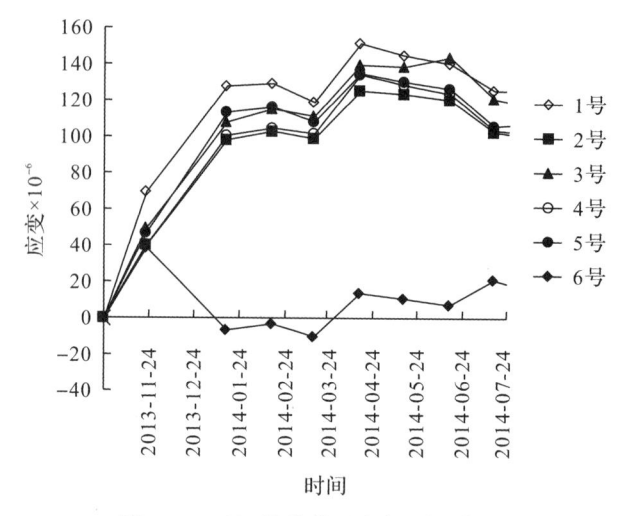

图 4.4-1　E1 管节截面应变-时间曲线

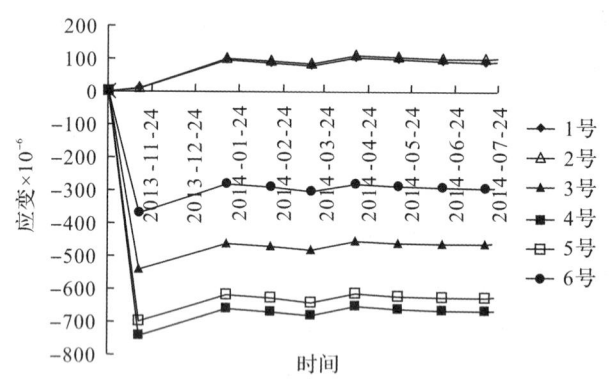

图 4.4-2　E2 管节截面应变-时间曲线

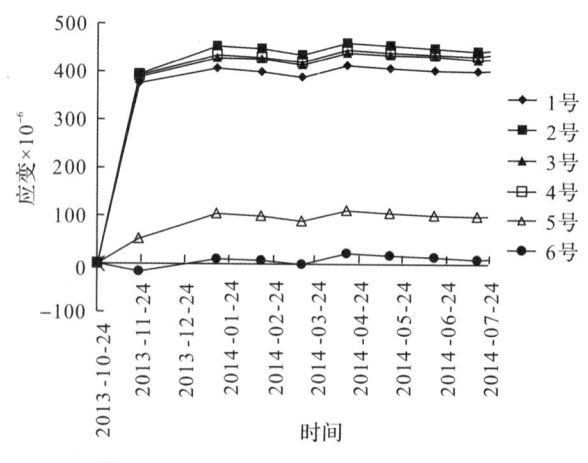

图 4.4-3　E3 管节截面应变-时间曲线

E3 管节截面中,1~4 号测点的变形规律类似,最后都稳定在 4×10^{-4},5 号、6 号测点应变值较小,5 号在 1×10^{-4} 左右波动,6 号为 1×10^{-5}。其中,1~5 号测点受拉,6 号测点在拉压间波动,这与 E1 管节的规律一样,如图 4.4-3 所示。

对比 E1、E2、E3 这三个管节的截面应变随时间变化规律图,发现 E1、E3 管节的变化规律很接近,都为受拉;而 E2 管节却呈现完全不同变化且应变值较大。我们认为,施工时 E2 管节在截面处施加了临时垫块,改变了 E2 管节受力状态,导致其应变值较大。三个截面各个测点应变大小都呈现不同规律,E1 截面 1 号、3 号测点应变值较大,6 号很小,其他居中;E2 截面 4 号、5 号应变最大,2 号最小;E3 管节与 E1 管节相近,3 号应变最大,6 号应变最小。可见,管段不同截面、不同位置的变形并无明显规律,这主要是海底管段复杂的受力环境及不均匀地基导致。其次,可以看到 E1 管节截面应变变化幅度较大,稳定时间较长,而 E2、E3 管节则缓和很多,稳定时间较短。分析这种情况发生的一个主要原因是由管节两端接头不同导致的。薛勇[17]介绍了接头的分类与特点,柔性接头和半柔半刚性接头能够适应不均匀沉降,允许适当变形,防止内部产生过大应力,刚性接头则没有这个功能;而E1 管节与北岸接头为柔性接头,管节与管节中间采用的是半柔半刚性接头,E3 与南岸接头为刚性接头。另一原因可能是 E1 管节靠近繁华的滨海大道,车辆和施工等因素导致。截面之间的实测应变值相差较大,原因是挖槽时底部不平整,清淤不完全。基槽有淤泥沉积,加上管节底部不平整,加剧了沉降。由于在设计过程中未考虑接头沉降差,导致各截面沉降不均匀,造成各截面应变值相差较大[18]。

2.潮汐对监测结果的影响分析

修建在海底的沉管隧道经常会受到潮汐的影响。例如,比利时的 Schedle 隧道由于受到近 5.4m 的潮汐水位差影响,每天在岸边会有 5mm 的竖向振幅[19],在河中央会有 10mm 的竖向振幅。邵俊江等[20-21]通过求解潮汐荷载作用下双层土地基的固结方程,得到了潮汐荷载对沉管隧道沉降的影响。

本沉管隧道工程所处海域潮汐属不规则半日潮型,港域有明显涨落潮,落潮历时略大于涨潮历时,平均涨潮历时为 5h37min、平均落潮历时为 6h48min。潮位每月发生高低潮各两次,日潮不等,平均潮差 2.54m。

为分析潮汐荷载对监测结果的影响,2014 年 9 月 25 日 16:00 开始对沉管隧道管段进行 24h 连续观测,每隔 1 小时取一次数据。该日高潮位和低潮位最大潮差相差 3.23m。由于施工原因,E1 管节光纤被破坏,故只测得 E2、E3 管节截面的数据。具体波长数据见表 4.4-4 和表 4.4-5。E2 管节截面共有六个测点应变图,分别对应 E1 管节截面 1~6 号测点,对应取为 7~12 号测点。现取其中的 7、8、9 号测点进行分析,另三个结果类似,不一一讨论。

表 4.4-4　E2 管节截面波长值　　　　　　　　　　单位：nm

时间	7 号	8 号	9 号	10 号	11 号	12 号	温度
16:00	1530.896	1533.483	1537.78	1542.751	1549.755	1556.15	1561.16
17:00	1530.896	1533.483	1537.779	1542.752	1549.755	1556.149	1561.158
18:00	1530.892	1533.48	1537.78	1542.755	1549.753	1556.147	1561.153
19:00	1530.887	1533.476	1537.783	1542.759	1549.751	1556.147	1561.146
20:00	1530.882	1533.472	1537.789	1542.766	1549.749	1556.147	1561.138
21:00	1530.883	1533.473	1537.794	1542.771	1549.752	1556.149	1561.137
22:00	1530.881	1533.469	1537.801	1542.777	1549.75	1556.151	1561.137
23:00	1530.876	1533.464	1537.8	1542.771	1549.746	1556.146	1561.136
24:00	1530.88	1533.466	1537.797	1542.769	1549.746	1556.146	1561.138
1:00	1530.884	1533.47	1537.795	1542.765	1549.746	1556.146	1561.143
2:00	1530.884	1533.47	1537.795	1542.765	1549.746	1556.146	1561.143
3:00	1530.894	1533.477	1537.794	1542.759	1549.751	1556.15	1561.158
4:00	1530.884	1533.47	1537.795	1542.765	1549.746	1556.146	1561.143
5:00	1530.892	1533.477	1537.791	1542.757	1549.75	1556.149	1561.158
6:00	1530.884	1533.47	1537.795	1542.765	1549.746	1556.146	1561.155
7:00	1530.887	1533.471	1537.796	1542.763	1549.748	1556.15	1561.151
8:00	1530.878	1533.467	1537.795	1542.766	1549.744	1556.147	1561.141
9:00	1530.879	1533.467	1537.789	1542.767	1549.745	1556.149	1561.135
10:00	1530.883	1533.47	1537.797	1542.774	1549.748	1556.15	1561.135
11:00	1530.884	1533.471	1537.795	1542.773	1549.749	1556.15	1561.137
12:00	1530.88	1533.47	1537.788	1542.766	1549.746	1556.147	1561.137
13:00	1530.886	1533.472	1537.788	1542.763	1549.748	1556.146	1561.14
14:00	1530.891	1533.477	1537.785	1542.757	1549.749	1556.146	1561.147
15:00	1530.894	1533.48	1537.782	1542.754	1549.751	1556.147	1561.152
16:00	1530.895	1533.482	1537.781	1542.751	1549.749	1556.148	1561.155

表 4.4-5　E3 管节截面波长值　　　　　　　　　　　单位：nm

时间	13 号	14 号	15 号	16 号	17 号	18 号	温度
16:00	1531.170	1540.256	1545.949	1549.863	1555.686	1558.427	1562.056
17:00	1531.172	1540.256	1545.949	1549.863	1555.687	1558.428	1562.054
18:00	1531.172	1540.255	1545.951	1549.864	1555.688	1558.428	1562.052
19:00	1531.170	1540.255	1545.953	1549.866	1555.688	1558.427	1562.050
20:00	1531.167	1540.254	1545.956	1549.869	1555.688	1558.425	1562.046
21:00	1531.166	1540.255	1545.958	1549.873	1555.689	1558.425	1562.046
22:00	1531.172	1540.255	1545.951	1549.864	1555.688	1558.428	1562.052
23:00	1531.163	1540.252	1545.954	1549.872	1555.687	1558.417	1562.043
24:00	1531.162	1540.252	1545.951	1549.871	1555.685	1558.418	1562.045
1:00	1531.165	1540.252	1545.951	1549.869	1555.685	1558.420	1562.047
2:00	1531.165	1540.252	1545.951	1549.869	1555.685	1558.420	1562.047
3:00	1531.171	1540.254	1545.951	1549.871	1555.689	1558.423	1562.054
4:00	1531.165	1540.252	1545.951	1549.869	1555.685	1558.420	1562.047
5:00	1531.169	1540.253	1545.951	1549.87	1555.687	1558.422	1562.054
6:00	1531.165	1540.252	1545.951	1549.869	1555.685	1558.42	1562.047
7:00	1531.168	1540.252	1545.951	1549.871	1555.688	1558.421	1562.051
8:00	1531.162	1540.248	1545.952	1549.867	1555.685	1558.415	1562.046
9:00	1531.161	1540.250	1545.952	1549.871	1555.686	1558.413	1562.044
10:00	1531.162	1540.255	1545.958	1549.878	1555.687	1558.417	1562.047
11:00	1531.165	1540.255	1545.958	1549.878	1555.690	1558.418	1562.049
12:00	1531.161	1540.250	1545.954	1549.871	1555.686	1558.416	1562.047
13:00	1531.163	1540.253	1545.951	1549.872	1555.685	1558.415	1562.049
14:00	1531.165	1540.255	1545.951	1549.870	1555.684	1558.419	1562.054
15:00	1531.166	1540.254	1545.949	1549.869	1555.684	1558.419	1562.055
16:00	1531.168	1540.252	1545.949	1549.869	1555.686	1558.422	1562.054

如图 4.4-4 和图 4.4-5 所示，E2 截面测点应变值变化与潮汐水位变化非常类似，相关性很强。其中，7 号测点应变值在 $4.8\times10^{-5}\sim5.4\times10^{-5}$ 变化，在潮位达到最高时应变最大，潮位最低时应变最小，潮汐对管段应变的影响达到 11%。8 号测点应变值在 $4.4\times10^{-5}\sim5.0\times10^{-5}$ 变化，潮汐对管段应变的影响为 12%。9 号测点应变值在 $-5.14\times10^{-4}\sim-5.08\times10^{-4}$ 变化，潮汐对管段应变的影响仅为 1.8%。

谢雄耀等[22]依据宁波甬江沉管隧道运营期间 16 年的沉降监测数据，提出潮汐作用会使隧道沉降发生周期性变化，该变化约占隧道运营期沉降的 4%~10%。这从侧面验证了本书测试结果的可靠，也说明沉降和应变有较好的一致性。

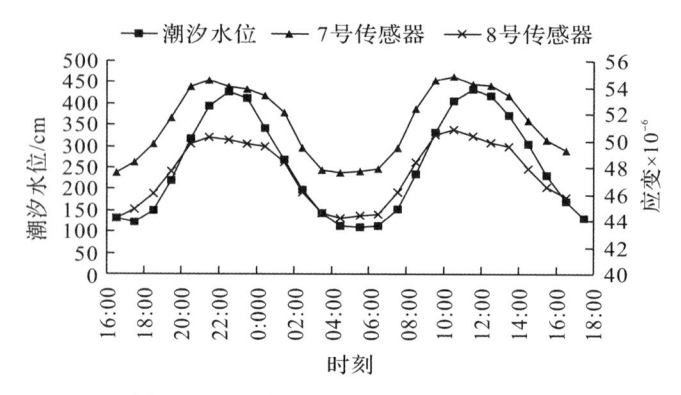

图 4.4-4　7号、8号测点的应变-时间关系

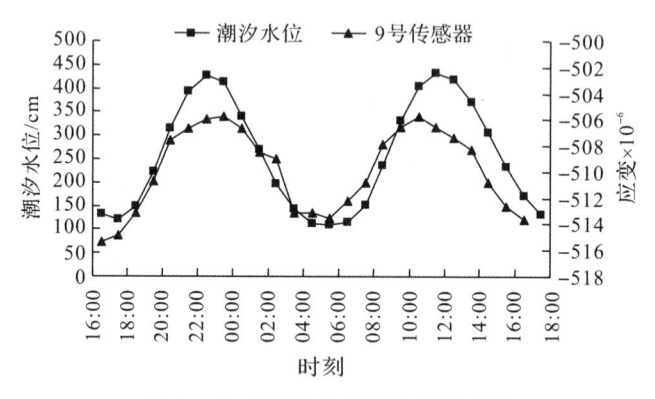

图 4.4-5　9号测点的应变-时间关系

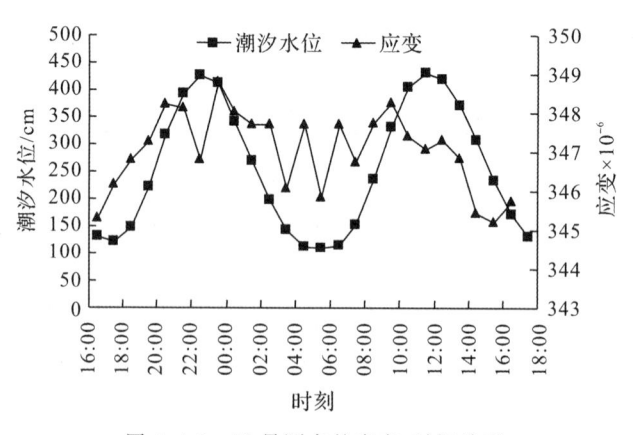

图 4.4-6　13号测点的应变-时间关系

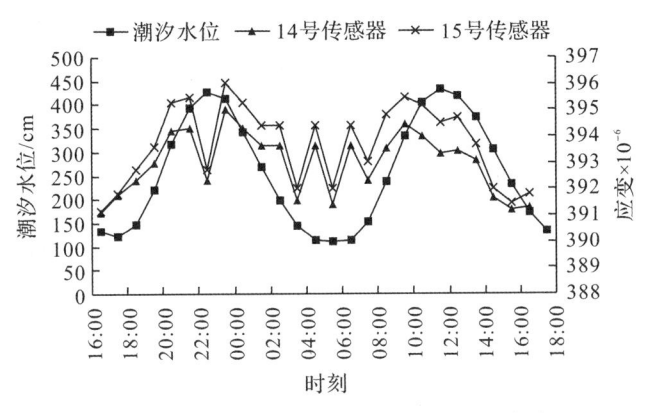

图 4.4-7　14 号、15 号测点的应变-时间关系

E3 管节截面也有 6 个测点，分别对应于 E1 管节截面的 1~6 号测点，对应取为 13~18 号测点。同样只取 13、14、15 号测点进行分析。如图 4.4-6 和图 4.4-7 所示，E3 管节的截面测点应变值变化与潮汐水位变化相关性不强，而且变化也很小。其中，13 号测点的应变值在 346×10^{-6}~349×10^{-6} 变化，00:00—07:00 的上下波动变化无明显规律，潮汐对管段变形的影响为 0.8%。14、15 号测点应变值在 391×10^{-6}~395×10^{-6} 变化，同样，00:00—07:00 无明显上下波动变化，潮汐对管段变形的影响为 1%。由此说明，潮汐荷载对 E3 管节影响较小，8:00—21:00，截面应变值变化与潮汐水位变化规律一致，而 21:00—07:00，应变值上下波动，与潮汐水位变化不一致。这一时间段车辆、行人都已很少，目前还不知是何种原因导致应变值异常变化。两个截面表现出不同的变化规律，其中潮汐水位变化对 E2 管节影响较大，两者相关性很强；而潮汐水位变化对 E3 管节影响较小，部分有相关性。我们认为，这与管段接头形式有重要的关系。E2 管节位于中间段，两端均是半柔半刚性接头，可以在一定范围内自由变形，故在周期变化的潮汐水位影响下，也表现相关的周期变化规律。而 E3 管节是岸边管段，与南岸用刚性接头连接，受到较大约束不能自由变形，所以潮汐水位对它的影响较小，并没有 E2 管节受到的影响那么明显。

4.5　稳定后各截面应变值与理论计算值的对比

1. 对传统理论计算模型的改进

传统的沉管隧道横截面理论计算模型采用底部全部设置铰支座的方法进行计算，缺点是该模型导致支座底端的弯矩为 0，实际上地基是可压缩的土层，有一定的压缩性,与实际不符。我们采用弹簧模拟弹性地基梁,并考虑到只有竖向位移,不计水平位移,水平方向采用铰接将其固定,较好地反映了实际情况。管节横截面理论计算模型见图 4.5-1。

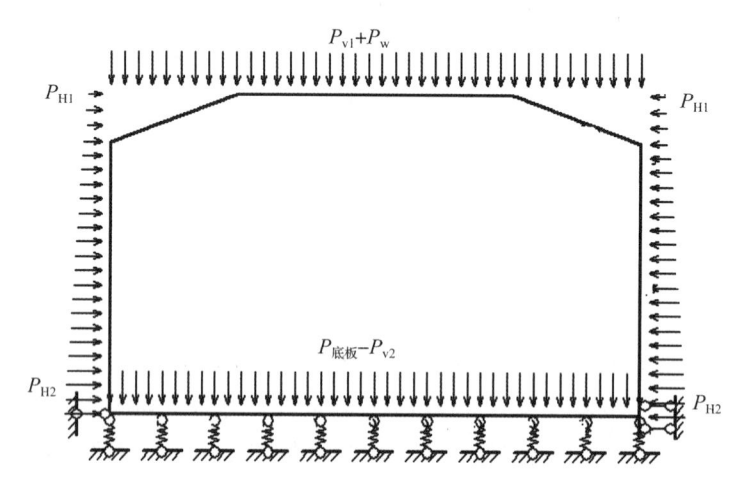

图 4.5-1 E1、E3 管节理论计算模型

2. 理论计算结果

沉管隧道纵截面采用截面法选取研究对象,根据管段长度,最终每个管段均分为 4 段共 13 个截面,如图 4.5-2 所示。

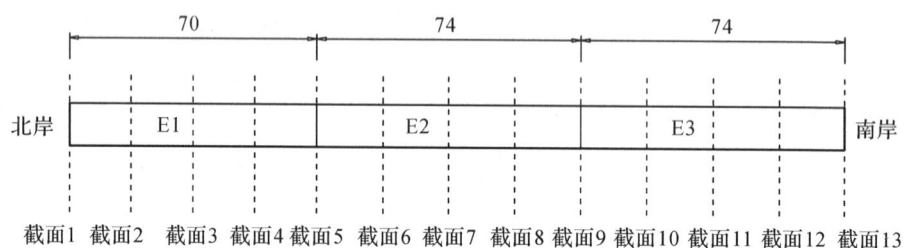

图 4.5-2 沉管隧道纵截面(单位:m)

由于每个管节各截面荷载值几乎相同,故 E1 管节取截面 3,E2 管节取截面 7,E3 管节取截面 11 进行荷载计算。横断面纵向取单位长度,横向取沉管隧道实际长度,按平面应变假定进行分析,采用水土分算方法。横截面尺寸取 11.5m×6.4m,混凝土采用 C50 混凝土,详细概况见文献[16]。海水重度 γ_w 取 10.9kN/m³,镇重块石的重度 $\gamma_{块石}$ 取 11kN/m³,底板重度 $\gamma_{底板}$ 取 25kN/m³,回淤土的重度 $\gamma_{回淤}$ 取 10kN/m³,沉管隧道顶部覆水高度 h 取 4.61m,静止土压力系数 K_0 取 0.5。地基基床系数 K_V 取 10097.2kN/m³,具体荷载见表 4.5-1。

表 4.5-1　各管节截面相对应荷载值　　　　　　　单位:kN/m

参数	E1 管节 3 截面	E2 管节 7 截面	E3 管节 11 截面
碎石和块石重 P_{v1}	215.87	215.87	215.87
回淤土体重 P 回淤	16.74	0.00	28.34
上覆水荷载 P_w	50.25	50.25	50.25
顶部水土压力 P_{H1}	58.62	50.25	64.42
底部水土压力 P_{H2}	128.38	120.01	134.18
底板荷载 P 底板	287.50	287.50	287.50
浮力 P_{v2}	120.01	120.01	120.01

3. 实测数据与理论计算的对比分析

采用本书方法,计算得到沉管隧道横截面 3、7、11 的弯矩图类似,以截面 7 为例,如图 4.5-3 所示。把截面 3、7、11 理论计算的应变值与截面稳定后的实测值进行对比分析,见表 4.5-2。从表中可以看出:①实测应变值与理论计算值数量级相同,表明本书理论计算采取的修正模型具有一定可靠性;②现场测试管段应变时,管段已安装完成一段时间,已经出现一定的沉降,因此会导致截面应变实测值与理论计算值有差异;③截面 7 实测应变值与理论计算值相差较大,原因是 E2 管节施工时施加了临时垫块,使该点处土体受到压缩,强度增大,产生支点效应,从而管节受力不均匀。除此之外,管节在海底中的受力,相比于干坞中的受力变化更大,这也是一个不可忽略的原因。

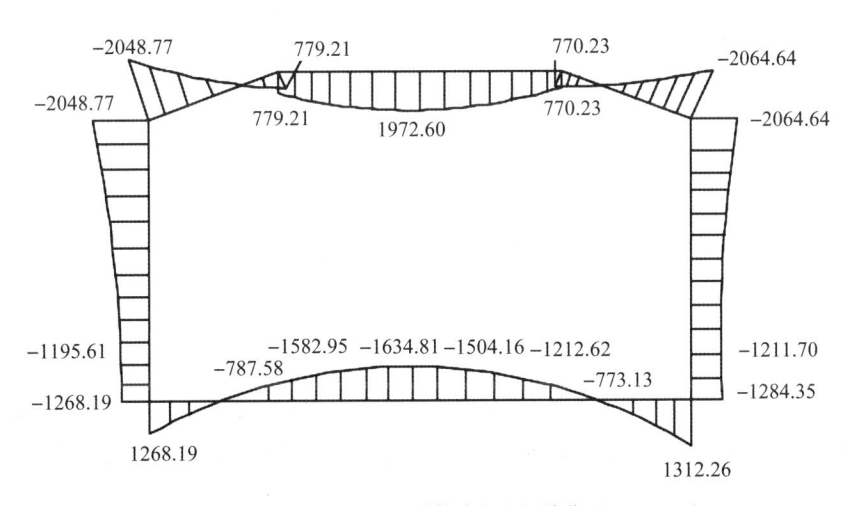

图 4.5-3　截面 7 理论计算弯矩图(单位:kN·m)

表 4.5-2　各管节关键点应变

管节/截面	测点	E1 管节截面 3 理论值 M/(kN·m)	理论值 应变/με	实测值 应变/με
E1/3	1	−1289.8	−398.8	−140
	2	−547.6	−117.6	−140
	3	1550.7	332.9	−120
	4	1640.5	352.2	−120
	5	−285.7	−61.3	−120
	6	−945.7	−292.4	−20
E2/7	7	−1323.2	−409.1	−100
	8	−376.9	−80.9	−100
	9	1675.3	359.7	500
	10	1671.2	358.8	450
	11	−389.1	−83.5	250
	12	−1339.2	−414.1	200
E3/11	13	−1295.9	−400.7	−400
	14	−378.6	−81.3	−370
	15	1661.9	356.8	−350
	16	1657.7	355.9	−350
	17	−391.0	−184.1	−100
	18	−1312.25	−405.7	−20

4.6　本章小结

(1)沉管隧道管节截面应变随时间变化与管段所处位置、两端接头形式有关，两端管段有对称规律，单个截面对称位置并无对称规律；管段安装施工时的临时垫块会产生支点效应，对管段运营期间应变影响较大，会导致该部位上部结构产生平行拉裂缝，应引起重视。

(2)潮汐荷载对管段应变影响在 0.8%～12.0%，且也与接头形式密切相关，两端为柔性或半刚半柔性接头时,管段应变的变化规律与潮汐水位变化呈现很强相关性,如果是刚性接头时,则相关性不明显。

(3)提出管节横截面修正计算模型,按平面应变假定,采用弹簧模拟弹性地基梁,水平方向采用铰接将其固定;计算得到的管段应变理论值与实测值较为接近,具有一定可靠性。

参考文献

[1] 丁文其,朱令,彭益成,等. 基于地层-结构法的沉管隧道三维数值分析[J]. 岩土工程学报,2013,35(增刊2):622-626.

[2] 蒙庆辉,刘吉福,赵永伦. 沉管法隧道纵向变形浅议[J]. 地下工程与隧道,2001,15(3):12-15,48.

[3] 魏纲,裘慧杰,魏新江. 沉管隧道施工期间与工后长期沉降的数据分析[J]. 岩石力学与工程学报,2013,32(增刊2):3413-3420.

[4] Grantz W C. Immersed Tunnel Settlements. Part 1: Nature of Settlements[J]. Tunneling and Underground Space Technology,2001,16(3):195-201.

[5] 邵俊江,李永盛. 沉管隧道沉降问题的探讨[J]. 地质与勘探,2003,39(增刊2):178-181.

[6] 张华. 软土地基沉管隧道变形观测的实践[J]. 中国港湾建设,2007,27(5):17-19.

[7] 刘正跟,黄宏伟,赵永辉,等. 沉管隧道实时健康监测系统[J]. 地下空间与工程学报,2008,4(6):1110-1115.

[8] Li H N, Li D S, Song G B. Recent Applications of Fiber Optic Sensors to Health Monitoring in Civil Engineering[J]. Engineering Structures,2004,26:1647-1657.

[9] 刘胜春,姜德生,郝义昶. 光纤光栅测力传感器的研究及应用[J]. 武汉理工大学学报(交通科学与工程版),2006,30(2):209-211.

[10] Rodrigues C, Felix C, Lage A. Development of a Long-term Monitoring System Based on FBG Sensors Applied to Concrete Bridges[J]. Engineering Structures,2010,32:1993-2002.

[11] 何涛,赵鸣,谢强,等. 光纤光栅传感器用于盾构隧道施工的监测[J]. 地下空间与工程学报,2008,4(1):157-161.

[12] 刘恒材. 基于光纤传感技术的南京地铁二号线"集-云"区间隧道沉降监测研究

[D]. 淮南：安徽理工大学，2021.
[13] 魏纲，苏勤卫，邢建见，等. 基于光纤光栅技术的海底沉管隧道管段应变研究[J]. 岩土力学，2015，36(增刊2)：499-506.
[14] Mendez A, Morse T F, Mendez F. Applicationsof Embedded Optical Fiber Sensors in Reinforced Concrete Buildings and Structures[J]. Fiber Optic Smart Structures and Skins Ⅱ，1990，1170：60-69.
[15] 庞香润. 基于FBG传感器宏应变分布技术的混凝土梁桥监测研究[D]. 苏州：苏州科技大学，2018.
[16] 宁茂权. 沈家门港海底沉管隧道设计介绍[J]. 现代隧道技术，2008，45(6)：61-69.
[17] 薛勇. 沉管隧道接头研究[J]. 特种结构，2003，20(3)：4-8.
[18] 魏纲，朱昕光，苏勤卫. 沉管隧道竖向不均匀沉降的计算方法及分布研究[J]. 现代隧道技术，2013，50(6)：58-65.
[19] Grantz W C. Immersed Tunnel Settlements. Part 2：Case Histories[J]. Tunneling and Underground Space Technology，2001，16(3)：203-210.
[20] 邵俊江，李永盛. 潮汐荷载引起沉管隧道沉降计算方法[J]. 同济大学学报，2003，31(6)：657-662.
[21] 宁茂权，肖明清. 海底沉管隧道关键技术设计与分析[J]. 铁道工程学报，2008，25(8)：50-57.
[22] 谢雄耀，王培，李永盛，等. 甬江沉管隧道长期沉降监测数据及有限元分析[J]. 岩土力学，2014，35(8)：2314-2324.

第 5 章
沉管隧道基础层压缩的缩尺模型试验介绍

5.1 引　言

　　海底沉管隧道广泛应用于世界各大都市或沿海城市,通过对国内外 19 座沉管隧道沉降实测数据的统计分析后得到,沉管隧道施工期间沉降量平均值为 53mm,约为总沉降的 55.9%[1]。李斌等[2]针对港珠澳大桥沉管隧道的深水载荷试验、现场实测数据对沉管隧道沉降现象及规律进行总结归纳后得到,沉管隧道瞬时沉降主要由其碎石垫层沉降和地基基础瞬时沉降组成,其中碎石垫层沉降量可以通过物理模型试验获取。殷诗茜等[3]运用 ABAQUS 数值模拟软件以及莫尔-库伦(Mohr-Coulomb)本构模型,对基础破坏过程数值进行仿真模拟获得最佳范围的压缩模量取值,并结合 SPSS 软件对软弱下卧层中影响基础变形的因素进行多元线性回归分析,结果表明沉降量与上覆荷载、持力层压缩模量、下卧层压缩模量有较好的多元线性相关关系。邵俊江等[4]指出,沉管隧道施工期间的沉降主要由基础层的调整和初步压缩造成。邵俊江[5]认为,沉管隧道基础层压缩性能甚至比基底原状地基土还要差,在隧道荷载作用下,基础层将产生较大的压缩变形。因此,研究基础层压缩特性及其影响因素具有重要意义。

　　研究沉管隧道基础层压缩特性需要进行模型试验[6]。目前,国内外许多学者针对沉管隧道展开了一系列的模型试验[7-16],学者们结合广州市珠江沉管隧道、广州市生物岛-大学城沉管隧道、广州市洲头咀变截面沉管隧道和舟山沈家门港海底沉管隧道,分别进行了大比例尺模型试验[7-8]、1∶5 的实物缩尺相似模型试验[9-11]、足尺寸模型试验[12-15]、等比例现场注浆模型试验[16]和 1∶10 相似模型试验[17]。通过研究,我们对基础层注浆、注砂的施工工艺及各个施工和控制参数的影响有了比较清晰的认识。但这些研究对于水环境下灌注完成之后基础层的压缩特性均没有深入涉及,也没有考虑不同的施工条件对基础层压缩的影响。因此,很有必要采用模型试验对沉管隧道基础层的压缩性能进行研究,同时考虑不同施工因素对基础层压缩的影响。

本章采用1∶10缩尺模型试验,模拟海水环境下通过注砂法形成基础层的施工过程,通过设计边界约束、回淤条件和不同砂浆浓度这三种不同条件,模拟了不同施工因素对基础层沉降的影响。

5.2 试验设计

1. 模拟思路

本试验研究对象为砂石复合型基础层在施工荷载下的压缩量及相应的压缩模量,对应于实体管节在施工期间基础层产生的沉降量。研究以基础层总压缩＝砂垫层压缩变形＋碎石层压缩变形＋两者的交错重叠为基本思路,分别以单独砂层、单独石层、砂石混合层附加不同回淤条件开展模型试验,综合比较各相关试验的压缩量和压缩模量,以求得到该施工工艺下基础层较准确的压缩模量,并且评估回淤的影响。

2. 试验简化说明

本模型依托浙江舟山沈家门港海底沉管隧道工程,限于篇幅,具体工程概况及设计等参见第2章及文献[18]。考虑到模型试验的可操作性,对实际工程作如下简化改动。

(1)实际管节长70余米,综合考虑试验成本、可操作性和管节长度的尺寸效应,仅取30m管节并按比例进行缩小制作模型。

(2)实际管节基础层采用灌注水泥浆,考虑试验可重复性、试验压缩量、试验周期和实际工程的参考价值,模型试验采用灌注砂浆。

(3)实际工程中回淤浓度和基槽深度都存在不均匀性,为了简化以及和人工调整淤泥浓度方便比较,模型试验中均按均匀分布考虑。

(4)实际工程中碎石层下方为土层,在施工期间也会产生沉降。而模型试验仅针对砂石基础层,为避免干扰,故不考虑土层,下卧为硬质钢板。

3. 模型介绍

本试验依托在建的浙江舟山沈家门港海底沉管隧道工程,取30m长的隧道作为研究对象,试验模型按照实际的1∶10制备。模型主要构件为基槽模型和管节模型,都由钢板焊接而成,钢板厚度为10mm。整个模型可分为以下五个部分。

(1)基槽模型

水箱尺寸为3.6m×1.6m×0.5m,一端连有一个尺寸为0.5m×0.3m×0.3m

的循环水箱,循环基槽模型如图 5.2-1 所示。基槽模型主要作为试验场所,模拟沉管隧道施工海底基槽,循环水箱的主要作用是在不对模型试验造成影响的前提下使模型水箱与灌砂系统形成水循环。

图 5.2-1　循环基槽模型

(2)管节模型

管节模型尺寸为 3m×1.15m×0.6m,管节模型如图 5.2-2 所示。因试验后续需对管节施加荷载,为了保持管节模型的稳定性,在模型上部沿纵向等距离连接了三根槽钢进行加固。管节模型底部开了 17 个注砂孔,用来灌注砂浆,注砂孔位置根据砂盘实验测得的规律布置。具体模型及布孔位置如图 5.2-3 所示。

图 5.2-2　管节模型

(3) 测量系统

测量系统由测量架、百分表、磁性表座、钢尺和卷尺组成。其中测量架高为 85cm,跨宽为 180cm,由 L 形钢焊接而成;百分表量程为 0.3mm,精度为 0.01mm;钢尺长为 30cm;卷尺长为 2m。在沉管模型的四个角点处共布置了四个沉降测试点,点号及对应位置如图 5.2-3 所示,百分表如图 5.2-4 所示。

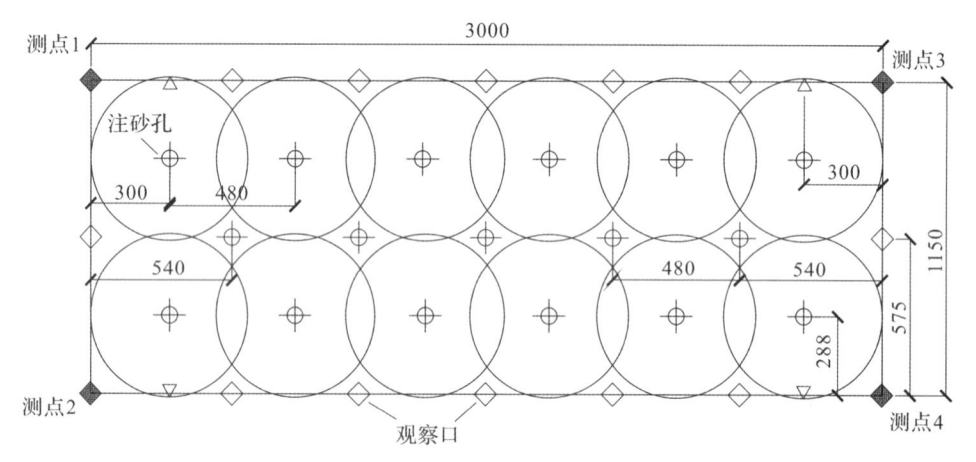

图 5.2-3　灌砂孔观察孔位置示意(单位:mm)

(4) 控制系统

控制设备由千斤顶、垫块和龙门架组成。其中,千斤顶初始高度为 4.1cm,行程为 0.7cm,最大顶升高度为 4.8cm;垫块高为 5.4cm,长为 12cm,宽为 8cm;龙门架高为 2.5m,跨宽为 2m,最大起吊重为 1t。龙门吊如图 5.2-5 所示。

(5) 注砂系统

注砂系统由砂泵、水泵、注砂管和单向阀组成。其中,砂泵功率为 1.5kW;水泵功率为 125W,最大流量为 35L/min;注砂管内径为 2.1cm,外径为 2.4cm;单向阀内径为 2.1cm。注砂机如图 5.2-6 所示,整个模型试验系统工作如图 5.2-7 所示。

图 5.2-4　百分表

图 5.2-5　龙门吊

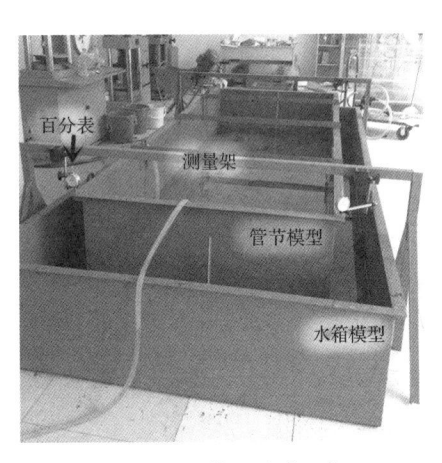

图 5.2-6　注砂机　　　　图 5.2-7　模型试验工作

4.试验工况

试验共采用六种不同工况进行研究。

工况 1:单独碎石层压缩。为了验证试验的可靠性,共进行了两组试验。人工铺设平均 5.93cm(第 1 组)、6.40cm(第 2 组)厚的碎石层。

工况 2:单独砂层压缩。直接灌注砂浆,形成砂垫层,砂层的平均层厚为 4.80cm。

工况 3:砂层碎石层混合压缩。铺设平均 5.74cm 厚的碎石层,灌注平均 4.29cm 厚的砂层,组成基础层。

工况 4:砂层碎石层夹杂大量淤泥混合压缩。铺设平均 6.37cm 厚的碎石层,灌注 3.44cm 厚的砂层组成基础层,层间人工均匀布设 10kg 淤泥。

工况 5:砂层碎石层夹杂大量淤泥混合压缩。铺设平均 5cm 厚的碎石层,灌注 4.98cm 厚的砂层组成基础层,层间人工均匀布设 15kg 淤泥。

工况 6:砂层碎石层夹杂大量淤泥混合压缩。铺设平均 5.3cm 厚的碎石层,灌注平均 4.7cm 厚的砂层组成基础层,层间人工均匀布设 50kg 淤泥。

各工况设计碎石层层厚与灌注(砂)层层厚按照舟山沈家门港海底沉管隧道实际尺寸 1∶10 缩小,实际厚度取点测量平均值,砂层灌注满预留夹层空间。

试验所加荷载根据计算管节施工荷载按 1∶10 缩小,取近似值 3.5kPa 作为最终荷载。模拟具体施工过程,采用分级加载,分别为 1.5kPa、2kPa、2.5kPa 和 3.5kPa。其中,由于受通水孔高限制,工况 1 第 1 组试验与工况 2 试验,各级荷载均减小 0.5kPa。

5.3　试验材料和设备

1.试验材料

试验材料包括细砂、碎石、盐水和淤泥,根据相似关系确定细砂和碎石的粒径。其中,细砂的组成为粒径 0.3~0.6mm 占总重的 5.73%,粒径 0.15~0.30mm 占总重的 4.68%,粒径小于 0.15mm 占总重的 89.59%;碎石选取正常连续级配碎石,粒径为 5~16mm;采用工业用盐,配置比重为 1.09 g/mL 的盐水;淤泥选取沈家门港地区回淤土。

2.试验设备

(1)测量系统

测量系统由测量架、百分表、磁性表座、钢尺和卷尺组成。测量架高为 85cm,跨宽为 180cm,由 L 形钢焊接而成;百分表量程为 0.3mm,精度为 0.01mm;钢尺长为 30cm;卷尺长为 2m。在沉管模型的四个角共布置四个沉降测试点,点号及对应位置见图 5.2-3。

(2)控制系统

控制系统由千斤顶、垫块和龙门架组成。其中,千斤顶初始高度为 4.1cm,行程为 0.7cm,最大顶升高度为 4.8cm;垫块高为 5.4cm,长为 12cm,宽为 8cm;龙门架高为 2.5m,跨宽为 2m,最大起吊重为 1t。

(3)注砂系统

注砂系统由砂泵、水泵、注砂管和单向阀组成。其中,砂泵功率为 1.5kW;水泵功率为 125W,最大流量为 35L/min;注砂管内径为 2.1cm,外径为 2.4cm;单向阀内径为 2.1cm。

试验各部分如图 5.3-1~图 5.3-4 所示。

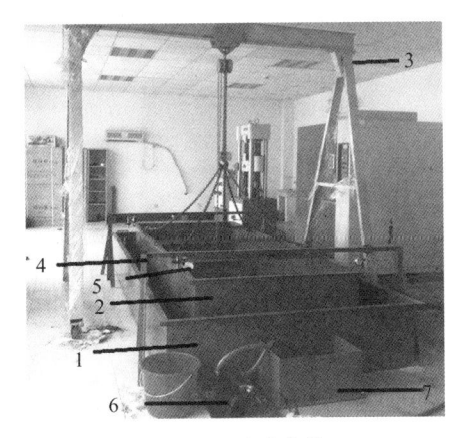

图 5.3-1　试验实物 1

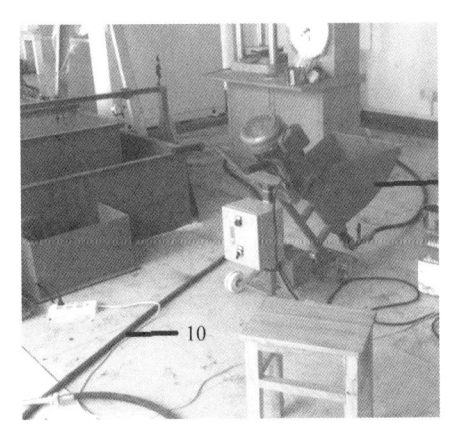

图 5.3-2　试验实物 2

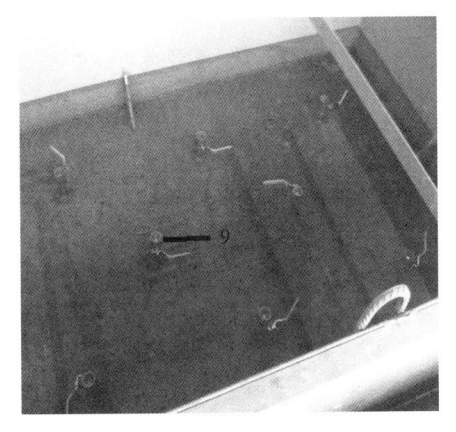

图 5.3-3　试验实物 3

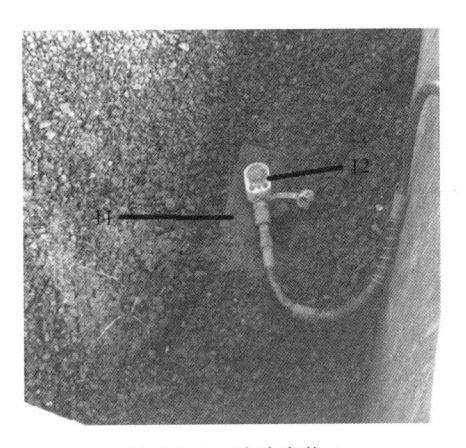

图 5.3-4　试验实物 4

图 5.3-1~图 5.3-4 中编号指代的物品:1 为模型水箱、2 为管节模型、3 为龙门吊、4 为测量架、5 为百分表、6 为水泵、7 为循环水箱、8 为注砂机、9 为单向阀、10 为注砂管、11 为垫块、12 为千斤顶。

5.4 砂盘扩散试验

砂盘扩散试验过程主要包括根据有机玻璃箱的大小堆积好碎石,形成一个封闭的空间,放置好有机玻璃箱,安装好注砂孔,然后向注砂孔进行注砂,观察其不同阶段砂盘的扩散情况,直至砂盘完全被灌满。

砂盘扩散实验过程如图 5.4-1～图 5.4-6 所示。

图 5.4-1 观察前置实验砂浆扩散情况 1

图 5.4-2 观察前置实验砂浆扩散情况 2

图 5.4-3 砂盘呈现圆形

图 5.4-4 砂浆注满

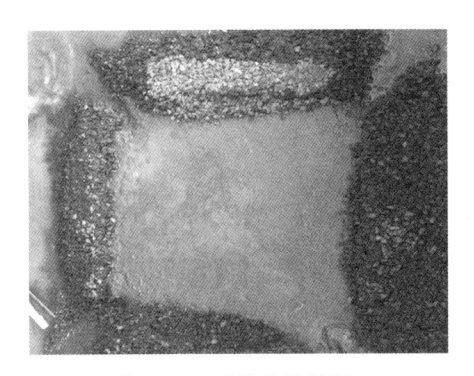

图 5.4-5　砂浆注满情况 1　　　　　图 5.4-6　砂浆注满情况 2

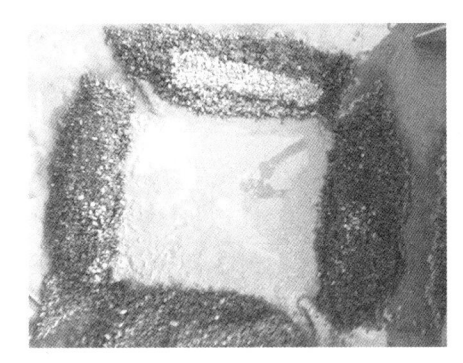

5.5　试验步骤

以工况 6 为例进行说明。

(1) 在模型水箱底部铺上一定厚度的碎石,在四个角的指定位置铺碎石,放置垫块。

(2) 待铺完碎石之后,在碎石层表面均匀洒上配置好的回淤溶液,使表面形成一个回淤层。

(3) 在垫块上面放置千斤顶,千斤顶头放在垫块上,本体放在附近凳子上。

(4) 利用龙门吊将管节模型吊放至模型水箱正中心,缓缓放下至千斤顶上。

(5) 将千斤顶顶至最大高度,并且将止水阀全部关闭。

(6) 在管节模型周围用碎石覆盖,使管节模型底部形成一个近似封闭的空间。

(7) 利用水泵向模型水箱内灌水没至管节模型底部。

(8) 停止灌水后,接着连接注砂管和止水阀,打开注砂管和止水阀的阀门。

(9) 在启动注砂机之前,打开注砂机自循环的阀门,先进行一定时间的自循环,在这期间向注砂机内倒入一定比例的水和砂。

(10) 自循环一段时间后,关闭注砂机自循环的阀门,进行注砂。

(11) 由于在注砂过程中不断有水灌注进去,循环水箱内会不断有水进来,利用水泵从循环水箱内抽出多余的水。

(12) 待注砂一段时间后,在靠近止水阀的周围挖一个观察孔。

(13) 待砂溢出观察孔,先打开注砂机自循环的阀门,然后再关闭注砂管和止水阀的阀门,注砂机开始自循环。

(14) 将注砂管从止水阀上卸下,与下一个止水阀连接,重复以上所述的步骤直至全部止水阀注砂完毕。

(15)注砂完毕后,向注砂机倒入干净的水清洗注砂管,待清洗完成后,关闭注砂机的电源。

(16)在管节模型上端架测量架,安置百分表,调整百分表至垂直,检查各个百分表是否正常,记录下此时百分表的初读数。

(17)利用龙门吊将管节模型吊至刚好起吊的阶段,卸载千斤顶,然后将千斤顶从底部取出。

(18)待千斤顶取出后,将龙门吊卸力,收起挂钩。

(19)计算得到应加的荷载,放水加载至一定荷载,记录此时的百分表读数。

(20)前 15min,每隔 5min 读数,15min 后,每隔 15min 读数,直到百分表读数基本上不变。

(21)重复以上所述的步骤,直至加载至所要求的荷载。

5.6　试验过程

以工况 6 为例,缩尺模型试验系统的具体操作步骤如下。

(1)前期准备

基槽模型底部铺设设计厚度的碎石层,并测量平均厚度;垫块和千斤顶就位;人工均匀布设回淤溶液,静置后形成回淤层;龙门吊装管节模型,管节模型四周采用碎石封闭;关闭单向阀,水箱进 1.09g/mL 的盐水。碎石铺设如图 5.6-1 所示。

(2)模拟注砂

砂泵调试就绪;注砂管连接单向阀,按设计比例加入砂水,灌注砂浆;注意注砂孔处的砂盘扩散情况,检查邻近观察口的砂浆溢出情况;在单孔注满后继续下一孔,直至所有观察口均有砂浆溢出。灌砂孔和观察口分布如图 5.2-3 所示。试验砂泵提供 20kg/cm^2 的灌注压力,设计砂水配比的体积比为 3.4∶10,质量比约为 1∶1。

(3)加载测量

测量架和百分表就位,百分表记录初始读数;卸载千斤顶,管节模型内注水模拟施工荷载,直至达到计算自重浮力后的初始荷载后停止,读取百分表的读数;定时读取数据并记录,读数时间分别为第 5min、15min、30min、45min、60min、75min、90min;在各测点数据稳定后,继续注水加下一级荷载;依次加载读数,直至所有荷载级数加载完毕。

(4)卸载

在最后一级荷载作用下,等沉降读数稳定后,进行卸载;起吊管节模型,清理基础层,准备下一组试验。卸载完毕后基础层状况如图 5.6-2 所示。

图 5.6-1　碎石层铺设　　　　图 5.6-2　卸载后基础层状况

5.7　本章小结

(1)本章试验研究以基础层总压缩＝砂垫层压缩变形＋碎石层压缩变形＋两者的交错重叠为基本思路,采用 1∶10 缩尺模型试验,分别模拟单独砂层、单独石层、砂石混合层、砂石混合层附加不同回淤条件等工况开展模型试验,讨论了不同施工因素对基础层沉降的影响。

(2)本章试验共设置六种工况,如单独碎石、单独砂层及砂层碎石混合压缩等,并且于每个工况中采用分级加载,分别为 1.5kPa、2kPa、2.5kPa 和 3.5kPa。其中,由于受通水孔高限制,工况 1 第 1 组试验与工况 2 试验各级荷载均减小 0.5kPa。

(3)本章对该试验的材料及设备进行了详细说明。模型试验的器材包括 1∶10 的铁制缩尺管节模型一个、铁制模型水箱一个、龙门吊、注砂机、测量架、止水阀、百分表、水泵、千斤顶、垫块。模型试验需要用到的材料包括砂、碎石、水、回淤土。

(4)本章介绍了确定砂盘扩散半径的实验过程,并以工况 6 为例,对模型试验的步骤及过程作了详细介绍。模型试验过程主要包括前期准备工作、注砂、加载测量。

参考文献

[1] 魏纲,裘慧杰,魏新江. 沉管隧道施工期间与工后长期沉降的数据分析[J]. 岩石力学与工程学报,2013,32(增刊2):3413-3420.

[2] 李斌,高潮,张嘉莹. 港珠澳大桥沉管隧道瞬时沉降规律分析[J]. 岩土工程学报,2021,43(增刊2):263-266.

[3] 殷诗茜,范柱国,曾营. 软弱下卧层压缩模量对基础沉降控制分析[J]. 地质灾害与环境保护,2021,32(2):66-71.

[4] 邵俊江,李永盛. 沉管隧道沉降问题分析[J]. 浙江交通科技,2005,2:41-43.

[5] 邵俊江. 沉管隧道的沉降预测及其控制研究[D]. 上海:同济大学,2003.

[6] 黎志均. 珠江隧道工程基础灌砂模型试验[J]. 华南港工,1996,1:49-52.

[7] 黎志均. 珠江隧道工程基础灌砂试验研究[J]. 中国港湾建设,2001,1:18-20.

[8] 陈韶章,陈越,张弥. 沉管隧道设计与施工[M]. 北京:科学出版社,2002.

[9] 郑爱元,谭忠盛,李治国. 沉管隧道基础灌砂模拟试验[J]. 中国工程科学,2009,11(7):81-85.

[10] 吴鸿军,李治国,程晓明. 沉管隧道基础灌砂模拟试验[J]. 西部探矿工程,2009,6:155-157.

[11] 王光辉,李治国,程晓明,等. 生物岛-大学城沉管隧道灌砂试验及结果分析[J]. 隧道建设,2009,29(2):176-180.

[12] 袁伟耀. 变截面沉管隧道基础处理物理模拟试验研究[D]. 广州:华南理工大学,2010.

[13] 莫海鸿,房营光,黎伟,等. 砂流法处理沉管隧道地基的模型试验方法[J]. 广东土木与建筑,2011,3:14-17.

[14] 莫海鸿,黎伟,房营光,等. 沉管隧道底板面材质对砂流法地基影响的模型试验研究[J]. 岩石力学与工程学报,2012,31(7):1452-1461.

[15] 房营光,黎伟,莫海鸿,等. 沉管隧道地基砂流法处理的砂盘扩展规律试验与分析[J]. 岩石力学与工程学报,2012,31(1):206-216.

[16] 沈永芳. 沉管隧道基础注浆效果等比例模型试验研究[D]. 上海:上海交通大学,2012.

[17] 宋光猛. 沉管隧道基础注浆效果模型试验研究[D]. 上海:上海交通大学,2012.

[18] 宁茂权. 沈家门港海底沉管隧道设计介绍[J]. 现代隧道技术,2008,45(6):61-69.

第6章
基础层压缩的缩尺模型试验数据分析

6.1 引　言

沉管基础处理是指通过在水中铺填不同的材料以实现沉管安装处海床的土体与隧道结构传力连接。在沉管隧道发展之初,工程界认为完工后的沉管在浮力作用下荷载会有所减小,因此沉管隧道对基础处理要求较低,但通过实际工程可知,沉管隧道沉降与基础处理息息相关[1]。施工期间,基础层使用材料、基槽回淤、管底与基础层间未充满间隙都是引起沉管隧道沉降的重要原因,其中,解决管底清淤和进行水下监测是诸多问题中最困难的,尤其当基础层中夹杂淤泥时,其对基础质量的影响是致命的。近年来,多位学者依托实际工程进行模型试验以研究不同基础处理方式、基础层不同组成方式以及回淤情况等因素对沉管隧道沉降的影响[2-4]。

本章取第5章六组工况的试验数据进行分析,各组工况的主要区别在于基础层处理方式以及组成基础层的材料。根据实测数据和缩尺比例,取测量点位附近的基础层厚度作为压缩厚度,测量点位的压缩量作为计算模量的压缩量,计算基础层的实际压缩模量。

6.2　各工况下基础层沉降随荷载变化

本节仅分析工况1、工况2、工况3、工况6的数据,工况4和工况5的数据见6.5节。

1. 工况1

工况1第1组试验各级荷载下四个测点的压缩量随时间的变化情况分别见图

6.2-1～图 6.2-4,第 1 组和第 2 组试验条件下各测试点的最大沉降量随荷载增长的变化曲线分别见图 6.2-5 和图 6.2-6。如图 6.2-1～6.2-4 所示,各测点在单级荷载下的沉降量不尽相同,且没有一定的大小顺序,特别是图 6.2-1 和图 6.2-2,差异非常明显。分析原因可能是人工铺设碎石层时,存在一定的不均匀性,在初级荷载作用下,各个测点的压缩稳定有比较明显的差异。随着荷载级数的增加,各个测点基本在 60min 达到压缩稳定状态。比较图 6.2-5 和图 6.2-6 各测点的累积压缩量,发现同一端两测点的压缩量存在较大的差异,但两端压缩量的平均值基本相同。第 1 组和第 2 组试验中碎石层的实测平均压缩模量(以下用 E_s 表示)分别为 0.663MPa 和 0.675MPa,两者非常接近,表明试验有一定可靠性。取平均值 0.67MPa 作为碎石层的 E_s。

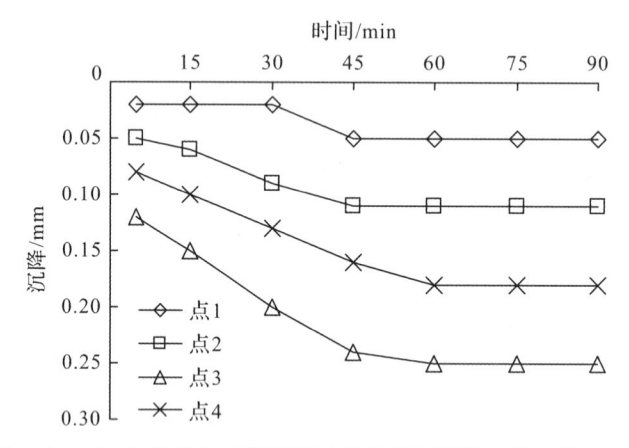

图 6.2-1　1kPa 荷载各点沉降随时间的变化情况(工况 1 第 1 组)

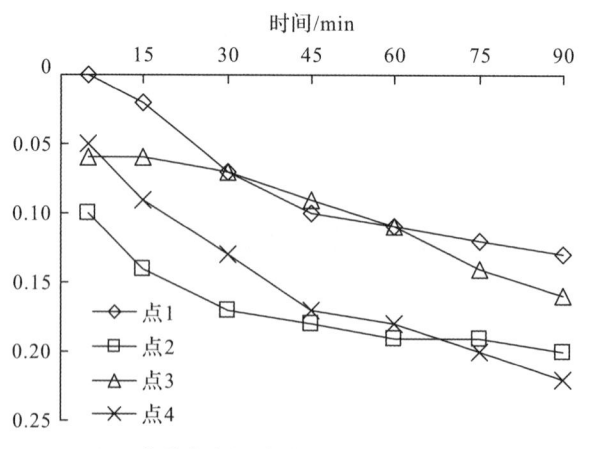

图 6.2-2　1.5kPa 荷载各点沉降随时间的变化情况(工况 1 第 1 组)

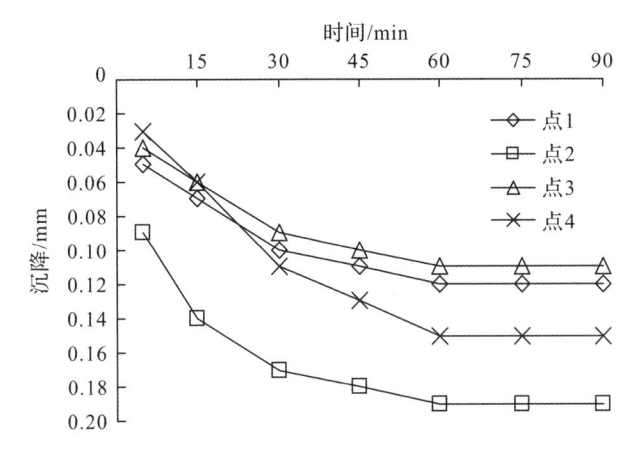

图 6.2-3　2kPa 荷载各点沉降随时间的变化情况（工况 1 第 1 组）

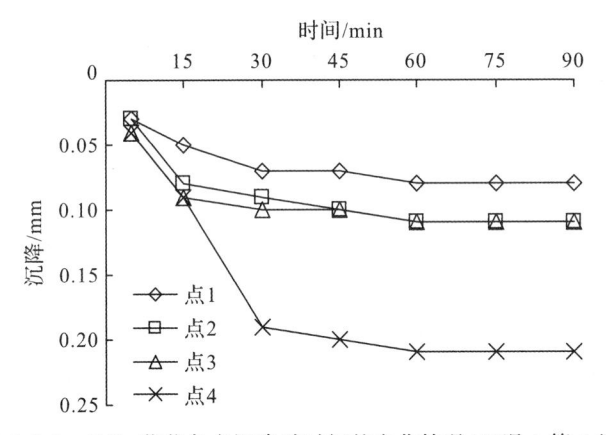

图 6.2-4　3kPa 荷载各点沉降随时间的变化情况（工况 1 第 1 组）

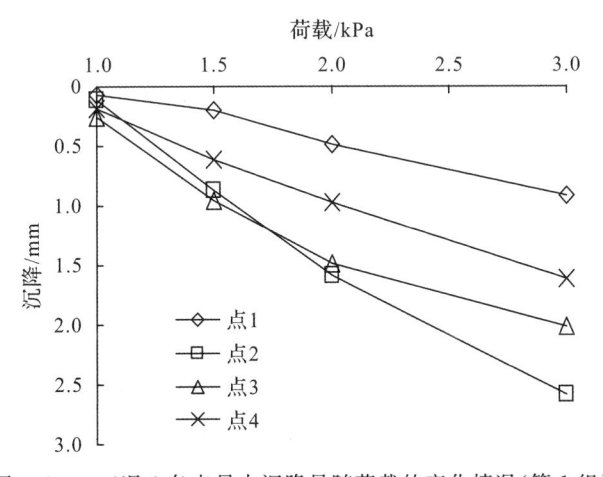

图 6.2-5　工况 1 各点最大沉降量随荷载的变化情况（第 1 组）

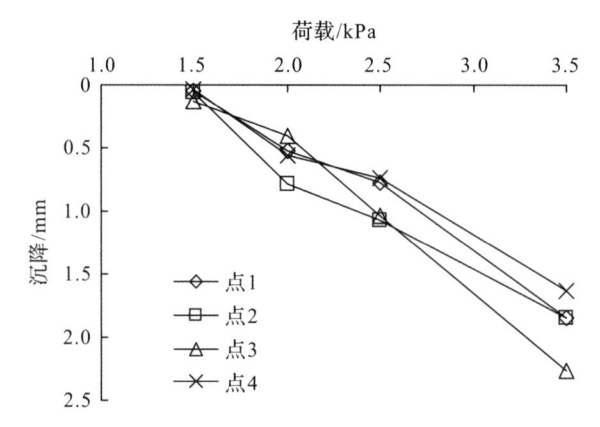

图 6.2-6　工况 1 各点最大沉降量随荷载的变化情况(第 2 组)

2. 工况 2

工况 2 试验各级荷载下四个测点的压缩量随时间变化情况见图 6.2-7～图 6.2-10，各测试点的最大沉降量随荷载增长的变化曲线见图 6.2-11。发现单独压砂试验各个测点的压缩稳定时间存在较大的差异，压缩量与压缩时间基本呈线性关系。比较图 6.2-7～图 6.2-10 与图 6.2-1～图 6.2-4 的沉降量随时间变化情况，与碎石层不同，砂垫层在各级荷载下各测点的压缩量大小顺序基本一致，原因可能是由于砂层通过注砂孔灌注形成，均匀性要比碎石层高很多，各个测点总体上的压缩也比较均匀。单独砂层 $E_s = 0.80$ MPa，与黎志均[4] 的试验结果（0.833 MPa）非常接近，而与王光辉等[5] 的试验结果（17.67 MPa～21.09 MPa）相差较大。原因可能是荷载水平（大小）不一致，黎志均[4] 采用的荷载为 30 kPa，缩小 10 倍后为 3 kPa，与本书相同；而王光辉等[5] 的试验荷载为 100 kPa～200 kPa，远大于 30 kPa，应该超出了某一界限，导致沉降机理有所不同。

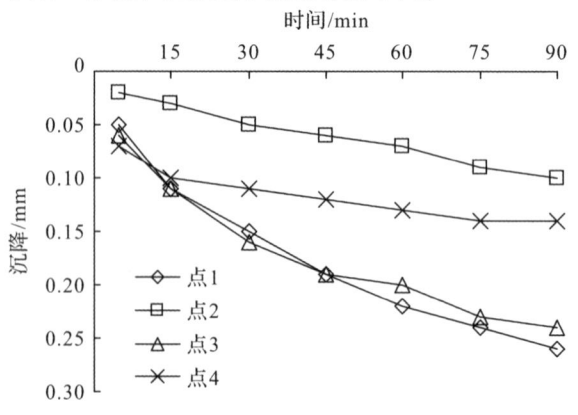

图 6.2-7　1 kPa 荷载各点沉降随时间的变化情况(工况 2)

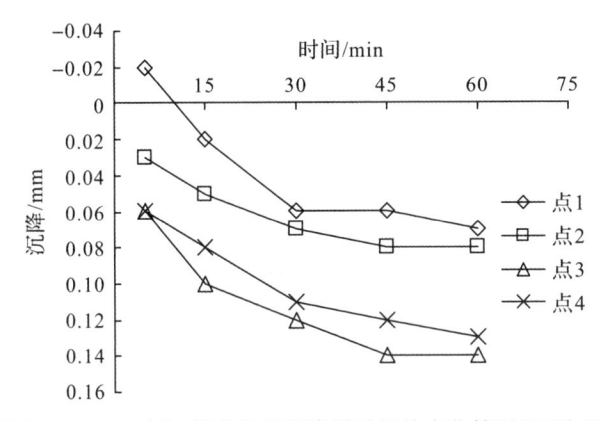

图 6.2-8 1.5kPa 荷载各点沉降随时间的变化情况（工况 2）

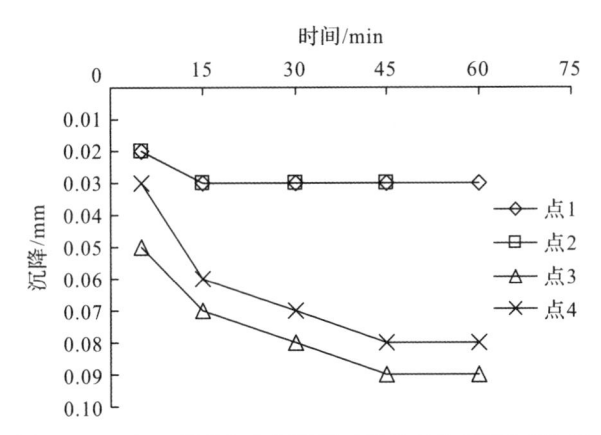

图 6.2-9 2kPa 荷载各点沉降随时间的变化情况（工况 2）

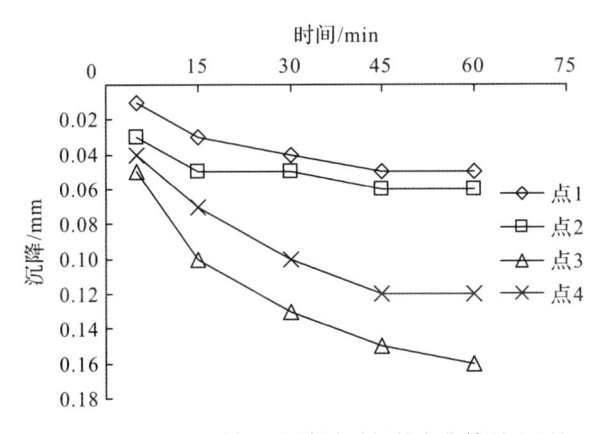

图 6.2-10 3kPa 荷载各点沉降随时间的变化情况（工况 2）

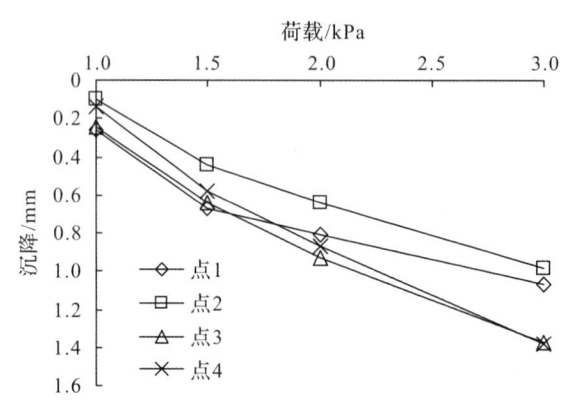

图 6.2-11 工况 2 各点最大沉降量随荷载的变化情况

3. 工况 3

工况 3 试验各级荷载下四个测点的压缩量随时间变化情况分别见图 6.2-12~图 6.2-15,各测试点的最大沉降量随荷载增长的变化曲线见图 6.2-16。如图所示,砂层和碎石层混合压缩的情况下,各级荷载作用下测点压缩时间基本稳定在 45~60min,压缩时间比单独碎石层的工况要短;单级荷载作用下各个测点的压缩量有所区别,但各点累积的压缩量区别不大。该工况实测 $E_s = 3.26$MPa。

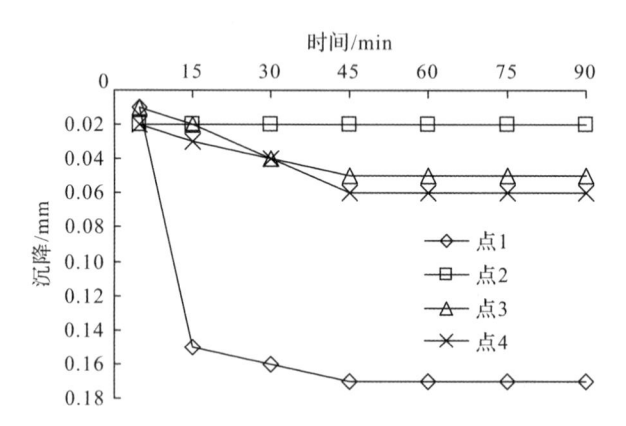

图 6.2-12 1.5kPa 荷载各点沉降随时间的变化情况(工况 3)

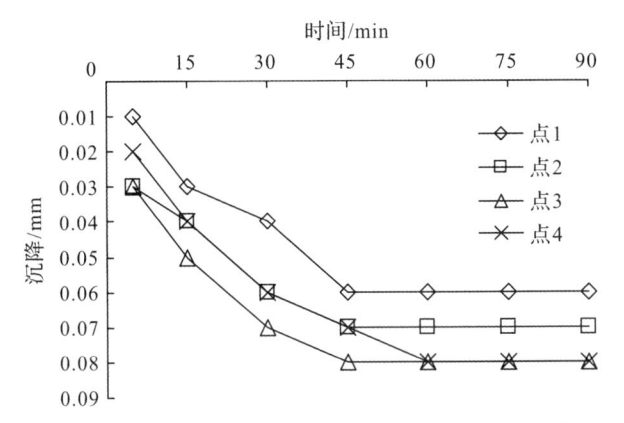

图 6.2-13　2kPa 荷载各点沉降随时间的变化情况（工况 3）

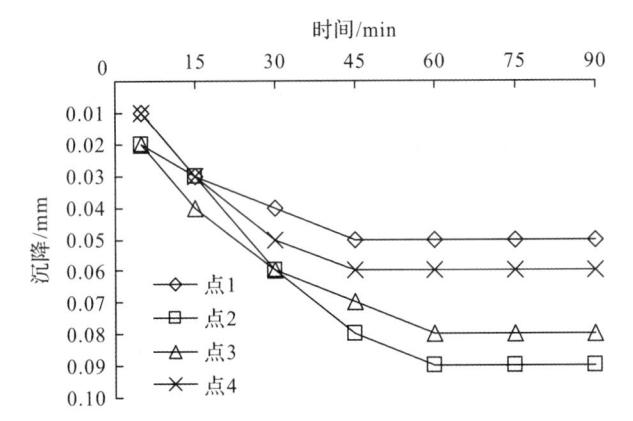

图 6.2-14　2.5kPa 荷载各点沉降随时间的变化情况（工况 3）

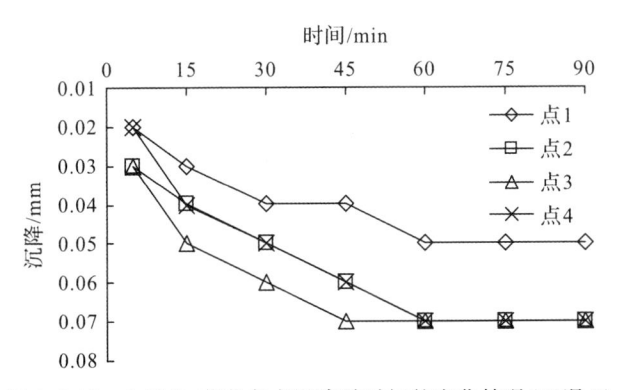

图 6.2-15　3.5kPa 荷载各点沉降随时间的变化情况（工况 3）

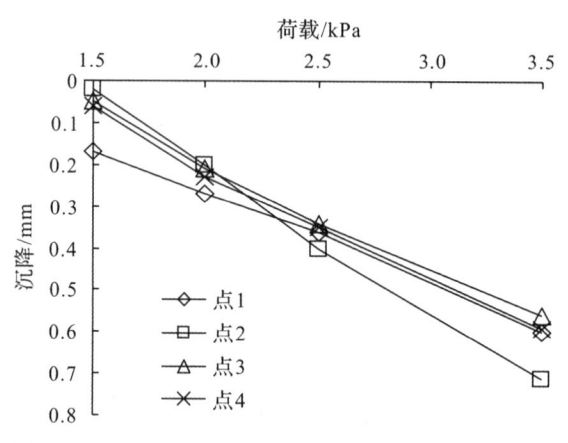

图 6.2-16 工况 3 各点最大沉降量随荷载的变化情况

4. 工况 6

工况 6 试验各级荷载下四个测点的压缩量随时间变化情况见图 6.2-17~图 6.2-20,各测试点的最大沉降量随荷载增长的变化曲线见图 6.2-21。如图所示,各个测点压缩稳定时间基本在 60min,当存在大量回淤条件下,对比无回淤条件,压缩持续时间被延长;对比图 6.2-16 和图 6.2-21,在回淤条件下,各个测点间的不均匀性明显被放大。该工况下的 $E_s=1.85$MPa。

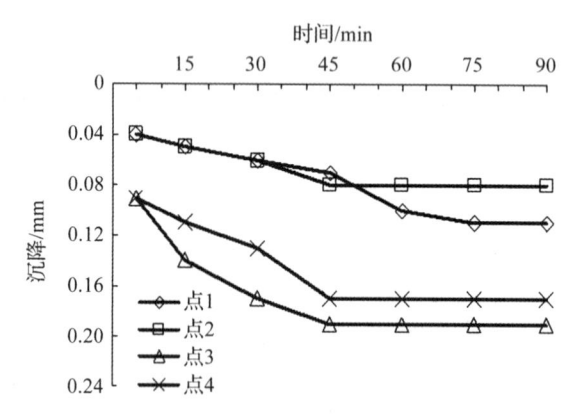

图 6.2-17 1.5kPa 荷载各点沉降随时间的变化情况(工况 6)

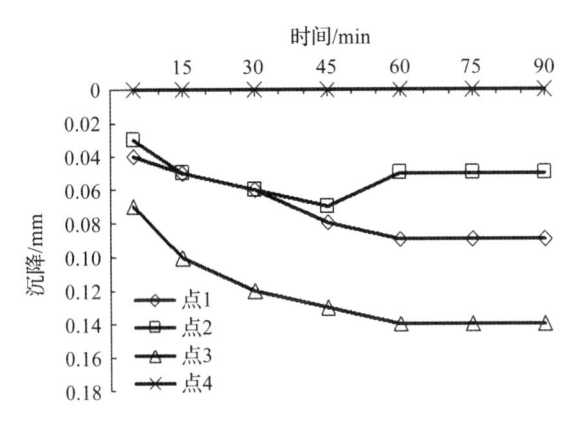

图 6.2-18 2kPa 荷载各点沉降随时间的变化情况（工况 6）

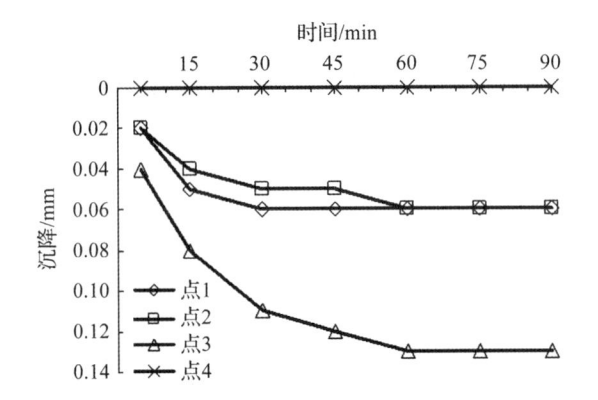

图 6.2-19 2.5kPa 荷载各点沉降随时间的变化情况（工况 6）

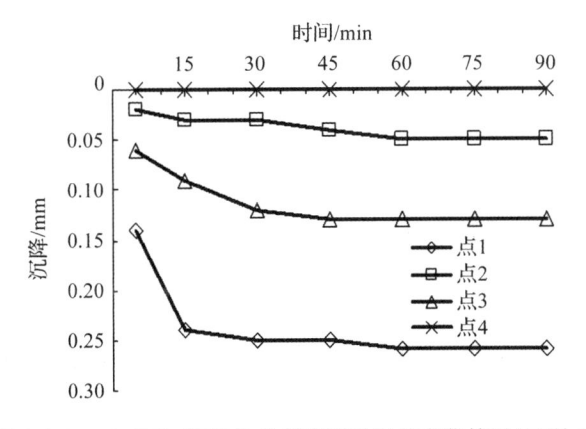

图 6.2-20 3.5kPa 荷载各点沉降随时间的变化情况（工况 6）

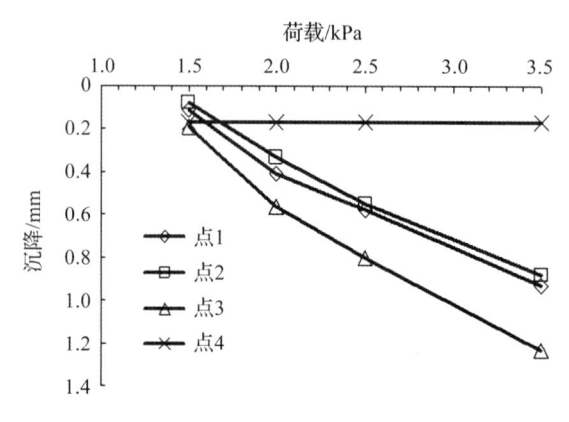

图 6.2-21　工况 6 各点最大沉降量随荷载的变化情况

6.3　不同工况比较分析

1. 工况 2 与工况 1 比较

工况 2 较工况 1 有三点不同：①各级荷载作用下，沉降端压缩的稳定时间明显延长；②沉降端的总沉降量明显增大，工况 1 平均总沉降量为 0.615mm，工况 2 沉降端沉降量则高达 2.1mm；③压缩模量方面，工况 1 中 B 端 E_s=3.49MPa，而工况 2 中 B 端 E_s=0.97MPa，仅为工况 1 的 27.8%。

这是由于工况 2 中 A 端固定，在受到上部荷载作用后，压力会向 B 端集中，导致 B 端受到较大压力作用，产生较大的沉降（3 倍多），沉降稳定也较慢。试验结果表明，在一端固定的条件下，另一端沉降量会明显被放大，且沉降时间比较长。

对实际工程而言，一端刚性固支、一端自由情况下直接对管节进行回填，会在管节自由端造成很大的沉降量，这对工程很不利。

2. 工况 3 与工况 1 比较

通过比较发现：①根据第 6.2 节分析，工况 3 回淤条件下，各测点沉降随荷载变化曲线明显要比工况 1 无回淤条件分散，表明回淤的存在干扰了区域压缩的均匀性；②从沉降量的角度来看，回淤条件下 2 点、3 点的沉降量均超过 0.9mm，而无回淤条件下各点最大沉降量仅为 0.7mm，表明回淤会导致基础层沉降变大；③回淤条件下的总体 E_s(2.09MPa)小于无回淤条件下的 E_s(3.26MPa)，工况 3 的压缩模量为工况 1 的 64.1%。

试验结果表明,回淤主要从两个方面影响基础层压缩:①增加了整体的可压缩性,减小了压缩模量,增加了沉降量;②增加了整体的不均匀性,使基础层沉降局部间的差异被放大。

6.4 基础层压缩组成与机理分析

上述不同工况中各点压缩量与荷载的关系基本呈线弹性关系。提取各工况的相关平均压缩参数,见表6.4-1,表中的平均压缩量按试验相似比例放大10倍,其他数据为实测值。

表6.4-1 各工况平均压缩参数统计表

工况	总层厚/cm	平均压缩量/mm	荷载区间/kPa	平均压缩模量/MPa
工况1第1组	5.936	1.790	1.0～3.0	0.663
工况1第2组	6.395	1.893	1.5～3.5	0.675
工况2	4.795	1.200	1.0～3.0	0.799
工况3	10.027	0.615	1.5～3.5	3.261
工况6	10.009	1.080	1.5～3.5	1.854

对上述数据进行分析可知。

(1)工况2的E_s要略大于工况1。原因主要是因为碎石层是采用刮铺法施工,没有压力,密实度低;而砂层是采用注砂法施工,有压力,密实度高。

(2)工况3双层组合情况下的E_s要明显大于工况1或工况2任一单层压缩情况。压缩时双层组合与单层的区别在于,在荷载较小的情况下,单层压缩量的产生主要通过砂或碎石颗粒间的位置调整,通过减小颗粒间孔隙来实现。而双层组合(工况3)则多了砂石相互作用的过程,即在注砂施工过程中,砂盘会在碎石层上扩散,一方面,在注砂压力作用下砂粒会渗入、填充到碎石孔隙中,同时会挤压碎石层,大大增加碎石层的密实度;另一方面,粗糙的碎石表面增加了砂盘扩散的阻力,阻力反作用于砂层,增加了砂层自身的密实度。砂石相互作用的机理如图6.4-1所示。砂盘在碎石层上扩散填充的过程大大减小了基础层整体的孔隙率,增加了整体的密实度。

若不考虑砂与碎石的相互作用,可以计算得到砂碎石双层基础层的理论沉降量。工况3的碎石层厚为5.74cm,砂层厚为4.29cm。根据工况1、工况2的碎石层和砂层的E_s分别计算得到砂层和碎石层的压缩量$S_砂$和$S_石$。令$S_砂+S_石=S_总$,代入砂石层的总层厚,计算得到$E_{s总}=0.74$MPa,仅为实测值的22.7%,表明砂石的相互作用对整体的压缩模量有非常大的增幅(约4.4倍)。

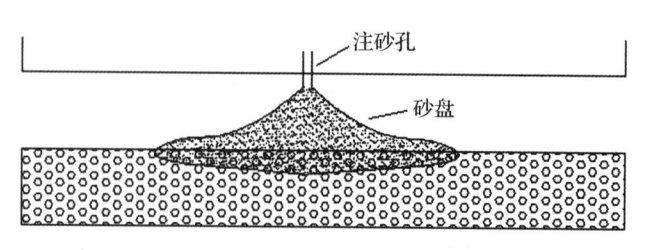

图 6.4-1　砂石相互作用的机理

(3) 工况 6 的 E_s 明显小于工况 3。工况 3、工况 6 的区别在于工况 6 砂石层之间有大量的回淤。层间回淤的存在,一方面使砂盘在碎石层上扩散过程中的扩散阻力和砂粒渗透进碎石层孔隙的阻力减小,稀释砂浆浓度;另一方面,在荷载作用下,回淤起到类似润滑剂的作用,使砂在上部荷载作用下更容易嵌入、填充碎石的孔隙,导致砂填充的范围更深,增加了砂石的交错重叠量,沉降稳定时间和沉降量均增加。因此,工况 6 与工况 3 对比,在整体密实程度上要略小,压缩量要略大,导致工况 6 的 E_s 仅为无回淤条件工况 3 E_s 的 56.7%。

综上分析,施工期间基础层的压缩模量大小主要由基础层的整体密实度决定,跟材料颗粒强度关系不大。砂碎石双层组合基础要明显优于单独砂或碎石基础,而回淤会明显增加基础层的压缩量。

6.5　回淤影响评估

1. 回淤影响的定性分析

对工况 3、工况 4、工况 5、工况 6 各个测试点沉降情况受回淤影响情况进行分析。

工况 3 中四个测试点在各级压力下的沉降随时间变化情况如图 6.2-12～图 6.2-15 所示。

工况 4 中 1 号测试点在试验过程中不慎碰触,数据失准。2 号、3 号、4 号测试点在各级压力下沉降随时间的变化情况如图 6.5-1～图 6.5-4 所示。

工况 5 中四个测试点在各级压力下沉降随时间的变化情况如图 6.5-5～6.5-8 所示。

工况 6 中四个测试点在各级压力下沉降随时间的变化情况如图 6.2-17～图 6.2-20 所示。其中 4 号点位在第一级荷载后不再压缩,原因可能是沉管模型一角搁置在残留坚硬碎石层上。

从以上数据图中可以得出,随着加载时间增长,基础层的沉降逐渐增大,且一开始沉降较快,然后逐渐减缓,直至完全稳定。

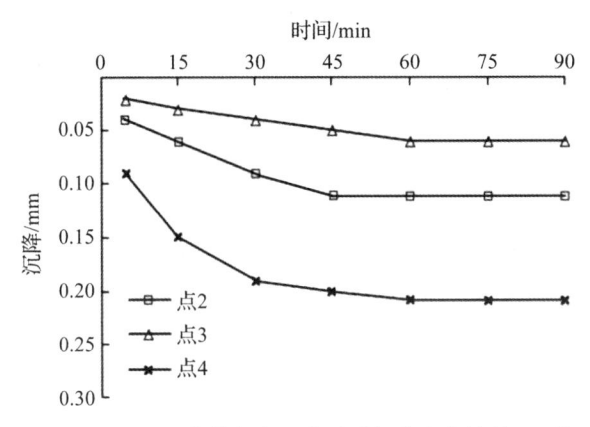

第 6 章 基础层压缩的缩尺模型试验数据分析 113

图 6.5-1 1.5kPa 荷载各点沉降随时间的变化情况（工况 4）

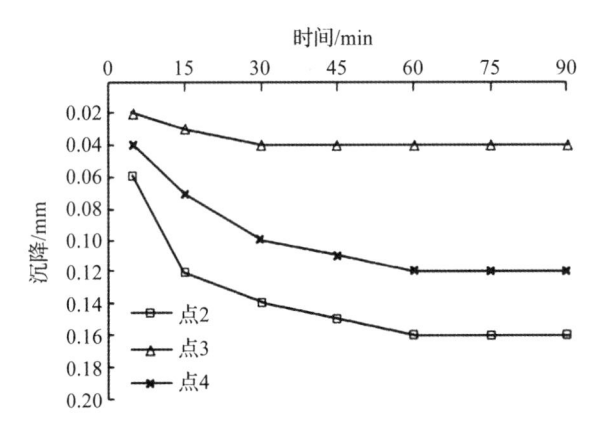

图 6.5-2 2kPa 荷载各点沉降随时间的变化情况（工况 4）

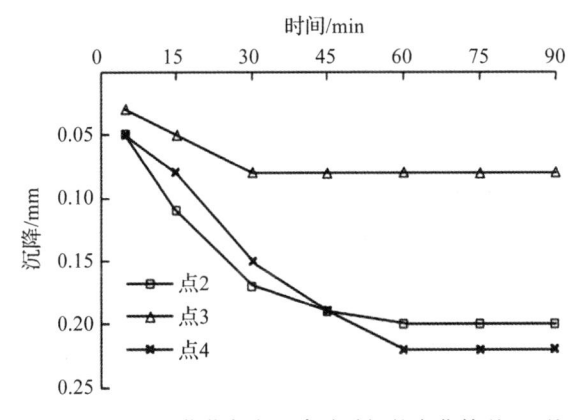

图 6.5-3 2.5kPa 荷载各点沉降随时间的变化情况（工况 4）

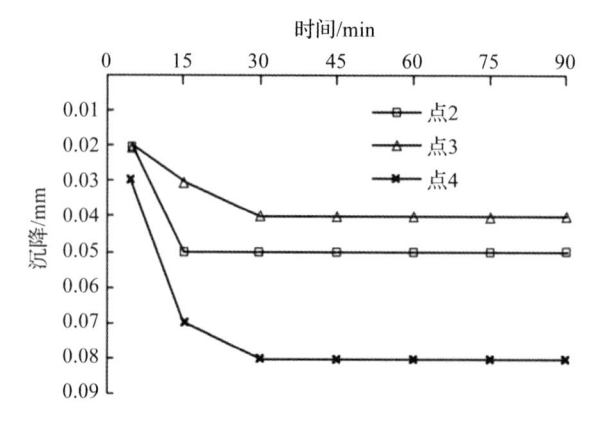

图 6.5-4　3.5kPa 荷载各点沉降随时间的变化情况(工况 4)

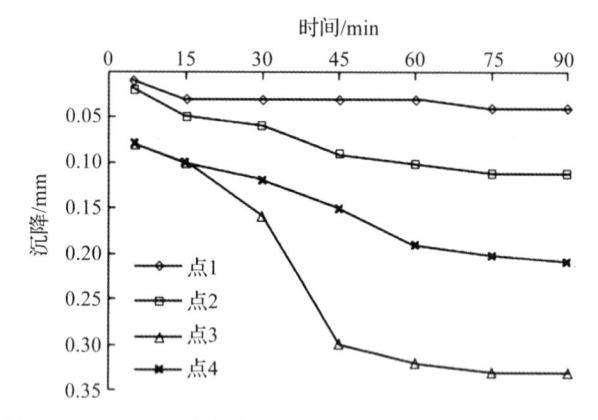

图 6.5-5　1.5kPa 荷载各点沉降随时间的变化情况(工况 5)

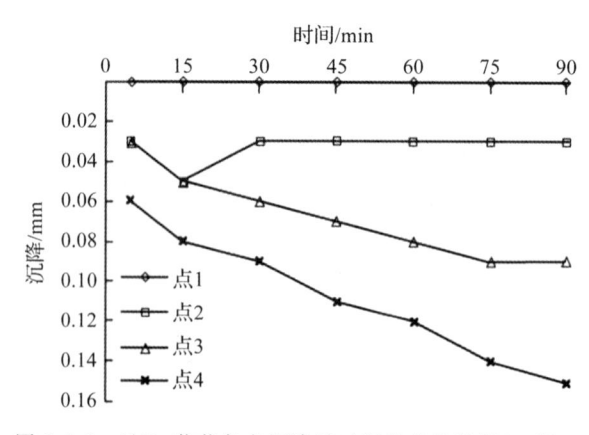

图 6.5-6　2kPa 荷载各点沉降随时间的变化情况(工况 5)

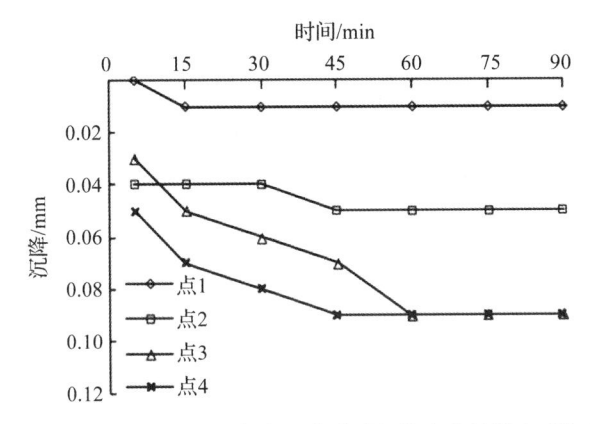

图 6.5-7　2.5kPa 荷载各点沉降随时间的变化情况（工况 5）

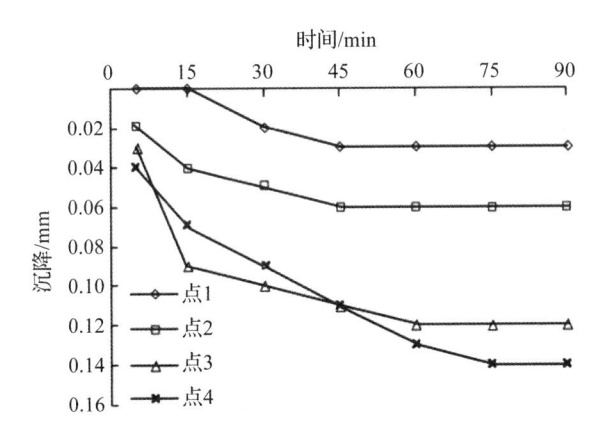

图 6.5-8　3.5kPa 荷载各点沉降随时间的变化情况（工况 5）

考虑到试验过程注砂没有理论上那么均匀，试验初期的回淤初始分布情况也会有所区别。虽然注砂过程相同，但注砂对回淤分布的影响是不可预测的。因此取各级荷载下压缩量最大的点位列表分析，数据见表 6.5-1。表中累计压缩量数据是取前面单级荷载下的最大压缩量的总和，不代表实际情况，仅反映回淤影响情况；①、②、③、④表示沉降测试点点号。

由表 6.5-1 中数据可得到如下结论。

(1)在无回淤条件下，各测点的压缩稳定时间基本为 45min。在不同浓度的回淤条件下，各测点的压缩稳定时间有明显延长，基本在 60min，且压缩稳定时间与回淤浓度没有线性关系。表明回淤能够对砂石压缩的过程产生某种影响，且与回淤的量没有明显关系。

(2)在无回淤条件下,统计单级荷载下最大压缩的点位,四点均有涉及,表明各点压缩比较均匀。在薄回淤条件下(工况 4 和 5),最大压缩点位集中于两个点。而在厚回淤条件下(工况 6),最大压缩点位基本集中于一点。这表明回淤能对均布荷载下各区域的压缩分布产生影响,能产生或者放大原本压缩的不均匀性,且回淤量越大、影响越大。

表 6.5-1　各单级荷载下最大压缩统计表

工况	压缩稳定时间/min	单级荷载下的最大压缩量/mm				累计压缩量/mm
		1.5kPa	2.0 kPa	2.5 kPa	3.5 kPa	
工况 3(无回淤)	45	0.15①	0.08③④	0.09②	0.07②③④	0.39
工况 4(10 kg 淤泥)	45~60	0.21④	0.16②	0.22②	0.08④	0.67
工况 5(15 kg 淤泥)	60~75	0.33③	0.15④	0.09③④	0.14④	0.71
工况 6(50 kg 淤泥)	60	0.19③	0.19③	0.13③	0.26①	0.77

(3)对比四组工况下各级荷载最大压缩量的累计值可以发现:回淤量越大,累计压缩量越大;且无回淤条件(工况 3)与薄回淤条件(工况 4)的累计压缩量有明显区别;无回淤条件(工况 5)的累计压缩量与极限回淤条件(工况 6)的累计压缩量约为 2 倍关系。

在无回淤条件下,基础层(砂石垫层)的压缩量主要由砂层和碎石层的自身压缩以及双层的交错重叠(即砂在荷载作用下要嵌入、填充碎石的孔隙)两部分组成。而不同回淤条件下的荷载是相同的,砂层和碎石层自身的压缩量差异非常小,因此不同回淤条件下得到的压缩量不同,主要原因是回淤对砂层和碎石层这两层的重叠交错产生了一些影响。

笔者分析认为,这主要是由于回淤层会受到注砂的影响,淤泥会出现未明的渗透、排挤、转移,使得水下情况更加复杂。可以认为回淤起到了类似润滑剂的作用,使砂在上部荷载作用下,更容易嵌入、填充碎石的孔隙,导致砂填充的范围更深。因此回淤的存在增加了垫层整体的塑性,延长了砂石重叠交错的时间,增加了砂石的交错重叠量,导致沉降稳定时间和沉降量均增加。同时,由于回淤的这种作用,区域压缩的不均匀性也被增加放大。回淤影响的机理见图 6.5-9。

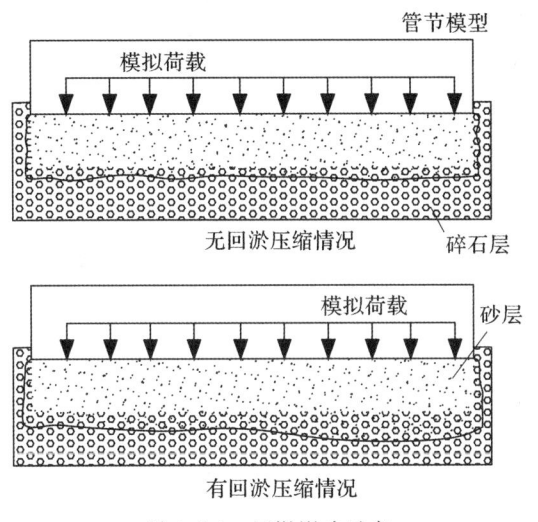

图 6.5-9　回淤影响示意

潘永仁等[6]指出位于砂基础和基槽原状土之间的淤泥，是引起管段绝对沉降量大的主要原因。本章的研究结果表明，碎石层和砂层之间的淤泥也会引起基础层较大的沉降。

图 6.2-16、图 6.5-10、图 6.5-11 和图 6.2-21 为四组工况下各测试点的最大沉降量随荷载增长的变化曲线。可以发现，变化规律基本与前文所述吻合，即回淤条件下压缩量增加，且各点位的压缩量差异明显扩大。

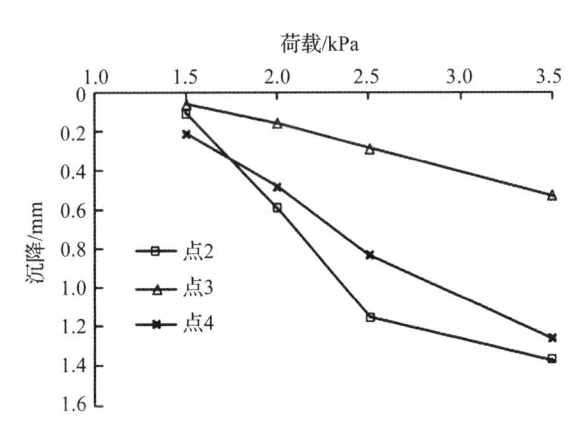

图 6.5-10　工况 4 各点最大沉降量随荷载变化的情况

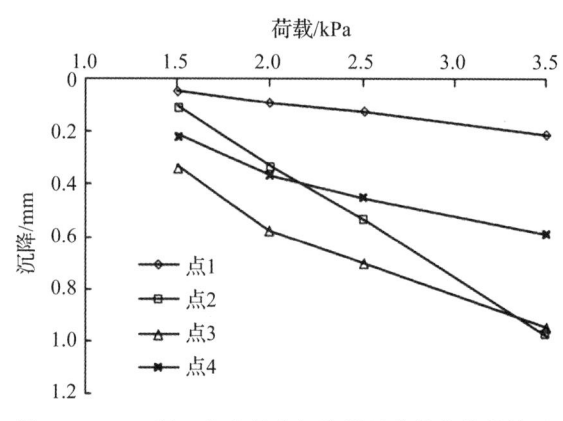

图 6.5-11　工况 5 各点最大沉降量随荷载变化的情况

2. 回淤影响的定量评估

基础层沉降的计算,最关键是确定基础层压缩模量的取值。本书根据实测数值和缩尺比例,取测量点位附近的夹层厚度作为压缩厚度、测量点位的测量压缩量作为计算模量的压缩量,计算基础层的实际压缩模量。图 6.5-12 为四组工况过程中各个点位的压缩模量数据,说明:①工况 4 有一测点试验过程中由于碰触导致数据遗失;②工况 5 的 1 号测点和工况 6 的 4 号测点的数值特别大,明显与图中其他数据有较大差异,原因可能是由于局部较坚硬的碎石搁置,无法判断是否是由于回淤的影响,因此这两个数据未放入图中。

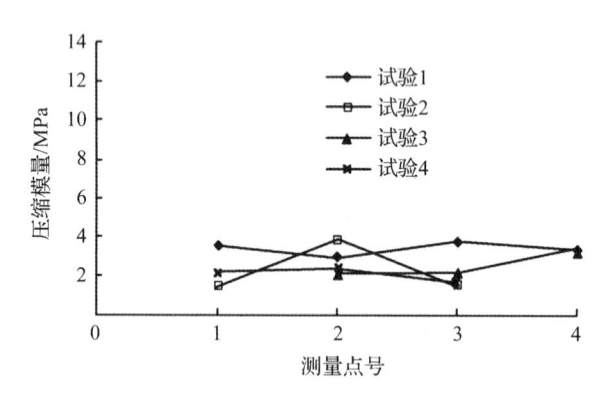

图 6.5-12　4 组工况下各测量点压缩模量的分布

由图 6.5-12 可得:①对比四组试验的压缩模量分布曲线,工况 3(无回淤)的曲线要明显比其他曲线平稳,且总体模量要大于其他曲线,试验 1 曲线的平均值为 3.405MPa;②工况 4,5,6 中四个测点的压缩模量计算值相对于工况 3 有不同程度的增减。相对于工况 3 的平均值,有一个数据增大,增幅为 1.14 倍,达到

3.887MPa；其余数据均减小，最大减幅为 46.0%，为 1.540MPa；最小减幅为 98.0%，为 3.339MPa；平均减幅为 62.8%，平均值为 2.140MPa。

但从整体来看，回淤起到的主要作用还是减小了基础层压缩模量。取平均值来评价回淤的定量影响，得到回淤条件下基础层压缩模量为同等没有回淤的 69%，实际参考取值为 2.335MPa。即回淤条件下基础层沉降是没有回淤的 1.46 倍。

从试验数据可以看出，海底沉管隧道基础层的压缩模量几乎与淤泥质土的压缩模量相当，表明沉管隧道基础层的压缩性能甚至比基础底部的原状地基土还要差，在隧道荷载作用下，基础层将产生较大的压缩变形。这与邵俊江[7]的观点是一致的。

对舟山沈家门港沉管隧道实测沉降数据分析，其中 E2 和 E3 管节由于受接头影响，沉降数据差异性较大，不具备代表性。因此选用不受接头影响的 E1 管节来进行计算分析，该管段两端均为半柔半刚性接头。得到 E1 管节的基础层厚度 H 为 1m、平均沉降 S 为 24.33mm、平均施工荷载 P 为 45.95kPa[8]。采用公式 $E_s = PH/S$ 计算得到土体的实际压缩模量 E_s 为 1.89MPa，与本章试验结果 (2.335MPa) 比较接近，因此本章的试验结果具有一定的可靠性。

6.6 工程建议

基于本章的研究，施工期间基础层沉降随时间基本呈线性变化，沉降的产生主要由于颗粒的调整和整体孔隙的减小，沉降量的大小很大程度上与基础层的密实度相关。因此，针对实际工程施工提出以下建议。

(1) 相对于传统的刮铺法或者单纯的砂流法处理基础层，采用砂石混合的注砂工艺或者优化砂石颗粒级配能够有效地增加整体压缩模量，减小沉降。

(2) 采用注砂工艺处理基础层时，可增加管节底面的粗糙程度，适当地增大注砂压力，增加砂浆浓度可以适量地减小管节施工期间的沉降。

(3) 施工过程中对回淤的控制非常重要，特别是表层的回淤应及时清理，有条件情况下，对碎石层进行夯实，也能有效减小沉降量。

6.7 本章小结

本章主要对四组不同工况的试验数据进行处理，得到各工况下不同荷载下各点沉降随时间的变化规律以及各点沉降随荷载的变化规律。

(1) 沉管隧道基础层施工期间的沉降随时间基本呈线性变化，压缩量主要由砂石调整位置引起，基础层整体密实度对最终压缩量有较大影响。整体来看，沉管隧道基础层的压缩性能较差，在荷载作用下会产生较大的压缩变形。比较三个因素对基础层沉降量或压缩模量的影响，其中一端固定、一端自由的工况影响最大，回淤工况其次，砂水比减小工况最小。建议在沉管隧道设计和施工中应考虑这些影响因素。

(2) 砂浆配比较稀时形成的基础层可压缩性略强，基础层的压缩模量略有下降。但当荷载超过临界值时，会引发基础层的进一步沉降，这对基础层的整体稳定性很不利。沉管隧道施工期间可以通过两种途径来控制沉降：一种是增加基础层的密实度，如预压、夯实、优化骨料颗粒级配等；另一种是增加砂石的相互作用力，如增加注砂压力、砂浆浓度、接触面粗糙程度和清淤等。

(3) 根据试验结果可得各工况的 E_s 值，在盐水环境下，刮铺法处理的碎石层 $E_s=0.67\text{MPa}$，注砂法形成的密实砂盘 $E_s=0.80\text{MPa}$，碎石层上注砂得到的砂石复合基础层 $E_s=3.26\text{MPa}$。基础层施工过程中，砂浆灌注压力、砂盘扩散阻力等相互作用的内力增加了基础层的整体密实度，这些作用对整体压缩模量能产生约 4.4 倍的理论增幅；而回淤则会削弱这些影响，大量回淤条件下 $E_s=1.85\text{MPa}$，仅为无回淤条件下的 56.7%。

(4) 与同等条件下两端自由的工况相比，在一端固定、一端自由的端部约束条件下，管节沉降端更容易发生沉降（沉降量在 3 倍以上），压缩模量仅为 27.8%，同时沉降稳定时间也会明显延长。

(5) 与同等条件下无回淤工况相比，回淤一方面增加了基础层的整体可压缩性，减小了压缩模量（64.1%），增加了沉降量；另一方面，增加了整体的不均匀性，放大了基础层局部沉降之间的差异。

参考文献

[1] 谢雄耀,张乃元,周彪.沉管隧道基础处理技术发展与展望[J].施工技术,2022,51(7):1-9.

[2] 姚怡文,吴刚,李志军,等.大型内河沉管隧道基础灌砂模型试验及效果检测技术研究[J].隧道建设,2016,36(9):1060-1070.

[3] 杨艳玲,陈旺,万安锣.南昌红谷隧道沉管灌砂基础施工技术[J].隧道建设,2016,36(5):562-568.

[4] 黎志均.珠江隧道工程基础灌砂模型试验[J].华南港工,1996,(1):49-52.

[5] 王光辉,李治国,程晓明,等.生物岛-大学城沉管隧道灌砂试验及结果分析[J].隧道建设,2009,29(2):176-180.

[6] 潘永仁,彭俊,Saito N.上海外环沉管隧道管段基础压砂法施工技术[J].现代隧道技术,2004,41(1):41-45.

[7] 邵俊江,李永盛.沉管隧道沉降问题分析[J].浙江交通科技,2005(2):41-43.

[8] 魏纲,朱昕光,苏勤卫.沉管隧道竖向不均匀沉降的计算方法及分布研究[J].现代隧道技术,2013,50(6):58-65.

第 7 章
沉管隧道沉降机理及控制措施研究

7.1 引 言

沉管隧道是一种跨越江、河、海峡等水域的大型水底隧道,目前正在世界各大都市、沿海城市广泛使用。早年对沉管隧道的沉降分析主要集中在施工期间,并认为沉管隧道由于受到水的浮力作用,竖向荷载产生的附加应力所引起的地基沉降可以忽略不计。但在实际工程中,由于地质、水文、施工等情况比较复杂,多种因素的综合作用往往导致沉管隧道产生整体或不均匀沉降。从本质上看,沉降主要由隧道地基土的再压缩变形与基础层的压缩变形造成,同时还受到隧道施工、潮汐作用、河床的淤积和冲刷、区域地下水水位下降、车辆周期性动荷载、地震荷载等其他因素的影响[1-6]。邵俊江等[4-5]统计了沉管隧道施工期间和工后的沉降,以及施工期间沉降占总沉降的比例,但没有研究管段首尾沉降差和管段之间接头处的沉降差。王延宁等[7]为消除管节间差异沉降,在港珠澳大桥岛-隧过渡段沉管基础采用了挤密砂桩加上堆载预压的基础处理方式,通过采用液体压差式沉降仪监测沉管隧道基础沉降的应用技术,获得了较好的复合地基沉降数据。陈海军等[8]以广州市南沙区拟采用沉管隧道的过江方案为例,针对该地区不同厚度淤泥层,分别提出换填、抛石挤淤、挤密砂桩、水泥搅拌桩和 PHC 桩等五种沉管铺设基础设计方案,并采用 Plaxis 2D 软件对不同方案下的沉管隧道纵横断面进行数值模拟,对不同基础施工方案效果进行研究。李斌等[9]针对港珠澳大桥沉管隧道的深水载荷试验、现场模型试验及现场实测数据,对沉管隧道沉降现象及规律进行了总结归纳,探讨了沉降的组成及机理,并结合不同管节理论计算成果,论证了沉管隧道瞬时沉降的关键影响因素。谢雄耀等[10]为研究沉管隧道结构长期性能演化的规律及其成因,对上海外环隧道长期沉降、接头水压及裂缝、渗水、露筋、覆土厚度等多项数据进行对比分析,揭示了沉管隧道病害的主要分布特征、结构性能的发展规律及各类常见病害的成因。

本章收集了国内外19座沉管隧道的沉降实测数据,分析了施工期间沉降和总沉降引起的管段首尾沉降差和管段之间接头处差的分布规律与沉降原因,并提出了防止沉降的措施。

7.2 实测数据收集

目前国内外关于沉管隧道沉降方面的研究还十分有限,对沉管隧道沉降数据的记录更少,表7.2-1为本章收集的沉管隧道沉降资料。

本章共收集到164个沉管隧道施工期间沉降数据,52个施工期间沉降引起的管段首尾沉降差数据,43个施工期间沉降引起的管段之间接头处沉降差数据,66个工后沉降数据,72个总沉降数据,20个总沉降引起的管段首尾沉降差数据,15个总沉降引起的管段之间接头处沉降差数据,57个施工期间沉降占总沉降比例数据。收集沉降数据的同时,整理了记录的管节基础层处理方法、地质条件和已分析的沉降可能原因。其中,沉降最大的案例是美国得克萨斯州的Baytown隧道[11],该隧道在建成后的7年中,沉降量达到450mm,出现了1处渗漏,原因是超量开采地下水、气和石油造成该地区的地面下沉了1.5~2.5m。同样的基础层处理方法,类似的荷载条件下,砂土地质的总沉降量要小于黏土地质的总沉降量。比较各种基础层处理方法,采用桩基础的隧道的总体沉降要小于其他基础层处理方法下的隧道总体沉降。

所收集的数据有如下特点:①沉降数据分布不均衡,有些工程数据较多,有些工程则数据很少;②有完整沉降数据的工程较少,大多仅作了施工期间的沉降观测;③大多为国外工程案例,国内工程案例很少;④各案例间的共同性比较少,地质条件施工处理都有差异。基于这些情况,统计分析的结果只能从大体上说明一些规律,并非适用于某类特定工况。

表 7.2-1　国内外已建造沉管隧道一览表

序号	沉管隧道名称	建成年份	沉管段总长度/m	管段数量/段	基础建造方法	地基土质条件	最大沉降量/mm	首尾最大沉降差/mm	接头最大沉降差/mm	沉降产生原因
1	荷兰鹿特丹的 Mass 隧道	1941	584	9	喷砂法	上部5m为软黏土和泥灰，下部25m为粗砂层	45	—	—	—
2	美国得克萨斯的 Baytown 隧道	1953	779	9	大钢板滚压刮平施工	硬黏土和砂层	450	—	—	该地区超量开采地下水、气和石油
3	加拿大温哥华的 Deas Island 隧道	1959	629	6	喷砂法	可压缩性淤泥层	100	55	55	基槽回弹再压缩
4	荷兰阿姆斯特丹的 Coen 隧道	1965	540	6	喷砂法	上部为黏土和泥炭土，下部为黏质砂层	71	3	37	—
5	荷兰鹿特丹的 Benelux 隧道	1967	774	8	喷砂法	上部为软弱土和泥炭土，下部为砂土层	121	61	66	基槽回淤
6	比利时安特卫普的 Kennedy 隧道	1969	510	5		黏土层，回淤严重	186	84	54	回淤、基槽回弹压缩、潮汐影响
7	荷兰巴伦德雷赫特的 Heinenoord 隧道	1969	574	5	喷砂法	+2.5 至 −15m 为夹砂土和泥炭的黏土层；−15 至 −22m 为砂土层；−22m 以下为隔水层	95	56	28	—
8	丹麦奥尔堡的 Limfjord 隧道	1969	510	5	干净砂回填	上部为软弱的淤泥，其下面大约−31m 处为密实的砂土和黏土	119	43	25	地基土侧向屈服、超量开采地下水、砂土层上部压缩、潮汐影响
9	美国纽约的 Sixty-Third Street 隧道	1973	229	2	砂砾石	基岩	50	—	—	基础层砂砾石的调整
10	日本川崎的 Ohgishima 隧道	1974	660	6	喷砂法	软弱的海洋沉积物	70	25	30	—

第 7 章 沉管隧道沉降机理及控制措施研究

续表

序号	沉管隧道名称	建成年份	沉管段总长度/m	管段数量/段	基础建造方法	地基土质条件	最大沉降量/mm	首尾最大沉降差/mm	接头最大沉降差/mm	沉降产生原因
11	德国汉堡的 Elbe 隧道	1974	1056	8	—	冰碛土	119	65	23	—
12	比利时波姆的 Rupel 隧道	1982	336	3	喷砂法	—	124	66	20	—
13	美国马里兰的 Fort McHenry 隧道	1985	1646	16	—	坚硬的黏土和密实的砂土	70	—	—	基础层调整,地基土弹性变形,超载
14	美国波士顿一马萨诸塞的 Ted Williams 隧道	1994	1173	12	样板刮平基础	一小段穿越了一层软弱的黏土,其余大部分为坚硬的泥质板岩	162	—	—	回填厚度较大
15	瑞典哥德堡的 Tingstad 隧道	1968	455	5	桩基础	黏土层	50	—	—	超载
16	荷兰泽兰的 Valake 隧道	1975	250	2	压砂法	—	70	—	—	淤泥回积
17	美国弗吉尼亚的 Hampton 第二条公路隧道	1976	2229	21	样板刮平基础	上部为软弱的淤泥质黏土和砂土,地下40m以下为细砂	250	—	—	基础层调整和压缩,地基土较差
18	中国浙江的宁波甬江沉管隧道	1995	420	5	压浆法	上层 20m 为淤泥质土,中间 6～10m 为淤泥和黏土混合层,下部为中细砂土层	83	—	—	基槽回淤严重,运营期间的回淤荷载
19	中国上海的外环沉管隧道	2003	736	7	压砂法	软土,承载力较差且不均匀,回淤量大	310	245	—	基槽回淤严重

注:序号 1～14 的数据来源于文献[11],序号 15～18 数据源于文献[12],序号 19 的数据来源于文献[13]。

7.3 实测数据统计分析

1. 施工期间沉降分析

(1) 施工期间沉降量

经过统计，在164个数据中，施工期间沉降量最小为3mm，最大为162mm，平均值为53mm，具体数据分布见图7.3-1和表7.3-1，表中20~40mm区间包括20mm、不包括40mm，以下含义同。随着沉降量的增大，沉管隧道施工期间沉降量的分布呈先增大、后减小的趋势，如图7.3-1所示。100mm以下的数据，占总数的90.9%，表明沉管隧道的施工期间沉降量一般不超过100mm。

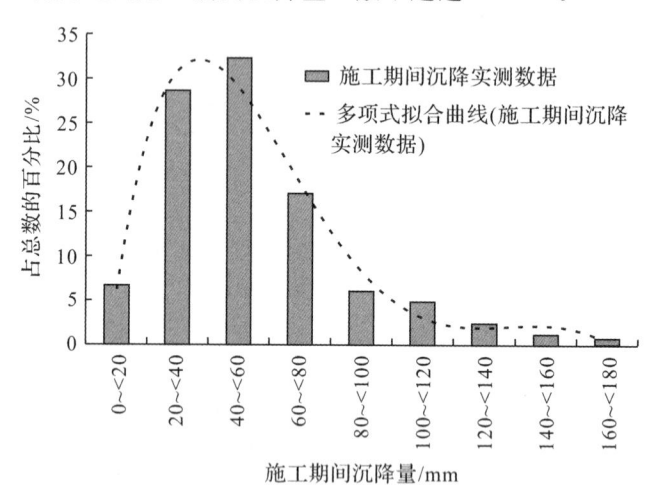

图7.3-1 施工期间沉降量区间分布情况

表7.3-1 施工期间沉降(S)区间分布

沉降量区段/mm	个数	占比/%
$S<20$	11	6.7
$20 \leqslant S<40$	47	28.7
$40 \leqslant S<60$	53	32.3
$60 \leqslant S<80$	28	17.1
$80 \leqslant S<100$	10	6.1
$100 \leqslant S<120$	8	4.9
$120 \leqslant S<140$	4	2.4
$140 \leqslant S<160$	2	1.2
$160 \leqslant S<180$	1	0.6

(2) 施工期间沉降引起的管段首尾沉降差

经统计，52个数据中，施工期间管段首尾沉降差最小为0mm，最大为84mm，平均值为21.1mm。具体分布：在0~10mm的有20个，10~20mm的有12个，20~30mm的有7个，30~40mm的有4个，40~50mm的有1个，50~60mm的有5个，60~70mm的有2个，70~80mm的有0个，80~90mm的有1个。其中，50mm以上的有8个数据。随着沉降量增大，沉管隧道施工期间管段首尾沉降差分布基本呈减小趋势，如图7.3-2所示。最集中的区间段为0~10mm，占总数的38.5%；其次是10~20mm，占总数的23.1%。0~20mm区间段数据占总数的61.6%，表明正常工况下施工期间管段首尾沉降差较小。60mm以下的数据，占总数的94.2%。

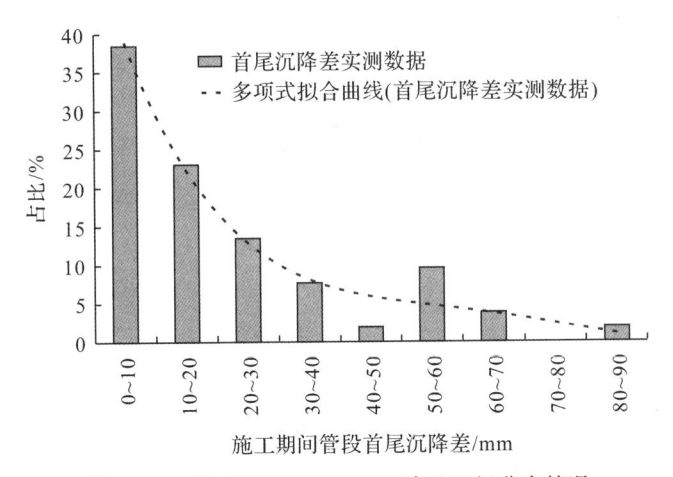

图7.3-2 施工期间管段首尾沉降差区间分布情况

(3) 施工期间沉降引起的管段之间接头处沉降差

经统计，43个数据中，施工期间沉降引起的管段之间沉降差最小为0mm，最大为82mm，平均值为18.1mm。具体分布：在0~10mm的有20个，10~20mm的有6个，20~30mm的有7个，30~40mm的有5个，40~50mm的有2个，50~60mm的有1个，60~70mm的有1个，70mm以上的有1个，70~80mm的有1个。随着沉降量增大，沉管隧道施工期间管段之间的沉降差分布也基本呈减小趋势，如图7.3-3所示。最集中的区间段为0~10mm，占总数的46.5%；其次是20~30mm，占总数的16.3%；50mm以下的数据占总数的93%。

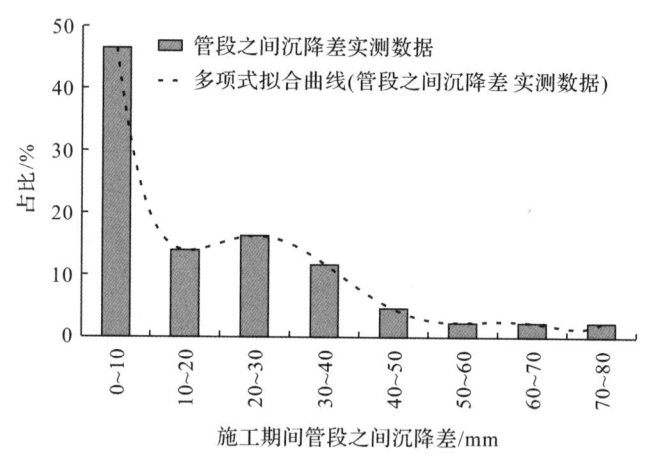

图 7.3-3 施工期间管段之间沉降差区间分布情况

(4) 舟山沈家门港海底隧道实测结果与统计结果比较

舟山沈家门港海底隧道施工期间累积沉降情况如下：①E1 管节整体下沉，北端下沉 33mm，中部下沉 35mm，南端下沉 33mm；②E2 管节整体下沉，北端下沉 44mm，中部下沉 34mm，南端下沉 32mm；③E3 管节，北端下沉 14mm，中部下沉 4mm，南端上浮 7mm。考虑到 E3 管节管尾混凝土承台的影响，E3 管节一端上浮，一端下沉暂且不讨论。E1、E2 管节 6 个沉降数据均在统计结果分布较大的 20~80mm；管节首尾沉降差分别为 0mm 和 12mm，也处于统计结果的高分布区；E1、E2 间接头最终沉降差为 11mm，也属于统计结果的正常范围。

2. 工后沉降数据分析

经统计，66 个数据中，工后沉降量最小为 15mm，最大为 216.6mm，平均值为 49.3mm。工后沉降量的分布见图 7.3-4 和表 7.3-2。沉管隧道工后仅有 2 个数据为上浮，其余 64 个数据均为沉降，表明沉管隧道工后主要以产生沉降为主。

随着沉降量增大，沉管隧道工后沉降量数据分布基本呈先增大、后减小趋势，分布走势上有一个明显的凹槽，100mm 以下的数据占总数的 84.8%，如图 7.3-4 所示。表明正常情况下工后沉降较小，但是当地基土质较差，没有做好相应的基础层处理工作时，有可能引起超过 100mm 的工后沉降，且历时较长。宁波甬江沉管隧道的沉降在隧道完工后 6 年才开始稳定[12]。荷兰鹿特丹的 Mass 隧道完工后监测了 27 年，丹麦奥尔堡 Limfjord 隧道完工后监测了 17 年，比利时安特卫普的 Kennedy 隧道完工后监测了 11 年，德国汉堡的 Elbe 隧道完工后监测了 4 年[11]。

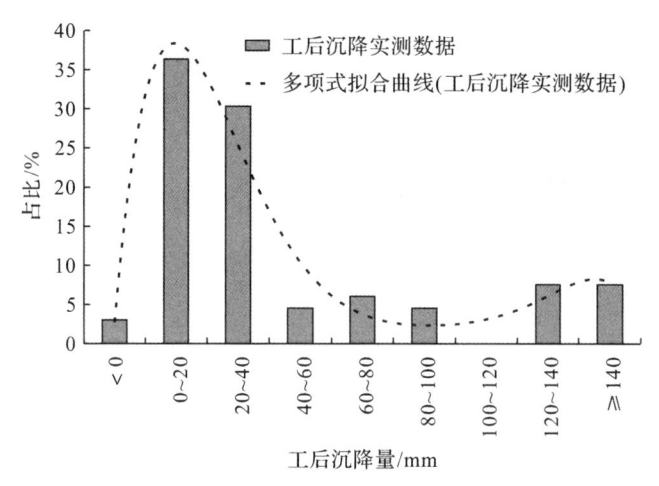

图 7.3-4　工后沉降量区间分布情况

表 7.3-2　工后沉降区间分布

沉降量区段/mm	个数	占比/%
$S<0$	2	3.0
$0 \leqslant S<20$	24	36.4
$20 \leqslant S<40$	20	30.3
$40 \leqslant S<60$	3	4.6
$60 \leqslant S<80$	4	6.1
$80 \leqslant S<100$	3	4.6
$100 \leqslant S<120$	0	0
$120 \leqslant S<140$	5	7.6
$S \geqslant 140$	5	7.6

3. 总沉降数据分析

(1) 总沉降量

经统计,72 个数据中,总沉降量最小为 23mm,最大为 450mm,平均值为 108mm。总沉降量分布见图 7.3-5 和表 7.3-3。随着沉降量增大,沉管隧道总沉降量数据分布规律性不强。200mm 以下的数据,占总数的 88.9%。表明总沉降的分布范围很广,也说明了与施工沉降相比,总沉降的影响因素更加复杂多变。

沉管隧道总沉降量的控制标准研究具有重要意义,但目前研究成果较少。邵俊江[12]基于沉管隧道的沉降记录和损坏实况的资料,提出沉管隧道的容许沉降量为 220mm,极限沉降量为 330mm,但是否合理还需验证。

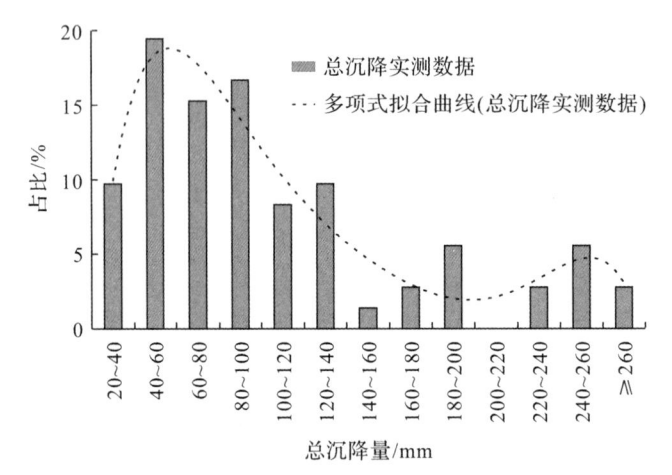

图 7.3-5　总沉降量区间分布情况

表 7.3-3　总沉降区间分布

沉降量区段/mm	个数	占比/%
20≤S＜40	7	9.7
40≤S＜60	14	19.4
60≤S＜80	11	15.3
80≤S＜100	12	16.7
100≤S＜120	6	8.3
120≤S＜140	7	9.7
140≤S＜160	1	1.4
160≤S＜180	2	2.8
180≤S＜200	4	5.6
200≤S＜220	0	0
220≤S＜240	2	2.8
240≤S＜260	4	5.6
S≥260	2	2.8

(2)总沉降引起的管段首尾沉降差

经统计,20 个数据中,总沉降引起的管段首尾沉降差最小为 0mm,最大为 245mm,平均值为 39.8mm。具体分布:0～15mm 的有 7 个,15～30mm 的有 5 个,30～45mm 的有 3 个,45～60mm 的有 1 个,60～75mm 的有 1 个,75～90mm 的有 1 个,90～105mm 的有 1 个,105mm 以上的有 1 个。其中 50mm 以上有 5 个数据。随着沉降量增大,沉管隧道总沉降引起的管段首尾沉降差分布基本呈减小趋势,如图 7.3-6 所示。最集中的区间段为 0～15mm,占总数的 35%;其次是 15～30mm 区间段,占总数的 25%;90mm 以下的数据,占总数的 90%。

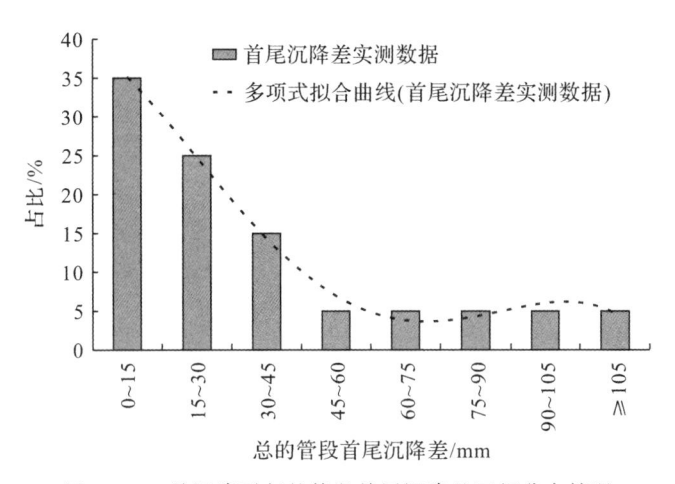

图 7.3-6　总沉降引起的管段首尾沉降差区间分布情况

(3) 总沉降引起的管段之间接头处沉降差

经统计,15 个数据中,总沉降引起的管段之间接头处沉降差最小为 0mm,最大为 54mm,平均值为 12.1mm。具体分布:0~10mm 的有 11 个,10~20mm 的有 0 个,20~30mm 的有 3 个,30~50mm 的有 0 个,50~60mm 的有 1 个。随着沉降量增大,沉管隧道总沉降引起的管段之间沉降差分布基本呈减小趋势,如图 7.3-7 所示。最集中的区间段为 0~10mm,占总数的 73.3%;其次是 20~30mm,占总数的 20%;30mm 以下的数据,占总数的 93.3%。通过比较发现,实测施工期间沉降和总沉降引起的管段首尾沉降差的平均值都大于管段之间接头处沉降差。

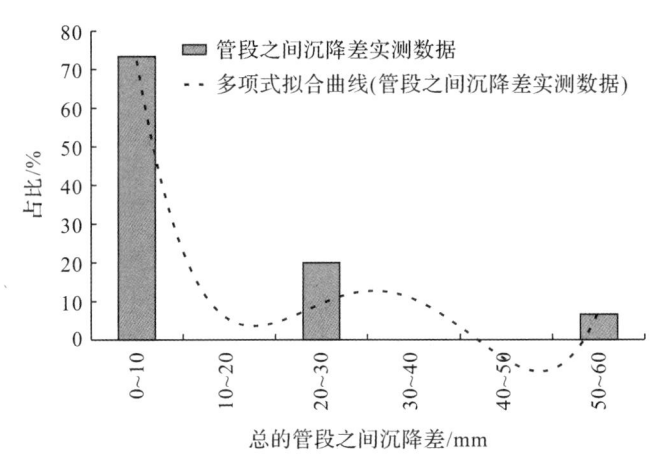

图 7.3-7　总沉降引起的管段之间沉降差区间分布情况

(4) 施工期间沉降、工后沉降占总沉降的比例

除去 2 个工后沉降为负值的测试数据,共收集到 57 个施工期间沉降占总沉降

的比例数据。经过统计，在 57 个数据中，施工期间沉降占总沉降的比例最小为 2.2%，最大为 100%，平均值为 55.9%。则工后沉降占总沉降的比例平均值为 44.1%，施工期间沉降平均值约为工后沉降平均值的 1.3 倍，这表明施工期间沉降是沉管隧道总沉降的主要原因。

施工期间沉降占总沉降的比例在 0%～10% 的有 3 个，在 10%～20% 的有 3 个，在 20%～30% 的有 4 个，在 30%～40% 的有 7 个，在 40%～50% 的有 6 个，在 50%～60% 的有 2 个，在 60%～70% 的有 5 个，在 70%～80% 的有 21 个，在 80%～90% 的有 5 个，在 90% 以上的有 1 个。随着比例增大，施工期间沉降占总沉降的比例分布基本呈先增大、后减小的趋势，如图 7.3-8 所示。最集中的区间段为 70%～80%，占总数的 36.8%；其次是 40%～50% 区间段，占总数的 10.5%。

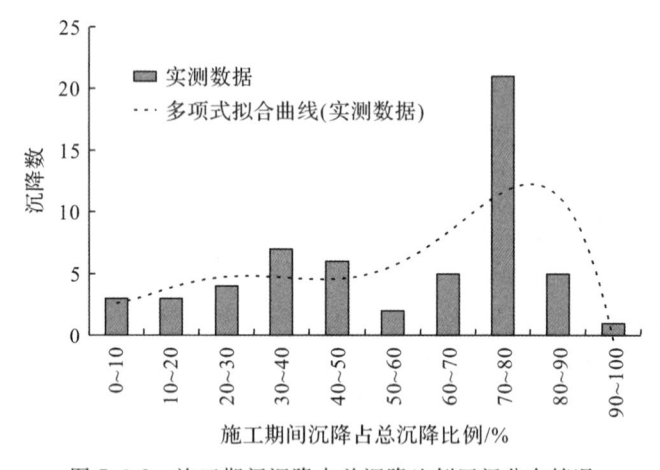

图 7.3-8 施工期间沉降占总沉降比例区间分布情况

（5）沿隧道轴线方向的沉降分布曲线

对于沉管隧道沿轴线方向的沉降分布，人们的常规思维认为是两端沉降小、中间沉降大。但实测资料表明，这种想法没有科学依据。

图 7.3-9～图 7.3-11 分别为三条沉管隧道沿轴线方向的实测施工期间、工后和总沉降分布曲线。邵俊江等[12]分析认为，施工期间的沉降主要与基础层有关。我们认为，施工沉降与施工工艺、施工水平、回淤程度及回填层厚度均匀程度等有关；而工后沉降主要与地基土有关，所以工后沉降的分布与地层（尤其软弱土层）分布相关。比较三个工程的施工期间和工后的纵向沉降曲线，可以明显发现施工期间的沉降曲线要比工后曲线更加不均匀，走势上的突然波动更大，工后沉降曲线除了个别点位，整体的走势也比较连续，这些情况与舟山沈家门港中对不均匀沉降的分析较为吻合，即施工期间的不均匀沉降会对工后的不均匀沉降留下隐患，是不均匀沉降的诱导因素。

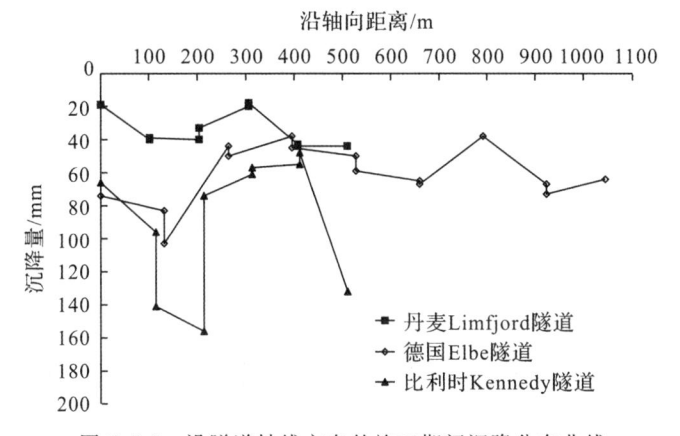

图 7.3-9　沿隧道轴线方向的施工期间沉降分布曲线

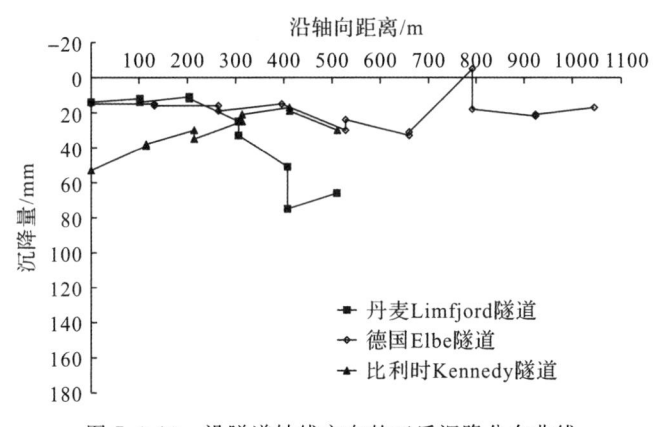

图 7.3-10　沿隧道轴线方向的工后沉降分布曲线

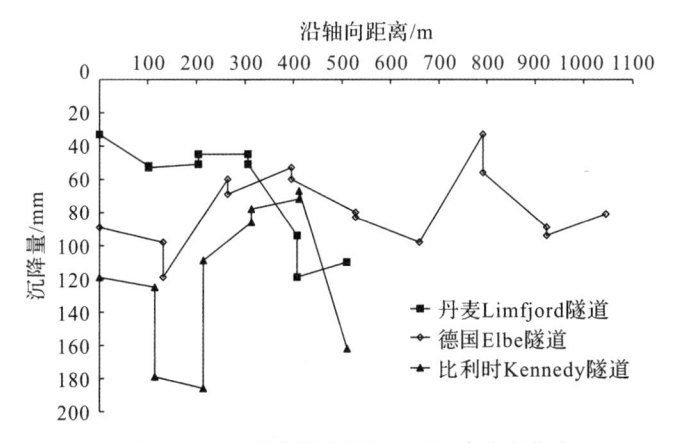

图 7.3-11　沿隧道轴线方向的总沉降分布曲线

从实测数据来看,沉管段两端沉降量较大,与中间沉降相当,原因可能是引道段产生沉降,如瑞典哥德堡的 Tingstad 隧道[12],在没有采用桩基支撑的引道部分沉降超过 0.5m。在现有沉管隧道结构力学计算中,假定沉管段两端为固定(如蒙庆辉等[14])或铰接(如陈韶章等[15]),这样计算的结果是两端沉降为 0,与实测不符。因此,对沉管段两端接头在力学计算中的假定需作进一步的研究。

7.4 隧道差异沉降产生原因、危害

1. 差异(不均匀)沉降产生原因分析

总结国内外案例,把引起沉管隧道沉降的外因分为地质因素、荷载因素、施工因素三类。地质因素包括地下水位变化、地震等,荷载因素包括运营超载、回淤超载、清淤扰动、潮汐作用等[1-5],施工因素包括注浆、回填等施工工序和其他工程的影响。

(1) 地质因素

地基土层条件不同显然会影响沉管隧道工后沉降的大小,从而导致差异沉降,如瑞典哥德堡的 Tingstad 隧道[12],差异沉降主要是由于地层条件不同和超载不同引起的。

(2) 荷载因素

沉管隧道覆土(包括施工回填和运营期间的淤积)不同,沉管结构受到的荷载大小也不同,这会导致差异沉降。德国汉堡的 Elbe 隧道[11]由于隧道覆土厚度沿隧道横向有较大的变化,使得隧道接头处产生较大的扭矩,导致管段接头的剪切栓开裂。

潮汐影响。比利时安特卫普的 Kennedy 隧道[11],在潮汐水位差的作用下,岸边墙附近的隧道管段每天在高、低平潮时刻的沉降差值达到了约 10mm,而河中央的隧道管段每天在高、低平潮时刻的沉降差达到约 20mm。宁波甬江沉管隧道[12]高、低平潮时刻沉降差一般可达到 3~5mm。

(3) 施工因素

沉降实测数据表明,沉放和对接对管节沉降影响不大,而施工工序中的注浆和回填是引起施工沉降的主要因素。注浆过程中,注浆压力不能及时消散,容易引起注浆孔附近管端上浮,实际注浆过程都伴随着管节先上浮后下沉的过程,注浆层不均匀,注浆过程中扰动过大,容易对后期沉降,特别是不均匀沉降产生不利影响。

回填是施工期间沉降的主要因素,加载的回填荷载,一方面使基础层的调整变形和下卧土层初步压缩引起管节瞬时沉降,另一方面作用在土层上,持续引起压缩量。因此,回填是否均匀对管节的不均匀沉降影响非常大,而前期注浆过程中的不均匀性会与回填荷载产生一些共同影响。

模型试验研究中发现少量的回淤就能对砂石基础层的压缩产生比较大的影响,而实际工程中回淤是很难避免的,我们认为施工过程中的不均匀性与淤泥的分布有较大的关联。施工中注浆注砂其实也是管节下方空隙排水排气排淤泥的过程,为保证注浆层的密实性,一般都由地势低的管端开始,依次向另一端注浆,这同时也导致了淤泥分布的不均匀,而不同管节间的情况差异更大。

超量开采地下水、气和石油等工程项目同样也会造成地面下沉。美国得克萨斯州的 Baytown 隧道[11]由于超量开采地下水、气和石油,造成该地区的地面下沉了 1.5~2.5m,到 1978 年,岸边管段的沉降要比河中央管段的沉降多约 30cm。

2. 差异沉降危害分析

管段首尾不均匀沉降会对管段结构产生较大危害。蒙庆辉等[14]的研究表明,50mm 的差异沉降能使整体管段产生横向裂缝,这些裂缝很可能贯通底板的全厚。美国得克萨斯州的 Baytown 隧道[11],渗漏出现在第一与第二节管段(从北边开始)接头底部角拉应变最大的区域,采用化学灌浆对渗漏处进行修补,反复补修了好多年;瑞典哥德堡的 Tingstad 隧道[11],过量的差异沉降造成一些管段的边墙和顶部出现了一些小的裂缝;美国马里兰的 Fort McHenry 隧道[11]和 Boston 隧道[12]一些接头附近的混凝土出现了开裂的痕迹;宁波甬江沉管隧道[16]在管段接头两端临近钢壳处出现了少量环向裂缝,局部有渗水干燥后的痕迹,原因是沉管的纵向不均匀沉降导致管段接头出现弯矩产生较大拉应力。从以上案例可以发现,管段接头附近最容易出现裂缝。

同样,管段之间接头处沉降差过大,将导致接头处止水带的张开量增大、止水带的压缩量不足,这将直接影响止水带的可靠性,严重时将导致接头处漏水,影响隧道的正常运营[16],如德国汉堡的 Elbe 隧道[11]管段接头的剪切栓开裂。

邵俊江等[12]提出沉管隧道的容许差异沉降量为 100mm,极限差异沉降量为 150mm,但是否合理还需验证。因此,对沉管隧道差异沉降量的控制标准进行研究具有重要意义。

7.5 防治差异沉降的措施

1. 隧道设计中沉降控制措施

沉管隧道结构设计的思路主要有两条：①设计较大刚度的结构来抵抗变形，这样的隧道不需设计沉降缝和伸缩缝，不均匀变形也很小，但是结构应力很高，对截面要求很高，自重对接头和基础层都有较高的要求；②设计隧道有一定的柔度，能适应变形和调节应力，这样的隧道需要设计沉降缝和伸缩缝，但结构应力低，不容易开裂，且自重小。针对不同的地质条件，应当选用不同的设计思路，对地质条件相对松软的浙江沿海地区，沉管隧道设计一般都选用第二种思路。而在这种设计思路下，主要由选用合适接头、设置沉降缝和伸缩缝、施加预应力三方面应对预计的沉降和不均匀沉降。

(1) 接头设计

常用接头分为刚性接头、半刚性接头、柔性接头、半刚半柔性接头。软土地基下的沉管隧道多采用柔性接头或者半刚半柔性接头[16-18]，柔性接头能较好地应对施工运营中出现的沉降和不均匀沉降，减少裂缝的产生。

柔性接头的主要部件有钢壳、GINA 止水带、OMEGA 止水带、连接预应力钢索和水平垂直剪切键。GINA 止水带在防水的同时主要起承受轴线拉压作用，OMEGA 止水带在二层防水的同时能承受隧道运营期间发生的轴向、横向、垂直位移；连接预应力钢索与两层止水带形成一个弹簧结构，连接两根管节保障不纵向分离的同时又保护两层止水带，起到缓冲变形的作用；钢壳与水平垂直剪切键联合在一起，是柔性接头限制管节产生的水平垂直方向位移的主体结构。对珠江沉管隧道接头调查发现，OMEGA 止水带保护层有不同程度的损坏，外场连接钢板及水平、垂直剪切件破损，少数接缝存在漏水现象[19]，表明为保障接头耐久性，需在设计阶段做好防腐蚀工作。

在预测不均匀沉降较大的接头处可采用如下设计：适当加强止水带韧性，提高止水性能；布设钢拉索时施加一定预应力，减少裂缝；对接头拉索采取适当的防腐措施，提高耐久性，如包裹塑料套管，在管内注环氧浆液；采用热缩管包裹钢拉索等。例如，上海外环隧道在接头处理中对 OMEGA 止水带添加了内嵌纤维加强层，增加了其韧性，提高了抗水压性能，同时用可伸缩的橡胶管对接头拉索进行了防腐蚀处理[20]。

(2)伸缩缝设计

与沉管隧道柔性接头相匹配,沿轴线间隔15~25m处应设计伸缩缝,当隧道轴线纵向弯曲时,伸缩缝不传递拉力,因而可以减小混凝土管节接头处的应力,避免开裂,但在设计施工时应注意伸缩缝的防水。

(3)施加纵向预应力

对于有伸缩缝的沉管隧道,由于管节在浮运沉埋期间会受到纵向弯矩的作用,而伸缩缝不能承受拉力,因此在预制管节时应施加一定的预应力。当管节沉埋完毕后,预应力消除,管节成为柔性链以适应不均匀沉降。

2. 施工过程中沉降控制措施

实测分析显示,施工期间管节主要受荷载和人为因素影响。管节累积产生约35mm的沉降,沉降组成包含持续时间不等的基础层调整和下卧土层压缩。在施工工序上,注浆和回填都会对沉降产生影响,其中注浆影响不确定性比较大,注浆过程对下卧层的扰动也比较大,不同管节的注浆过程很难保持一致,而回填主要作为荷载影响管节的最终沉降。人为因素的干扰和管节由于施工时间不同及累积沉降不同是造成纵向不均匀沉降的主要因素。

模型试验研究中发现,基础层的密实程度对管节的压缩模量影响较大,基础层越密实,实测压缩模量越大,总沉降量越小;而基础层在形成过程中,层间的相互作用能大大增加整体的密实度。回淤对基础层压缩有很大的影响,仅少量回淤就能大大减小整体的压缩模量,回淤越大,造成的区域不均匀性就越大。

综上所述,对沉管隧道施工期间的沉降控制提出以下几点建议。

(1)基槽开挖深度及清淤处理要连续,避免局部差异过大,对土质差异较大的区段应设置必要的桩基等其他支撑。

(2)初期的碎石回填可以适当地整平夯实,尽可能增加密实度,减小后期可能产生的沉降量。

(3)加强对接期间和调整管节标高期间的测量,减少注浆前管节轴线、标高与设计位置的误差,减少接头变形的不均匀性。

(4)合理评估水下水土环境,合理布设基槽侧排水空隙,减少注浆扰动,同时注重注浆期间的沉降监测,控制管节注浆期间的抬升。

(5)减慢回填速度,及时测量比较,避免回填时同土层同工况的接头两端产生差异沉降过大,建议从管节中部向两端回填。

(6)对设计沉降较大的工程,后续管节施工要及时跟进,以防止接头差异沉降过大,基槽清淤后也应及时跟进后续工程。

(7)从浚挖开始,全程都应控制回淤,应尽量减少管节接头和端部的回淤,避免隧道出现较大的不均匀沉降,在回淤情况较严重的海河流域,最好避免使用灌砂、注砂法做基础层处理。

3.运营期间的沉降控制措施

河道的淤积是不可避免的,随着淤积层的加厚,管段受到上覆层的压力增大,容易引发管段的沉降和管段应力的增加,而沉管隧道在运营期间的主要沉降控制措施也是清淤。在实际清淤中存在一个问题:清淤过后的一段时间,回淤速度也加快,挖槽很快又被填满,每次从清淤到回淤,管段会发生卸载、加载这样的扰动,这样的长期扰动对结构是不利的。针对这种现象,在隧道轴线上游一定距离处筑拦淤坝或者挖槽,在上游清淤可有效减少对隧道的扰动。

隧道在运营过程中也难免会出现意外荷载,如地震影响、运营超载等,对于意外沉降的隧道应采取相应的加固措施。例如,宁波甬江沉管隧道,经历11年的运营,总体状况良好,但出现了纵向不均匀沉降、引道和管节结构裂缝渗水、引道横撑耐久性损伤、路面破损等问题[21]。究其原因,还是由于运营阶段的超载增加了隧道纵向不均匀沉降,从而引发了一系列问题。因此,对于沉降影响较大的重点工程应当建立一套健康监测系统,长期地监测隧道沉降状况及管节裂隙,及时对渗水裂缝填堵化学浆液,对可能有较大沉降的管段补充注浆。

7.6 本章小结

本章通过收集现有沉管隧道的沉降相关数据,分析概括了沉降原因,总结整理了沉降机理并提出了相应的预防控制措施。沉管隧道发生差异性沉降主要是由地质、荷载以及施工三类原因单独或耦合作用产生的。本章分析了收集到的19座沉管隧道沉降数据得到以下结论。

(1)施工期间的沉降量平均值为53mm,一般不超过100mm,40~60mm占总数的32%。总沉降的平均值为108mm,一般不超过200mm。施工期间沉降占总沉降的比例平均值为55.9%,约为工后沉降比例平均值的1.3倍。表明施工期间沉降是沉管隧道总沉降的主要原因,应加强对施工期间沉降产生原因及控制措施的研究。

(2)沉管隧道工后仅2个数据上浮,其余64个数据均为沉降,表明沉管隧道工后主要以产生沉降为主。工后沉降平均值为49mm,0~40mm占总数的2/3,表明正常情况下工后沉降较小,但是当地基土质较差时有可能引起100mm以上的工后沉降,且历时较长,不容忽视,应重视对工后沉降产生原因及发展规律的研究。

(3)施工期间沉降引起的管段首尾沉降差平均值为21mm,0~10mm占总数的38.5%。总沉降引起的管段首尾沉降差平均值为40mm,0~15mm占总数的35%。施工期间沉降引起的管段之间沉降差平均值为18mm,一般小于50mm,0~10mm占总数的47%。总沉降引起的管段之间沉降差平均值为12mm,一般小于30mm,0~10mm占总数的73%。沉管隧道有可能因为不均匀沉降而导致隧道在接头附近处开裂。

(4)实际工程中,由于引道沉降等原因,沉管段两端沉降量较大,与中间沉降相当。而现有计算中假定沉管段两端为固定或铰接,导致两端沉降计算结果为0,不符合实际情况。

在实际工程中,沉管隧道差异性沉降可以通过隧道设计、施工过程以及运营期间三个阶段的措施进行预防控制,本章结论是基于收集到的实测数据分析得到,由于数据有限,有一定局限性,如果能收集到更多数据,有望获得更准确的统计结果。

参考文献

[1] Grantz W C. Immersed Tunnel Settlements. Part 1: Nature of Settlements[J]. Tunnelling and Underground Space Technology, 2001, 16(3): 195-201.

[2] Kasper T, Steenfelt J S, Pedersen L M, et al. Stability of an Immersed Tunnel in Offshore Conditions under Deep Water Wave Impact[J]. Coastal Engineering, 2008, 55(9): 753-760.

[3] Gokce A, Koyama F, Tsuchiya M, et al. The Challenges Involved in Concrete Works of Marmaray Immersed Tunnel with Service Life Beyond 100 Years[J]. Tunnelling and Underground Space Technology, 2009, 24(5): 592-601.

[4] 邵俊江,李永盛. 沉管隧道沉降问题的探讨[J]. 地质与勘探, 2003, 39(增刊2): 178-181.

[5] 邵俊江,李永盛. 沉管隧道沉降问题分析[J]. 浙江交通科技, 2005, 2: 41-43.

[6] 魏纲,陆世杰. 考虑管土效应的潮汐荷载引起沉管隧道管节沉降研究[J]. 岩石力学与工程学报, 2018, 37(增刊2): 4329-4337.

[7] 王延宁,蒋斌松,张强,等. 深海沉管隧道基础水下沉降监测技术[J]. 长江科学院院报, 2018, 35(3): 116-121.

[8] 陈海军,孙志彬,张聚文. 淤泥层中沉管隧道基础形式选型及沉降数值分析[J]. 公路交通技术, 2022, 38(3): 95-102.

[9] 李斌,高潮,张嘉莹. 港珠澳大桥沉管隧道瞬时沉降规律分析[J]. 岩土工程学报,2021,43(增刊2):263-266.

[10] 谢雄耀,张乃元,周彪,等. 滨海软土沉管隧道结构性能演化规律及成因分析[J]. 工业建筑,2021,51(7):1-5,24.

[11] Grantz W C. Immersed Tunnel Settlements. Part 2: Case Histories[J]. Tunnelling and Underground Space Technology, 2001, 16(3): 203-210.

[12] 邵俊江. 沉管隧道的沉降预测及其控制研究[D]. 上海:同济大学,2003.

[13] 潘永仁,彭俊,Naotake Saito. 上海外环沉管隧道管段基础压砂法施工技术[J]. 现代隧道计术,2004,41(1):41-45.

[14] 蒙庆辉,刘吉福,赵永伦. 沉管法隧道纵向变形浅议[J]. 地下工程与隧道,2001,3:12-15,48.

[15] 陈韶章,陈越,张弥. 沉管隧道设计与施工[M]. 北京:科学出版社,2002:111-118.

[16] 宁茂权. 海底沉管隧道的防水设计[J]. 铁道建筑,2008,(10):58-61.

[17] 唐英,管敏鑫,万晓燕,等. 沉管隧道接头的理论分析及研究[J]. 中国铁道科学,2002,23(1):67-72.

[18] 严松宏,高波,潘昌实,等. 地震作用下沉管隧道接头力学性能分析[J]. 岩石力学与工程学报,2003,22(2):286-289.

[19] 陈一统,王华川. 沉管隧道接头状况调查[J]. 科技创新导报,2009,4:104.

[20] 陈心茹,邵臻. 外环隧道OMEGA止水装置、阻浆带及拉索防腐蚀设计[C]// 中国土木工程学会隧道及地下工程学会防排水专业委员会第十一届学术交流会,2003,34-38.

[21] 李伟平,吴德兴,郭霄,等. 宁波甬江沉管隧道大修设计与施工[J]. 现代隧道技术,2011,48(1):82-89.

第8章
沉管隧道沉降计算方法研究

8.1 引 言

沉管隧道是一种对沉降比较敏感的地下结构,鉴于沉管隧道的结构特点和防水特性,隧道的纵向长期不均匀沉降会对隧道的安全与正常使用产生十分不利的影响,甚至会危及人民的生命财产安全。

沉管隧道的竖向沉降计算通常采用弹性地基梁法,该方法假定地基为 Winkler 模型,地基弹性抗力系数 K 的取值根据基础处理砂垫层的特性及开挖基槽的地质情况,采用分层法计算。该方法虽被广泛应用,但存在较多缺点,导致理论计算结果远小于实测值。除此以外,徐干成等[1]采用经验公式计算了地基土层和基础层的变形。邵俊江等[2]建立了潮汐荷载作用下双层土和单层土地基的沉管隧道沉降解析解,但比较复杂。刘伟等[3]将地基视为 Kelvin 模型。邵俊江[4]采用室内试验、理论计算和有限元方法研究了施工荷载引起的沉管隧道沉降,其采用了分层总和法计算最终沉降量,但没有考虑施工扰动和其他荷载的影响。郭东辉等[5]通过分层总和法和有限差分软件计算了港珠澳大桥沉管隧道竖向不均匀沉降,但没有考虑基础层沉降和管段刚度影响,且采用土体压缩模量会高估沉降量。薛建设[6]根据反复载固试验拟合出孔隙比变化率经验公式,确定由地基土顶面反复荷载所引起的各土层固结应力与卸荷比,最后代入经验公式并利用分层总和法确定沉降值,但其没有考虑反复荷载作用下土体的次固结问题,且该孔隙变化率经验模型是矩形反复荷载,而实际工程中为三角反复荷载。周桓竹[7]依托宁波甬江沉管隧道工程项目研究潮汐荷载作用下的管节竖向位移,验证了将沉管隧道等效为置于 Winkler 地基上的 Timoshenko 梁的计算模型其沉降整体上大于等效为 Euler 梁的计算模型,两种计算模型结果均与实测数据相吻合,但 Timoshenko 梁模型在管节接头变形后期拟合程度有待改善。综上所述,国内对沉管隧道竖向不均匀沉降计算及沉降随时间发展的研究还存在不足,需做进一步研究。

本章提出两种改进算法:第一种对弹性地基梁法中 K 值的计算方法和接头约束方式进行了改进,提出了沉管隧道最大竖向不均匀沉降及沉降随时间发展的计算方法;第二种提出采用三参数模型来代替沉管隧道复合地基,将其应用到沉降计算中。本章以浙江舟山沈家门港海底沉管隧道为例,分别进行了算例分析,并与实测值进行了对比验证。

8.2 修正弹性地基梁法的计算方法

1. 研究思路

针对现有不足,本章对弹性地基梁法进行了修正,对 K 值的取值方法和接头约束方式进行了改进,使之更符合实际工程。

具体方法如下。①对于刚性支座,仍按固定支座计算。对于半柔半刚性接头,由于在实际工程中可以产生竖向位移,所以不能按铰接支座进行计算,本章假定其水平方向不产生位移,竖向可以产生位移。在该接头约束方式下,需要对每个管节分别进行计算。②将基础层和地基土层视为一复合土层,为弹簧地基,其 K 值计算采用反分析方法。考虑到沉管隧道沉降会随时间发展,令 K 值为一变量,其大小与时间有关,用 $K(t)$ 表示。

$K(t)$ 值的计算方法如下。①为了提高精确度,考虑到沉管隧道管节较长,采用截面法把每个管节均匀分成几个截面,分别求这些截面的 K 值。截面越多、计算精度越高,但会导致工作量越大。②先不考虑管节刚度,计算出复合土层的最大理论沉降量 S(包括基础层最大沉降量 S_1 和土层最大沉降量 S_2)。③采用太沙基一维固结理论,计算得到每个截面不同时间 t 的固结度 U_z,得到该截面 t 时刻的理论沉降量 $S(t)=S_1+U_z S_2$。④再将该基础层顶部荷载 P_1 除以复合土层沉降量 $S(t)$,即可反算得到 $K(t)$ 值。

2. 基本假定

本节以沉管隧道某横截面的沉降量作为研究对象,不考虑桩基础。邵俊江等[2]提出,沉管隧道施工期间产生的沉降主要是由基础层的调整和初步压缩造成,工后沉降则是由地基土层的再压缩变形引起。因此本书提出,沉管隧道最大沉降量 S 由基础层最大沉降量 S_1(即施工期间沉降)和地基土层最大沉降量 S_2(即工后沉降)组成,分别计算这两者的沉降量,可叠加得到总沉降量,即 $S=S_1+S_2$。

假定:①仅考虑施工荷载、交通荷载(行人车辆)和淤积荷载,不考虑潮汐荷载、地震荷载和水位下降等原因,且均为静荷载;②不考虑荷载的加载时间(即荷载不随时间变化),仅考虑总荷载;③假定沉管隧道横截面方向沉降均匀;④将问题简化为平面应变问题,取每延米荷载,以管段中轴线处作为沉降计算点;⑤不考虑沉管隧道管段结构刚度影响;⑥不考虑地基土层的次固结沉降。

3. 附加荷载的计算方法

计算沉降时需要求出作用在基础层顶面的平均压力 P_1 和地基土层顶面的平均压力 P_2。令基础层的重力为 P_3,P_3 等于基础层的浮重度乘以基础层的厚度,则 $P_2 = P_1 + P_3$。

P_1 由施工荷载、交通荷载和淤积荷载组成。施工荷载主要包括管段、保护层和回填土的自重,还需要减去管段的浮力。对于行车隧道,交通荷载主要为车辆荷载;对于行人隧道,交通荷载主要为人群荷载。淤积荷载等于淤泥浮重度乘以淤泥厚度。

在实际工程中,淤泥的厚度会逐渐增加,达到一定厚度时需要冲淤。考虑覆土冲淤变化会导致荷载变化,故定义淤泥堆积到原地表位置时为正常工况,淤泥堆积到冲淤厚度时为极限工况。

需要分别计算正常工况和极限工况下每个截面的附加荷载,再分别计算出每个截面正常工况和极限工况下的最大沉降量。

4. 基础层最大沉降量的计算方法

不考虑桩基础,沉管隧道基础层的施工方法主要有刮铺法、灌砂法、喷砂法、灌囊法、压浆法和压砂法。基础层主要由砂和碎石组成,以下简称为砂基础层。令砂基础层的厚度为 h,其压缩模量为 $E_{s砂}$,提出砂基础层的最大沉降量 S_1 为:

$$S_1 = hP_1/E_{s砂} \tag{8-1}$$

式(8-1)计算比较简单,但 $E_{s砂}$ 取值比较困难。珠江沉管隧道的试验结果表明[8],砂盘的沉降量随荷载增加而增大,沉降随荷载基本呈线性变化,当荷载加大至 30kPa 时,总沉降量达 21.6mm(见图 8.2-1)。该试验砂垫层厚度为 0.6m,反算得到压缩模量为 0.833MPa。而在广州生物岛-大学城沉管隧道的试验中[9],对砂基础抽样进行压缩试验发现,自然状态下,压缩系数 a_{1-2} 为 $0.074 \sim 0.085 \text{MPa}^{-1}$,相应的压缩模量 $E_{s砂1-2}$ 为 $18.08 \sim 21.09 \text{MPa}$;饱和状态下,$a_{1-2}$ 为 $0.073 \sim 0.087 \text{MPa}^{-1}$,$E_{s砂1-2}$ 为 $17.67 \sim 21.01 \text{MPa}$。以上结果表明,实测结果反算得到的砂盘压缩模量与取样试验存在很大差异。

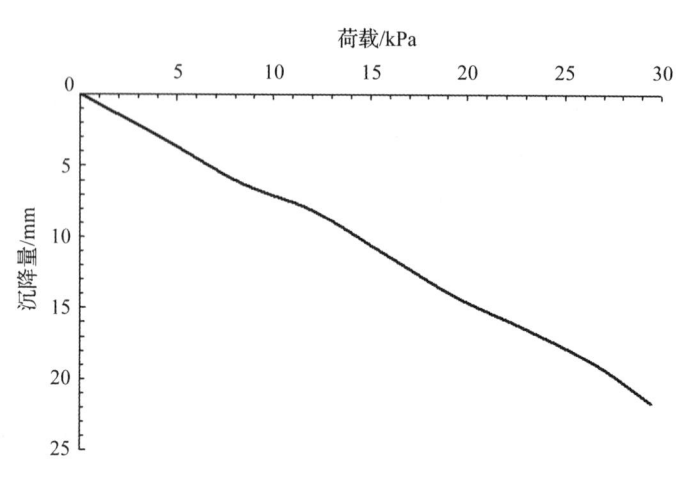

图 8.2-1 砂积盘沉降量与荷载的关系

分析认为,在实际工程中,砂基础受到水的浮力作用,同时施工时还会受到回淤影响,导致砂基础的压缩量较大,因此前面一种方法更接近实际工况。考虑到不同工程的砂基础压缩模量比较接近,因此本章在计算时取 $E_{s砂}$ 为 0.833MPa,用于估算 S_1。

5. 地基土层最大固结沉降量的计算方法

地基土层最大固结沉降量 S_2 可以利用分层总和法进行计算。需要计算 P_2、土层沉降计算范围、土体各层的附加应力,计算各层的沉降量,得到土体最终沉降量。

由于沉管隧道在施工过程中要开槽挖土,故地基土层处于超固结状态。在受到上部荷载作用后,土体经历卸载到再加载过程。此时,如果采用土体压缩模量 E_s 计算沉降,则会高估沉降量。因此,本章提出应采用土体回弹模量 E_c 来计算地基土层沉降。

E_c 是表征土体卸荷回弹性质的一个非常重要的参数,目前普遍采用室内土工实验获得。但进行该项土工实验前需对土体的静止侧压力系数进行试验,再加上整个压缩及回弹过程,试验周期较长、成本较高。因此,采取一个简单的经验公式[10]来计算 E_c:

$$E_c = \frac{1-\mu^2}{\mu^4} e^2 \sqrt{E_s \times (c + \gamma H \tan\varphi)} \tag{8-2}$$

式中,μ 为土的泊松比;e 为土体孔隙比;γ 为土体重度;H 为土体埋深;c 为土的黏聚力(固结快剪);φ 为土的内摩擦角(固结快剪)。

6. 截面 t 时刻的理论沉降量计算

由于地基土层的排水固结,沉管隧道的沉降会随时间的增长而增大。本章在计算时不考虑施工荷载、交通荷载和淤积荷载的加载时间,假定是瞬间加载,固结时间 t 从施工结束开始计算。

考虑地基土层排水固结,采用太沙基一维固结理论可以计算得到每个截面不同时间 t 的固结度 U_z。结合该截面的沉降量 S_1、S_2,可以得到该截面 t 时刻的理论沉降量 $S(t)$ 为:

$$S(t) = S_1 + U_Z S_2 \tag{8-3}$$

7. 沉管隧道纵向不均匀沉降计算方法

根据前面提出的计算方法,采用截面法把每个管节均匀分成几个截面;分别求出每个截面的 P_1 和该截面 t 时刻的理论沉降量 $S(t)$,再反算得到该截面的 $K(t) = P_1/S(t)$;然后采用弹性地基梁法求解每个管节 t 时刻的沉降量 $S'(t)$。具体可以采用有限单元法,需要注意计算时应不考虑梁的自重(P_1 中已包含)。图 8.2-2 为弹性地基梁计算简图。最后,将所有沉降数据沿纵向列出,得到 t 时刻的沉管隧道纵向沉降曲线。根据每个管节的两端沉降量,还可以计算得到管节的首尾沉降差和接头沉降差。

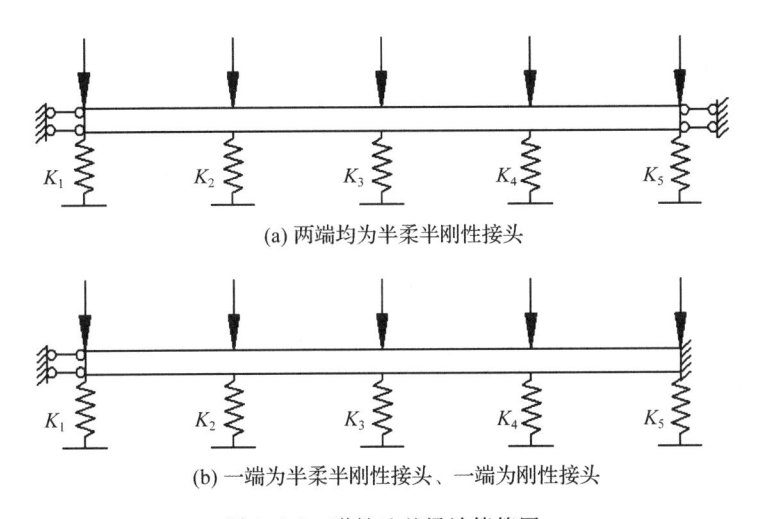

(a) 两端均为半柔半刚性接头

(b) 一端为半柔半刚性接头、一端为刚性接头

图 8.2-2 弹性地基梁计算简图

8. 算例分析

为了验证本章求解方法的可靠性,本书以舟山沈家门港海底沉管隧道工程为例计算沉管隧道沉降(取管段中点处为例)。沉管段由 E1(北岸)、E2(中段)、E3(南岸)三个管

节组成,分别长 70m、74m、74m,总长为 218m。隧道结构自重按抗浮安全系数 1.1 计算。具体工程概况、隧道纵断面、沉管横截面、水文地质条件在本书第 2 章已有详述。

由设计资料可知,碎石浮重度为 $10kN/m^3$,砂基础浮重度为 $8kN/m^3$,块石浮重度为 $11kN/m^3$,回淤土体浮重度为 $5.6kN/m^3$;覆土冲淤变化幅度为 4m,人群荷载按 4kPa 计算。沉管隧道结构自重按抗浮安全系数 1.1 计算;采用以上荷载参数计算沉管隧道基础和地基承担的荷载。采用截面法选取研究对象,根据管段长度,最终每个管段均分为 4 段,总共有 13 个截面,如图 8.2-3 所示。

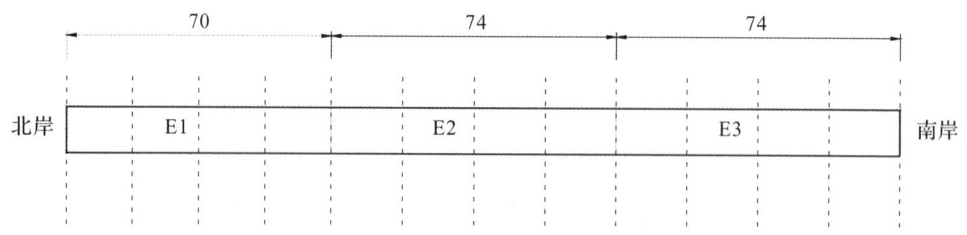

图 8.2-3 截面示意图(单位:m)

(1)各截面理论沉降计算

表 8.2-1 的荷载计算结果表明,即使在极限工况下,基础底部土层仍处于超固结状态。因此,必须采用土体回弹模量 E_c 来计算地基土层的沉降量。采用式(8-2)计算得到各截面每个土层的 E_c,见表 8.2-2。

表 8.2-1 各截面荷载计算结果　　　　　　　　　　　单位:kPa

截面	开挖土体自重	正常工况下 P_2	极限工况下 P_2
1	91.74	56.19	78.59
2	78.27	44.53	66.93
3	71.84	39.60	62.00
4	71.87	39.94	62.34
5	75.41	42.07	64.47
6	69.97	38.43	60.83
7	70.47	38.15	60.55
8	74.89	38.71	62.32
9	81.74	42.46	64.86
10	80.47	41.34	63.74
11	75.26	40.61	63.01
12	78.26	43.69	66.09
13	86.59	60.44	82.84

表 8.2-2　各截面回弹模量　　　　　　　　　　单位：MPa

截面位置	土层编号 ②₂	②₃	③₂	⑤		⑤ⱼ	⑥	⑦
截面 1	—	5.89	—	22.83		—	6.49	—
截面 2	—	7.20	9.16	17.00		—	9.69	—
截面 3	—	7.32	8.95	15.73		—	10.18	20.96
截面 4	—	7.80	—	15.07		—	10.36	21.80
截面 5	7.16	—	—	16.57		—	10.30	24.69
截面 6	—	—	—	10.59	15.81	17.54	10.57	22.98
截面 7	—	—	—	15.27		19.73	11.06	20.73
截面 8	—	—	—	19.76		—	9.51	20.99
截面 9	—	—	—	20.26		—	9.23	—
截面 10	—	—	—	18.39		—	10.49	—
截面 11	—	—	—	20.08		—	9.36	—
截面 12	—	—	—	13.68	18.47	17.75	7.87	—
截面 13	—	5.89	—	22.83		—	6.49	—

本节针对沉管隧道最终沉降量的计算方法，列出计算过程。由于篇幅原因，只列出 3 号截面的计算过程。截面 3 的沉管尺寸及土层断面图如图 8.2-4 所示。

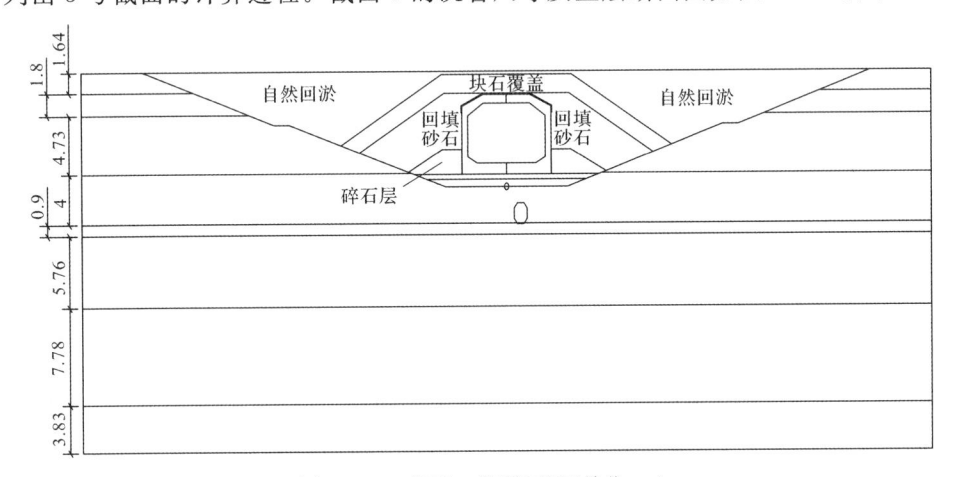

图 8.2-4　截面 3 横断面图(单位：m)

截面 3 总体积为 $V_{隧}=11.5\times 6.4-2.75\times 0.95=71(\mathrm{m}^3)$；所受浮力为 $F_{浮}=71\times 10=710(\mathrm{kN})$；所受重力为 $G=710\times 1.1=781(\mathrm{kN})$；上覆碎石和块石重为 $G_{镇重}=11\times 1.5\times 11.5+2.75\times 0.95\times 10=215.87(\mathrm{kN})$；回淤土体重为 $G_{回淤}=0.26\times 11.5\times 5.6=16.744(\mathrm{kN})$；截面中线下方所受荷载为 $F=781+215.87+16.744-710=303.614(\mathrm{kN})$；由设计资料，人群荷载为 $P=4(\mathrm{kPa})$；作用在基础顶面的平均压力为 $P_{基础}=\dfrac{303.614}{11.5}+4=30.40(\mathrm{kPa})$；作用在地基土顶面的平均压力

为 $P_{地基} = 30.40 + 0.4 \times 8 + 0.6 \times 10 = 39.6 \text{kPa}$；覆土冲淤变化幅度为 4m，考虑到极限荷载存在的可能性，需对正常荷载和极限荷载分别展开计算。

①正常荷载。基础层的压缩模量必须考虑回淤的影响，可以用等效压缩模量来代替。根据实测数据分析，施工期间压缩模量可取 $E_s = 0.833 \text{MPa}$，计算得到 $S_{地基} = \dfrac{30.40 \times 1}{0.833} = 36.49 \text{(mm)}$。

采用均布条形荷载计算地基附加应力，作用点取图 8.2-4 中的 O 点。由于土体已处于超固结状态，故不考虑基底处土中自重应力，取基底附加压力 $p_0 = 39.60 \text{kPa}$，$b = 11.5 \text{m}$。计算深度按简化公式计算：

$$z_n = b(2.5 - 0.4 \ln b) \tag{8-4}$$

式中，b 为基础宽度，单位为 m；$\ln b$ 为 b 的自然对数值；$z_n = 11.5 \times (2.5 - 0.4 \times \ln 11.5) = 17.51 \text{(m)}$。

各层附加应力如表 8.2-3 所示。

表 8.2-3　正常荷载下截面 3 各层附加应力

点	b	z/m	z/b	α_{sz}	$\sigma_z = \alpha_{sz} p_0 / \text{kPa}$
0	11.5	0.00	0	1.000	39.60
1	11.5	1.00	0.09	0.985	39.01
2	11.5	2.00	0.17	0.972	38.49
3	11.5	2.91	0.25	0.958	37.94
4	11.5	3.00	0.26	0.953	37.74
5	11.5	3.81	0.33	0.914	36.19
6	11.5	4.00	0.35	0.903	35.76
7	11.5	5.00	0.43	0.857	33.94
8	11.5	6.00	0.52	0.806	31.92
9	11.5	7.00	0.61	0.752	29.78
10	11.5	8.00	0.70	0.698	27.64
11	11.5	9.00	0.78	0.654	25.90
12	11.5	9.57	0.83	0.630	24.95
13	11.5	10.00	0.87	0.611	24.20
14	11.5	11.00	0.96	0.569	22.53
15	11.5	12.00	1.04	0.536	21.23
16	11.5	13.00	1.13	0.504	19.96
17	11.5	14.00	1.22	0.473	18.73
18	11.5	15.00	1.30	0.449	17.78
19	11.5	16.00	1.39	0.425	16.83
20	11.5	17.00	1.48	0.401	15.88
21	11.5	17.35	1.51	0.394	15.60
22	11.5	17.51	1.52	0.392	15.52

最终,沉降量由分层总和法单向压缩基本公式求得,基础最终沉降量 S 的分层总和法单向压缩基本公式为:

$$S = \sum_{i=1}^{n} \Delta S_i \tag{8-5}$$

各分层沉降量如表 8.2-4 所示。

表 8.2-4　正常荷载下截面 3 各分层沉降量

点	深度 z_i/m	附加应力 σ_z/kPa	层厚 H_i/m	附加应力平均值/kPa	回弹模量/MPa	ΔS_i/mm
0	0.00	39.60	—			
1	1.00	39.01	1.00	39.303	7.32	5.37
2	2.00	38.49	1.00	38.75	—	5.29
3	2.91	37.94	0.91	38.21	—	4.75
4	3.00	37.74	0.09	37.84	8.95	0.38
5	3.81	36.19	0.81	36.97		3.35
6	4.00	35.76	0.19	35.98		0.43
7	5.00	33.94	1.00	34.85		2.22
8	6.00	31.92	1.00	32.93		2.09
9	7.00	29.78	1.00	30.85	15.73	1.96
10	8.00	27.64	1.00	28.71		1.83
11	9.00	25.90	1.00	26.77		1.70
12	9.57	24.95	0.57	25.42		0.92
13	10.00	24.20	0.43	24.57		1.04
14	11.00	22.53	1.00	23.36		2.30
15	12.00	21.23	1.00	21.88		2.15
16	13.00	19.96	1.00	20.59		2.02
17	14.00	18.73	1.00	19.34	10.18	1.90
18	15.00	17.78	1.00	18.26		1.79
19	16.00	16.83	1.00	17.31		1.70
20	17.00	15.88	1.00	16.35		1.61
21	17.35	15.60	0.35	15.74		0.54
22	17.51	15.52	0.16	15.56	20.96	0.12

根据式(8-5)得出基础最终沉降量如下:

$$S = \sum_{i=1}^{n} \Delta s_i = 5.37+5.29+4.75+0.38+3.35+0.43+2.22+2.09+1.96$$
$$+1.83+1.70+0.92+1.04+2.30+2.15+2.02+1.90+1.79+1.70+1.61$$
$$+0.54+0.12 = 45.46 \text{(mm)};$$

$$S_{总} = 45.46+36.49 = 81.95 \text{(mm)}。$$

② 极限荷载。已知覆土冲淤变化幅度为 4m，即最大压力再增加为 $4 \times 5.6 = 22.4(\mathrm{kPa})$；作用在基础顶面的平均压力为 $P_{基础} = 30.4 + 22.4 = 52.8(\mathrm{kPa})$；作用在地基土体顶面的压力为 $P_{地基} = 39.6 + 22.4 = 62(\mathrm{kPa})$；基础层的压缩量为 $S_{基础} = \dfrac{52.80 \times 1}{0.833} = 63.39(\mathrm{mm})$。

不考虑基底处土中自重应力，取 $p_0 = 62.00(\mathrm{kPa})$，其余条件不变。极限状态下各层附加应力如表 8.2-5 所示。

表 8.2-5　极限荷载下截面 3 各层附加应力

点	b	z/m	z/b	α_{sz}	$\sigma_z = \alpha_{sz} p_0 /\mathrm{kPa}$
0	11.5	0.00	0	1.000	62.00
1	11.5	1.00	0.09	0.985	61.07
2	11.5	2.00	0.17	0.972	60.26
3	11.5	2.91	0.25	0.958	59.40
4	11.5	3.00	0.26	0.953	59.09
5	11.5	3.81	0.33	0.914	56.67
6	11.5	4.00	0.35	0.903	55.99
7	11.5	5.00	0.43	0.857	53.13
8	11.5	6.00	0.52	0.806	49.97
9	11.5	7.00	0.61	0.752	46.62
10	11.5	8.00	0.70	0.698	43.28
11	11.5	9.00	0.78	0.654	40.55
12	11.5	9.57	0.83	0.630	39.06
13	11.5	10.00	0.87	0.611	37.88
14	11.5	11.00	0.96	0.569	35.28
15	11.5	12.00	1.04	0.536	33.23
16	11.5	13.00	1.13	0.504	31.25
17	11.5	14.00	1.22	0.473	29.33
18	11.5	15.00	1.30	0.449	27.84
19	11.5	16.00	1.39	0.425	26.35
20	11.5	17.00	1.48	0.401	24.86
21	11.5	17.35	1.51	0.394	24.43
22	11.5	17.51	1.52	0.392	24.30

各分层沉降量如表 8.2-6 所示。

表 8.2-6　极限荷载下截面 3 各分层沉降量

点	深度 z_i/m	附加应力 σ_z/kPa	层厚 H_i/m	附加应力平均值/kPa	回弹模量/MPa	ΔS_i/mm
0	0.00	62				—
1	1.00	61.07	1.00	61.54	7.32	8.41
2	2.00	60.26	1.00	60.67		8.29
3	2.91	59.40	0.91	59.83		7.44
4	3.00	59.09	0.09	59.24	8.95	0.60
5	3.81	56.67	0.81	57.88		5.24
6	4.00	55.99	0.19	56.33		0.68
7	5.00	53.13	1.00	54.56		3.47
8	6.00	49.97	1.00	51.55		3.28
9	7.00	46.62	1.00	48.30	15.73	3.07
10	8.00	43.28	1.00	44.95		2.86
11	9.00	40.55	1.00	41.91		2.66
12	9.57	39.06	0.57	39.80		1.44
13	10.00	37.88	0.43	38.47		1.63
14	11.00	35.28	1.00	36.58		3.59
15	12.00	33.23	1.00	34.26		3.36
16	13.00	31.25	1.00	32.24		3.17
17	14.00	29.33	1.00	30.29	10.18	2.98
18	15.00	27.84	1.00	28.58		2.81
19	16.00	26.35	1.00	27.09		2.66
20	17.00	24.86	1.00	25.61		2.52
21	17.35	24.43	0.35	24.65		0.85
22	17.51	24.30	0.16	24.37	20.96	0.19

根据式(8-5)得出基础最终沉降量为：

$$S = \sum_{i=1}^{n} \Delta s_i = 8.41 + 8.29 + 7.44 + 0.60 + 5.24 + 0.68 + 3.47 + 3.28 + 3.07$$
$$+ 2.86 + 2.66 + 1.44 + 1.63 + 3.59 + 3.36 + 3.17 + 2.98 + 2.81 + 2.66 + 2.52$$
$$+ 0.85 + 0.19 = 71.17 \text{(mm)};$$

$$S_{总} = 71.17 + 63.39 = 134.56 \text{(mm)}。$$

通过对各截面最终沉降量的计算,得到各截面沉降量如表 8.2-7 所示。

表 8.2-7 截面总沉降及各部分沉降量

截面	正常荷载 总沉降/mm	正常荷载 地基土沉降/mm	正常荷载 基础层沉降/mm	极限荷载 总沉降/mm	极限荷载 地基土沉降/mm	极限荷载 基础层沉降/mm
1	119.24	62.83	56.41	171.18	87.88	83.30
2	91.75	49.34	42.41	143.46	74.16	69.30
3	81.95	45.46	36.49	134.56	71.17	63.39
4	82.96	46.06	36.90	135.68	71.89	63.79
5	80.11	40.65	39.46	128.64	62.29	66.35
6	70.43	35.34	35.09	117.93	55.95	61.98
7	68.39	33.64	34.75	115.02	53.38	61.64
8	65.49	30.06	35.43	109.78	47.46	62.32
9	71.96	32.03	39.93	115.74	48.92	66.82
10	72.89	34.31	38.58	118.37	52.90	65.47
11	68.68	30.97	37.71	112.65	48.05	64.60
12	76.28	34.88	41.40	121.06	52.76	68.30
13	0	0	0	0	0	0

计算结果表明,正常工况下,基础层沉降量 S_1 的范围为[34.75mm,56.41mm],平均值为 41.24mm,占总沉降量 S 的比例为 51.17%;极限工程下,S_1 的范围为[61.64mm,83.30mm],平均值为 68.13mm,占总沉降量的比例为 53.43%。实际工程往往介于这两种工况之间。邵俊江[11]对沉降实测数据进行统计后发现,沉管隧道施工期间的沉降量基本在 20~80mm,平均值为 60mm,占最终沉降量的比例通常达到 50%~60%。本书理论计算结果与文献[12]的实测统计结果较一致,表明本书方法具有可靠性。同时,基础层沉降量较大,且伴随荷载的增大,基础层在总沉降中所占比重也增大,所以不能忽略基础层的沉降量。

正常工况下,总沉降量的范围为[65.49mm,119.24mm],平均值为 79.18mm;极限工程下,总沉降量的范围为[109.78mm,171.18mm],平均值为 127.01mm。实际工程往往介于这两者之间。相对于文献[13]中的算例只有 5mm 的沉降值,本书的方法可以计算基础层的沉降和地基土层的沉降,且总沉降值较大,不可忽略,这与诸多实际工程的测量值所反馈的信息基本一致。

(2)各截面固结沉降量计算

目前,沉管隧道在设计时,通常假定地基为 Winkler 地基,横断面按平面杆系结构分析,纵向按弹性地基梁计算。该方法忽略了地基土层的固结沉降,无法考虑沉降随时间的变化,致使沉降计算值远小于实测值。

本节针对沉管隧道沉降随时间发展,列出了其计算过程。考虑土层排水固结,计算各截面土层的固结度,计算得到不同时间的沉管隧道纵向不均匀沉降曲线。取截面 3 为例计算。

根据地质勘查报告,截面 3 基础层以下土层依次为粉质黏土②₃、含黏性土圆砾③₂、粉质黏土⑤、粉质黏土⑥、含黏性土角砾⑦、黏土⑧。由于设计资料中只给出少量土层的竖向渗透系数,多数数据并未给出,所以以表 8.2-8 中的数据作为参考。

表 8.2-8 土体渗透系数参考表

土类	$k/(\text{m/s})$	土类	$k/(\text{m/s})$	土类	$k/(\text{m/s})$
黏土	$<5\times10^{-9}$	粉砂	$10^{-6}\sim10^{-5}$	粗砂	$2\times10^{-4}\sim5\times10^{-4}$
粉质黏土	$5\times10^{-9}\sim10^{-8}$	细砂	$10^{-5}\sim5\times10^{-5}$	砾石	$5\times10^{-4}\sim10^{-3}$
粉土	$5\times10^{-8}\sim10^{-6}$	中砂	$5\times10^{-5}\sim2\times10^{-4}$	卵石	$10^{-3}\sim5\times10^{-3}$

土层⑧黏土渗透系数小于 5×10^{-7} cm/s,不适合作为排水层;而土层⑦含黏性土角砾渗透系数大致介于 $5\times10^{-5}\sim10^{-4}$ cm/s,适合作为排水层,故选取该层作为排水层。将整体作为双面排水考虑,计算深度 $H=17.51$ m。各土层竖向固结系数计算如下:

$$c_v=\frac{k(1+e_0)}{\gamma wa} \tag{8-6}$$

粉质黏土②₃:

$$c_v=\frac{k(1+e_0)}{\gamma wa}=\frac{5.32\times10^{-7}\times(1+1.014)}{10\times10^{-5}\times5.76}=1.86\times10^{-3}(\text{cm}^2/\text{s})=5.866\times10^4(\text{cm}^2/\text{y})$$

含黏性土圆砾③₂:

$$c_v=\frac{k(1+e_0)}{\gamma wa}=\frac{6\times10^{-5}\times(1+0.858)}{10\times10^{-5}\times2.5}=4.459\times10^{-1}(\text{cm}^2/\text{s})=14.06\times10^6(\text{cm}^2/\text{y})$$

粉质黏土⑤:

$$c_v=\frac{k(1+e_0)}{\gamma wa}=\frac{5\times10^{-6}\times(1+0.803)}{10\times10^{-5}\times2.27}=3.97 10^{-2}(\text{cm}^2/\text{s})=1.252 10^6(\text{cm}^2/\text{y})$$

粉质黏土⑥:

$$c_v=\frac{k(1+e_0)}{\gamma wa}=\frac{4\times10^{-6}\times(1+0.983)}{10\times10^{-5}\times4.47}=1.774\times10^{-2}(\text{cm}^2/\text{s})=5.596\times10^5(\text{cm}^2/\text{y})$$

$$\overline{c_v} = \frac{1}{17.51} \times (2.91 \times 5.866 \times 10^4 + 0.9 \times 14.06 \times 10^6 + 5.76 \times 1.252 \times 10^6$$
$$+ 7.78 \times 5.596 \times 10^5 + 0.16 \times 16.32 \times 10^6) = 1.542 \times 10^6 \, (\text{cm}^2/\text{y})。$$

竖向固结时间因数可按下式计算：
$$T_v = \frac{c_v t}{H^2} \tag{8-7}$$

式中，t 为固结历时，单位为 s。

任一时刻土层固结度 $\overline{U_z}$ 可按下式计算：
$$\overline{U_z} = 1 - \frac{8}{\pi^2} \times e^{\left(-\frac{\pi^2}{4} T_v\right)} \tag{8-8}$$

任一时刻土层沉降量 S 可按下式计算：
$$S = S_1 + U_z S_2 \tag{8-9}$$

式中，S_2 为地基土沉降量，单位为 s；S_1 为基础层沉降量，单位为 s。

计算结果如表 8.2-9 所示。

表 8.2-9　截面 3 沉降随时间发展

时间 t/年	c_v/(cm²/y)	H/cm	T_v	U_Z	$S_常$/mm	$S_{极限}$/mm
0	1.542×10⁶	875.5	0	0.189431	45.10151	76.8718
0.05	1.542×10⁶	875.5	0.100587	0.367583	53.20034	89.5509
0.10	1.542×10⁶	875.5	0.201174	0.506580	59.51915	99.4433
0.15	1.542×10⁶	875.5	0.301761	0.615028	64.44916	107.1615
0.20	1.542×10⁶	875.5	0.402348	0.699640	68.29562	113.1834
0.25	1.542×10⁶	875.5	0.502935	0.765655	71.29668	117.8817
0.50	1.542×10⁶	875.5	1.005871	0.932248	78.87000	129.7381
0.75	1.542×10⁶	875.5	1.508806	0.980412	81.05954	133.1659
1.00	1.542×10⁶	875.5	2.011741	0.994337	81.69256	134.1570
1.25	1.542×10⁶	875.5	2.514676	0.998363	81.87557	134.4435
1.50	1.542×10⁶	875.5	3.017612	0.999527	81.92848	134.5263
1.75	1.542×10⁶	875.5	3.520547	0.999863	81.94378	134.5503
2.00	1.542×10⁶	875.5	4.023482	0.999960	81.9482	134.5572
2.25	1.542×10⁶	875.5	4.526417	0.999989	81.94948	134.5592
2.50	1.542×10⁶	875.5	5.029353	0.999997	81.94985	134.5598
2.75	1.542×10⁶	875.5	5.532288	0.999999	81.94996	134.5599
3.00	1.542×10⁶	875.5	6.035223	1.000000	81.94999	134.5600

可以看出，约在 1.25 年后基本沉降结束。

经计算，正常荷载下各截面沉降随时间发展结果如表 8.2-10 所示，极限荷载下各截面沉降随时间发展结果如表 8.2-11 所示。

计算结果表明，各截面在施工结束后 1～1.25 年时，沉降基本结束。剩余时间内沉降虽仍有增加，但已经不明显。地基土层的固结沉降量占总沉降量的约 50%，同样不可忽略。相对于现有的方法会忽略地基土层的固结沉降，本章计算结果表明，本章方法可反映出沉管隧道地基土固结沉降的变化，具有一定的可行性。

表 8.2-10　正常荷载各截面沉降随时间发展情况　　单位：mm

时间/年	截面1	截面2	截面3	截面4	截面5	截面6	截面7	截面8	截面9	截面10	截面11	截面12
0	68.31	51.76	45.10	45.63	47.16	41.78	41.12	41.12	46.00	45.08	43.58	48.01
0.05	81.25	60.38	53.19	51.49	57.03	51.26	50.19	45.23	49.85	47.82	45.99	51.81
0.10	90.90	67.15	59.51	56.44	63.95	57.60	56.24	48.64	53.13	50.28	48.16	55.10
0.15	98.10	72.45	64.43	60.60	68.79	61.85	60.28	51.47	55.92	52.51	50.13	57.95
0.20	103.47	76.61	68.28	64.12	72.18	64.69	62.98	53.83	58.30	54.51	51.91	60.41
0.25	107.47	79.88	71.28	67.08	74.56	66.59	64.78	55.79	60.32	56.32	53.52	62.54
0.50	116.51	88.23	78.86	76.20	79.17	69.91	67.91	61.63	66.74	63.02	59.52	69.61
0.75	118.60	90.70	81.06	80.09	79.95	70.36	68.33	63.95	69.62	67.01	63.15	73.04
1.00	119.09	91.44	81.69	81.74	80.08	70.42	68.38	64.88	70.91	69.39	65.34	74.70
1.25	119.20	91.66	81.88	82.44	80.11	70.43	68.39	65.25	71.49	70.80	66.66	75.51
1.50	119.22	91.72	81.93	82.74	80.11	70.43	68.39	65.39	71.75	71.65	67.46	75.91
1.75	119.23	91.74	81.94	82.87	80.11	70.43	68.39	65.45	71.87	72.15	67.94	76.10
2.00	119.23	91.75	81.95	82.92	80.11	70.43	68.39	65.47	71.92	72.45	68.24	76.19
2.25	119.23	91.75	81.95	82.94	80.11	70.43	68.39	65.48	71.94	72.63	68.41	76.24
2.50	119.23	91.75	81.95	82.95	80.11	70.43	68.39	65.49	71.95	72.73	68.52	76.26
2.75	119.23	91.75	81.95	82.96	80.11	70.43	68.39	65.49	71.96	72.80	68.58	76.27
3.00	119.23	91.75	81.95	82.96	80.11	70.43	68.39	65.49	71.96	72.83	68.62	76.28

表 8.2-11　极限荷载下各截面沉降随时间发展情况　　　　　　　　　　　单位：mm

时间/年	截面1	截面2	截面3	截面4	截面5	截面6	截面7	截面8	截面9	截面10	截面11	截面12
0	99.95	83.35	76.87	77.41	78.15	72.58	71.75	71.31	76.09	75.49	73.70	78.29
0.05	118.05	96.31	89.54	86.56	93.28	87.58	86.14	77.79	81.97	79.71	77.44	84.04
0.10	131.55	106.48	99.42	94.28	103.87	97.62	95.75	83.17	86.97	83.52	80.82	89.02
0.15	141.62	114.45	107.14	100.79	111.29	104.34	102.16	87.65	91.24	86.95	83.87	93.33
0.20	149.13	120.71	113.16	106.27	116.49	108.84	106.43	91.37	94.87	90.04	86.63	97.05
0.25	154.73	125.61	117.86	110.89	120.13	111.85	109.29	94.47	97.97	92.83	89.13	100.28
0.50	167.38	138.16	129.72	125.13	127.21	117.11	114.26	103.69	107.77	103.15	98.44	110.96
0.75	170.30	141.89	133.16	131.19	128.40	117.82	114.92	107.36	112.17	109.31	104.07	116.16
1.00	170.98	142.99	134.15	133.77	128.60	117.92	115.01	108.82	114.14	112.97	107.47	118.68
1.25	171.13	143.32	134.44	134.87	128.63	117.93	115.02	109.40	115.02	115.15	109.52	119.90
1.50	171.17	143.42	134.53	135.33	128.64	117.93	115.02	109.63	115.42	116.45	110.76	120.50
1.75	171.18	143.45	134.55	135.53	128.64	117.93	115.02	109.72	115.60	117.23	111.51	120.79
2.00	171.18	143.46	134.56	135.62	128.64	117.93	115.02	109.76	115.68	117.69	111.96	120.93
2.25	171.18	143.46	134.56	135.65	128.64	117.93	115.02	109.77	115.71	117.96	112.23	121.00
2.50	171.18	143.46	134.56	135.67	128.64	117.93	115.02	109.78	115.73	118.13	112.40	121.03
2.75	171.18	143.46	134.56	135.68	128.64	117.93	115.02	109.78	115.73	118.28	112.50	121.04
3.00	171.18	143.46	134.56	135.68	128.64	117.93	115.02	109.78	115.74	118.28	112.56	121.05

(3) 弹性地基梁法求纵向不均匀沉降

将基础层和地基土层视为一复合土层，为弹簧地基(Winkler 模型)，其 K 值计算方法如下：①采用截面法把每个管节均匀分成五个截面，分别求这些截面的 K 值，截面越多，计算精度越高；②不考虑管节刚度，计算出复合土层的最大理论沉降量 S(包括基础层最大沉降量 S_1 和土层最大沉降量 S_2)；③采用太沙基一维固结理论，计算得到每个截面不同时间 t 的固结度 U_z，得到该截面 t 时刻的理论沉降量 $S(t)=S_1+U_z S_2$；④将该基础层顶部荷载 P_1 除以复合土层沉降量 $S(t)$，即可反算得到 $K(t)$ 值。

正常荷载下各截面地基弹性抗力系数 K 的取值如表 8.2-12 所示，极限荷载下 K 的取值如表 8.2-13 所示。列出六个时间点体现 $K(t)$ 伴随时间 t 的变化。

表 8.2-12　正常荷载下各截面弹性抗力系数　　　　　单位:kN/m

时间/年	截面1	截面2	截面3	截面4	截面5	截面6
0	9459.6	9894.3	10097.2	10067.0	10258.7	10576.8
0.05	7953.3	8481.1	8561.4	8920.2	8483.0	8621.4
0.10	7108.9	7626.7	7653.0	8138.7	7565.8	7672.2
0.50	5546.0	5804.4	5774.7	6027.5	6110.7	6321.2
1.00	5426.2	5600.4	5574.7	5619.4	6041.3	6275.8
3.00	5419.7	5581.4	5557.0	5536.6	6039.3	6275.0
时间/年	截面7	截面8	截面9	截面10	截面11	截面12
0	10668.8	10824.9	10615.6	10546.1	10717.1	10465.8
0.05	8741.2	9843.3	9795.8	9942.4	10155.8	9698.0
0.10	7800.5	9153.0	9191.3	9454.5	9696.7	9119.0
0.50	6460.2	7223.0	7316.0	7543.7	7845.8	7218.3
1.00	6415.8	6861.5	6885.9	6851.5	7147.4	6725.6
3.00	6415.0	6797.5	6785.7	6527.3	6805.7	6587.1

表 8.2-13　极限荷载下各截面弹性抗力系数　　　　　单位:kN/m

时间/年	截面1	截面2	截面3	截面4	截面5	截面6
0	9042.6	9234.7	9275.2	9261.4	9487.0	9638.4
0.05	7656.2	7991.8	7963.1	8281.9	7948.5	7987.2
0.10	6870.5	7228.7	7171.3	7604.0	7137.7	7165.8
0.50	5399.6	5571.0	5496.3	5729.2	5828.4	5973.2
1.00	5286.0	5382.7	5314.8	5359.2	5765.3	5932.6
3.00	5279.7	5365.2	5298.8	5283.9	5763.3	5931.9
时间/年	截面7	截面8	截面9	截面10	截面11	截面12
0	9704.6	10050.2	9803.1	9709.9	9831.7	9707.4
0.05	8083.5	9213.6	9100.0	9195.9	9357.2	9043.4
0.10	7272.7	8617.1	8576.1	8776.9	8966.1	8537.8
0.50	6094.2	6911.9	6921.0	7106.0	7360.6	6849.3
1.00	6054.6	6586.2	6534.9	6488.5	6742.5	6404.2
3.00	6053.9	6528.4	6444.7	6197.0	6437.7	6278.6

然后采用 ANSYS 有限元软件计算二维纵向弹性地基梁各截面的竖向位移。

本章所构建的弹性地基梁模型需要用到的构件包括梁单元 Beam3 和弹簧单元 Combine14，具体实常数和材料属性见表 8.2-14。

表 8.2-14　单元参数

单元	弹性模量/kPa	泊松比	截面积/m²	惯性矩/m⁴	计算高度/m	弹簧系数/(kN/m)
Beam3	34500000	0.3	25.59	148.24	6.4	—
Combine14	—	—	—	—	—	详见表 8.2-12、8.2-13

需要注意的是，计算时应不考虑梁的自重（在施加集中荷载时已考虑），故不需要设定梁单元 Beam3 的密度。弹簧单元需设置为 2-Dlongitudinal（二维纵向）。

具体模型见图 8.2-5。对直线 12、23、34、45 赋予梁单元 Beam3 的属性，直线 16、27、38、49、510 赋予弹簧单元 Combine14 的属性。对于梁单元，定义实体网格密度为 0.5；对于弹簧单元，定义单元等分数为 1；对于节点 1、2、3、4、5，施加 Y 轴负方向的集中荷载，具体荷载取值需对表 8.2-1 中的数据进行换算，在此不一一列出。

E1、E2 管节两端均为半柔半刚性接头，由于在实际工程中可以产生竖向位移，所以不能按铰接支座进行计算，本章假定其水平方向不产生位移，竖向可以产生位移；而 E3 管节最南端与岸上结构采用刚性链接，需要约束该处节点所有自由度。故在模拟 E1、E2 管节时需对节点 6、7、8、9、10 施加约束，选择 ALLDOF 约束所有的自由度。

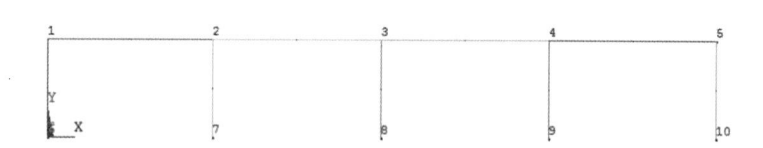

图 8.2-5　建立的模型

按照上述内容进行操作,最后进行求解进入后处理程序。得到正常荷载下 E1 管节的位移云图如图 8.2-6 所示。

```
1
NODAL SOLUTION
STEP=1
SUB =1
TIME=1
USUM    (AVG)
RSYS=0
DMX =.108402
SMX =.108402
```

ANSYS
MAY 9 2013
23:22:46

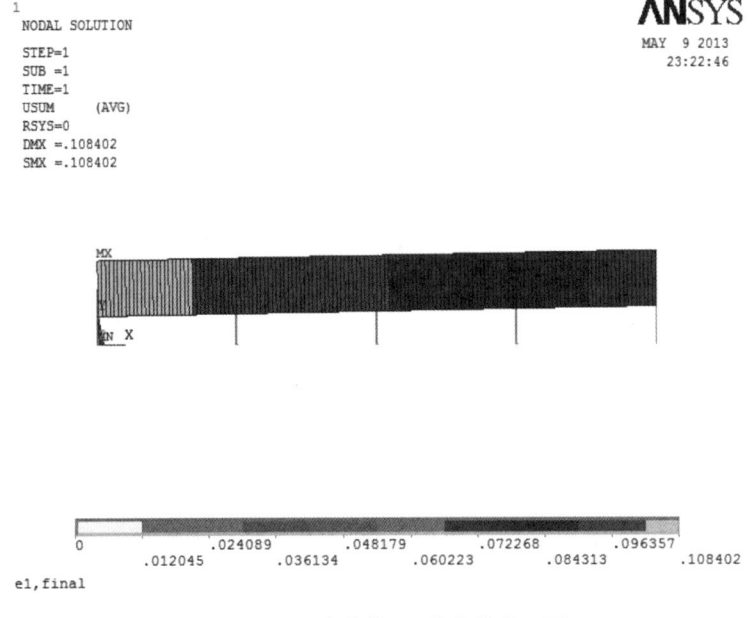

e1,final

0   .012045   .024089   .036134   .048179   .060223   .072268   .084313   .096357   .108402

图 8.2-6 正常荷载 E1 管节位移云图

ANSYS 有限元软件是不支持结果标记的,所以具体各节点的位移数值需要通过 List Results 读出。由于建模时对网格采用 0.50 的单元长度进行划分,故最后共产生 141 个节点。由于篇幅原因,下面只取五个截面对应的位移结果,如表 8.2-15 所示。

表 8.2-15 E1 管段各截面位移

位置	截面1	截面2	截面3	截面4	截面5
节点号	1	36	71	106	141
位移/mm	108.394	99.758	91.181	82.676	74.208

9. 计算结果分析

采用本章方法,最后得到正常工况和极限工况下产生的沉管隧道最大纵向不均匀沉降曲线,结果见图 8.2-7。分别计算得到正常工况下和极限工况下,沉管隧道不同时间产生的纵向不均匀沉降曲线,如图 8.2-8 和图 8.2-9 所示。图 8.2-10 为极限工况下截面 8 沉降随时间发展的曲线。

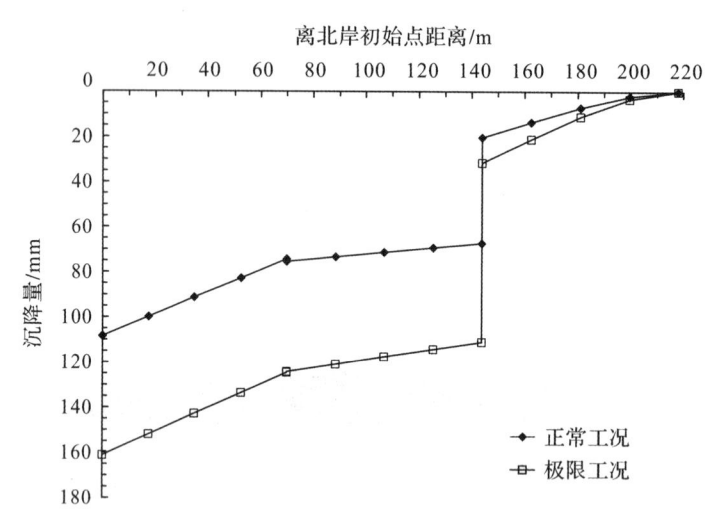

图 8.2-7 沉管隧道最大纵向沉降曲线

如图 8.2-7 所示,由于管节刚度较大,E1、E2 管节沉降呈线性变化,E3 管节由于一端固定,沉降呈非线性变化。沉管隧道的纵向沉降曲线很不均匀,E1 管节沉降较大,E3 管节由于南端为固定支座,沉降较小。沉降量最大的位置出现在 E1 管段北端(即截面 1),正常工况下达到 108.4mm,极限工况下达到 161.2mm。表明沉管隧道的沉降量比较大,应引起重视。极限工况下,E1 管节的首尾沉降差为 36.8mm,E2 管节的首尾沉降差为 13.3mm,E3 管节的首尾沉降差为 31.5mm。表明两端首节管节的首尾沉降差较大,会对管节受力不利,中间段沉降相对均匀。正常工况下,E1-E2、E2-E3 管段的接头沉降差分别为 1.2mm、46.9mm。极限工况下,E1-E2、E2-E3 管段的接头沉降差分别为 0.3mm、79.3mm。表明当一端接头为固定支座时,管节另一端接头会产生较大的沉降差。

图 8.2-8～图 8.2-10 中的时间均以沉管隧道施工结束开始计算,采用双面排水。随着时间增长,下卧土层产生固结沉降,导致沉管隧道沉降随时间逐渐增长。沉降先是迅速增大,约在 1 年后开始稳定。由于没有考虑荷载的加载时间(尤其淤积荷载),计算结果会存在一定误差。

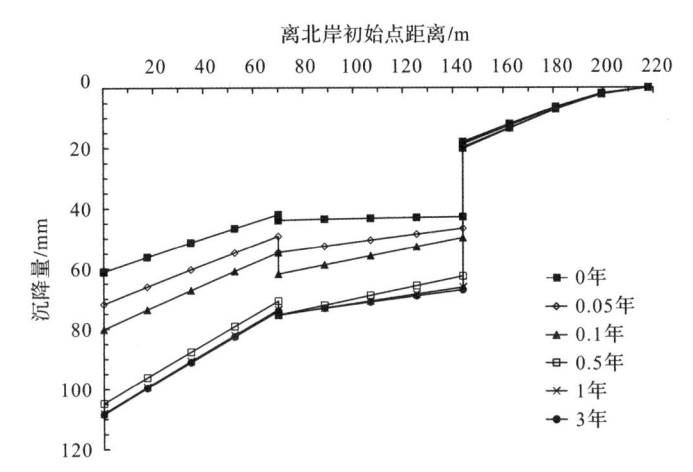

图 8.2-8 正常荷载下纵向沉降随时间的发展曲线

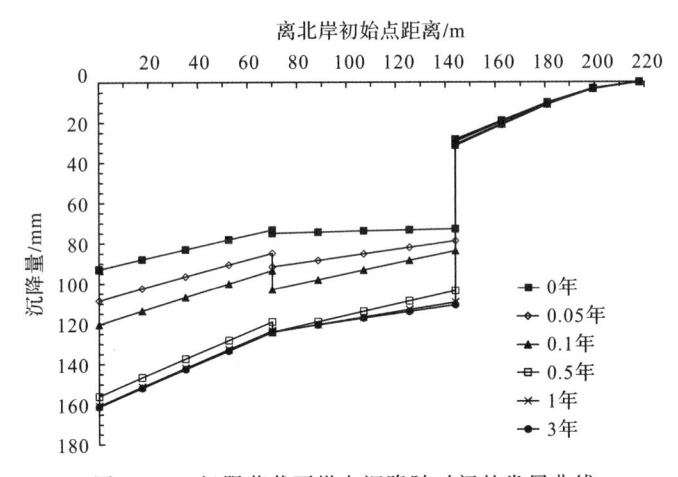

图 8.2-9 极限荷载下纵向沉降随时间的发展曲线

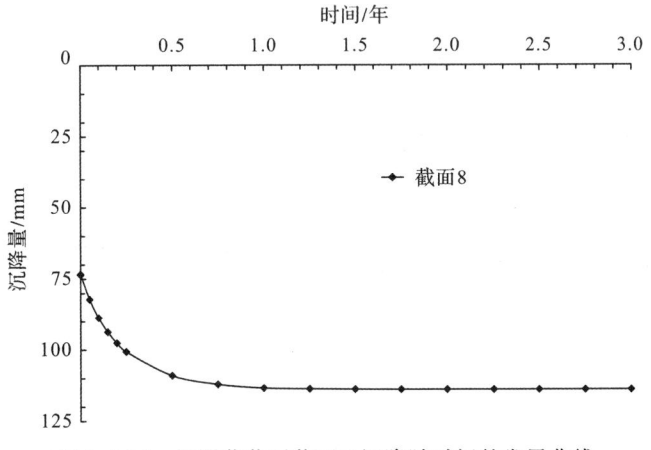

图 8.2-10 极限荷载下截面 8 沉降随时间的发展曲线

为了验证本章方法的可靠性,将理论计算结果与实测值进行了对比,结果见图 8.2-11。图中实测值是从注浆结束开始测试,本章方法计算值取图 8.2-8 中第 0 年的数据,即正常工况下沉管隧道施工刚结束时的沉降。图中管节沉降实测值基本呈线性,略有变化,原因是回填施工导致荷载不均匀。

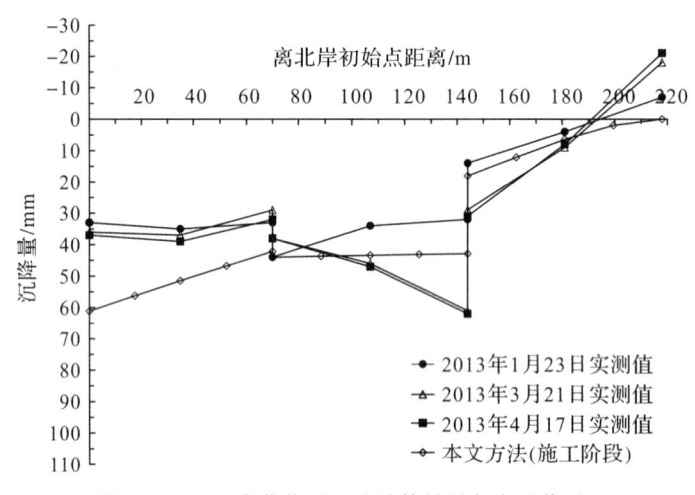

图 8.2-11　正常荷载下理论计算结果与实测值对比

如图 8.2-11 所示,正常工况下,本章方法的理论计算结果与实测值较吻合,这也证明了本书方法有一定可靠性。出现偏差的原因分析:①本章方法在计算时,假定管节施加了所有荷载,而实测时隧道还没有运营,没有行人荷载,同时淤泥也没有完全沉积,所以本章方法计算结果会偏大;②本章方法在计算时,假定管节的施工是同时进行的(即荷载施加时间相同),但实际工程中管节是分段沉放的,本工程中管节的沉放顺序是 E1、E2、E3,即 E1 管节先沉降、E3 管节后沉降,这导致沉降有先后;③考虑到管节之间接头荷载的传递比较复杂,难以精确计算,本章方法在计算时,管节之间是分开计算的,即不考虑两个管节之间荷载的传递,但实际工程中管节对接会对沉降产生影响,会导致对接端下沉、远端略微上浮,E2 管节实测值明显受到对接影响,导致南端沉降增大、北端略有上浮。

8.3　利用三参数模型的沉降计算方法

1. 研究思路

海底沉管隧道的计算分析目前通常都是将沉管隧道视为置于弹性地基上的弹性地基梁,并按 Winkler 假定认为地基变形是完全弹性的,与时间无关。陈韶章[13]

提出利用初参数法求解基床系数单一情况下内力和变形的解析解,但计算结果与实测值相差很大。这种方法存在以下缺点:①没有考虑基础层的影响;②K的取值方法比较笼统,取值基本凭经验、不精确;③由于K是固定值,无法考虑沉降随时间的发展。刘伟等[3]提出采用Kelvin模型模拟沉管隧道地基,按黏弹性地基上的弹性梁假定求解沉管隧道挠度,从而计算内力变形。虽然考虑了时间因素,但并未考虑基础层影响。吴玖荣等[14]把质点-弹簧体系数学模型引入沉管隧道抗震分析中,并结合ANSYS有限元软件分析广州洲头咀总体地震反应,但模型偏复杂,且仅限于地震荷载下的分析。故有必要对沉管隧道分析模型做进一步研究。

张冬梅等[15]曾在盾构掘进引起沉降分析中采用三参数模型,最后得出的结果与实测值接近,而且能很好反映沉降随时间的变化,对预测工后沉降很有意义。李文广等[16]通过三参数模型模拟抽水条件下土的应力-应变关系,很好地预测了基坑降水引起的地面沉降。但目前未见三参数模型在沉管隧道沉降计算中的应用。

针对现有的不足,本章把沉管隧道基础层和地基土层整体定义为复合地基。用弹簧代表基础层,Kelvin模型代表地基土,提出采用三参数模型来模拟复合地基,建立了三参数地基模型下的沉管隧道分析模型,并推导出相应的沉管隧道内力变形解析解,做算例分析。

2. 计算模型

沉管隧道沉放在浚挖的基槽中,隧道底面与槽底之间事先铺有砾石垫层和砂垫层(统称基础层),再往下就是地基土层,如图8.3-1所示。

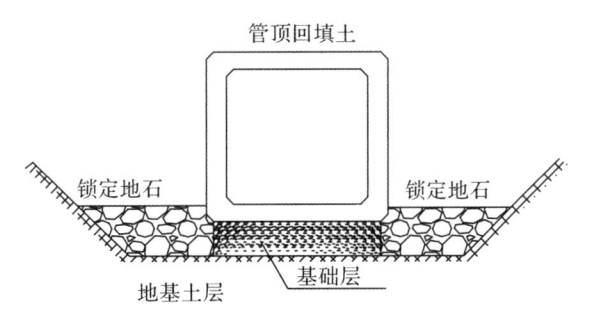

图 8.3-1 沉管隧道地基组成

基础层由砂石组成,可看成弹性;地基土层通常为软黏土,沉降要考虑时间因素。故提出采用三参数模型来代替沉管隧道复合地基。三参数模型如图8.3-2所示,图中E_1、E_2表示弹性模量,η_1为黏性系数。

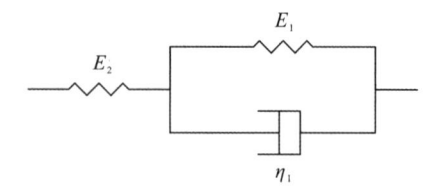

图 8.3-2 三参数模型

故在荷载作用下的分析模型见图 8.3-3。

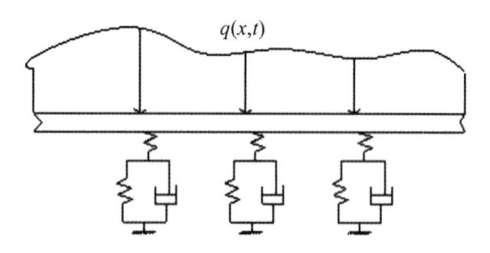

图 8.3-3 沉管隧道分析模型

3. 基本假定

为了得到沉管隧道黏弹性地基上弹性梁的解析解,计算中假定:①作用在沉管隧道上方的荷载在 $t=0$ 时刻后保持常量;②边界外力与位移的交界面在任何时刻都保持不变并符合对应性原理[17];③复合地基材料为黏弹性体,符合三参量固体模型流变方程;④参照弹性地基梁的 Winkler 假定,设支反力只决定于该处梁的挠度和支撑介质的性能。

4. 理论推导

首先求解相同问题下的弹性解,然后根据对应性原理求出三参数条件下的理论解。由图 8.3-4 知,弹性地基梁的挠曲方程为:

$$EI\frac{\partial^4 \omega(x,t)}{\partial x^4} = q(x,t) - P(x,t) \tag{8-10}$$

式中,E 为的弹性模量;I 为梁截面的惯性矩;$q(x,t)$ 为作用于梁上的外荷载;$P(x,t)$ 为地基反力;ω 为梁的挠曲值。

而 $P(x,t) = k \cdot \omega(x,t)$,其中 k 为地基基床系数,代入(8-10)式,并把荷载 $q(x,t)$ 展开成傅里叶级数,$q(x,t) = \dfrac{A_0(t)}{2} + \sum\limits_{m=1}^{\infty}[A_m(t)\cos mx + B_m(t)\sin mx]$,化简得:

$$\frac{\partial^4 \omega(x,t)}{\partial x^4} + \frac{k}{EI} \cdot \omega(x,t) = \frac{A_0(t)}{2EI} + \frac{1}{EI}\sum_{m=1}^{\infty}[A_m(t)\cos mx + B_m(t)\sin mx]$$

$$(8-11)$$

式中，
$$A_m(t) = \frac{1}{\pi}\int_{-\pi}^{\pi} q(x,t)\cos mx\,dx;\ B_m(t) = \frac{1}{\pi}\int_{-\pi}^{\pi} q(x,t)\sin mx\,dx$$

求解(8-11)方程，得弹性地基梁的挠曲方程为：
$$\omega(x,t) = \frac{A_0(t)}{2K} + \sum_{m=1}^{\infty}\frac{1}{EIm^4+k}[A_m(t)\cos mx + B_m(t)\sin mx] \quad (8\text{-}12)$$

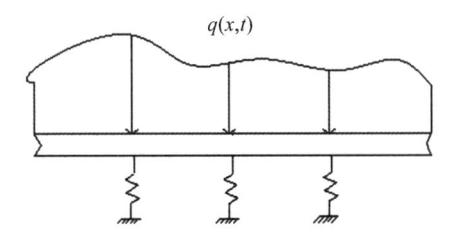

图 8.3.4　弹性地基上的弹性梁计算简图

三参数固体本构方程为：
$$\sigma + p_1\dot{\sigma} = q_0\varepsilon + q_1\dot{\varepsilon} \quad (8\text{-}13)$$

式中，σ 和 ε 表示正应力和正应变；$\dot{\sigma}$ 和 $\dot{\varepsilon}$ 分别表示应力变化率和应变率 $p_1 = \dfrac{\eta_1}{E_1+E_2}$，$q_0 = \dfrac{E_1E_2}{E_1+E_2}$，$q_1 = \dfrac{E_2\eta_1}{E_1+E_2}$。

式(8-13)又可写成如下微分算子表达形式：
$$P_f\sigma = Q_f\varepsilon \quad (8\text{-}14)$$

式中，$P_f = 1 + p_1\dfrac{\partial}{\partial t}$，$Q_f = q_0 + q_1\dfrac{\partial}{\partial t}$。

对式(8-12)做拉普拉斯变换。由于地基材料为黏弹性体，K 与时间有关，将 $\hat{K}_v(s)$ 取代 K 得：

$$\hat{\omega}(x,s) = \frac{\hat{A}_0(s)}{2s\hat{K}_v(s)} + \sum_{m=1}^{\infty}\frac{1}{E_eIm^4 + s\hat{K}_v(s)}[\hat{A}_m(s)\cos mx + \hat{B}_m(s)\sin mx]$$

$$(8\text{-}15)$$

又假定荷载在 $t=0$ 时刻后保持常量，故有 $\hat{A}_0(s) = \dfrac{A_0}{s}$；$\hat{A}_m(s) = \dfrac{A_m}{s}$；$\hat{B}_m(s) = \dfrac{B_m}{s}$。

根据前面提到的第④个假设，有：

$$P_f r(x,t) = Q_f[\omega(x,t)] \tag{8-16}$$

式中，P_f 和 Q_f 为支撑介质的黏弹性微分算子；$r(x,t)$ 为支撑力。

把式(8-13)中三参量固体的微分算子表达式代入式(3-7)，可得沉管隧道挠度与支反力的关系为：

$$\frac{r(x,t)}{\omega(x,t)} = \frac{q_0 + q_1 \frac{\partial}{\partial t}}{1 + p_1 \frac{\partial}{\partial t}} \tag{8-17}$$

又有 $\hat{K}_v(s) = \dfrac{\hat{r}_v(s,t)}{\hat{\omega}_v(s,t)} = \dfrac{q_0 + q_1 s}{1 + p_1 s}$。

最后式(8-15)化简得：

$$\hat{\omega}_v(x,s) = \frac{A_0(1+p_1 s)}{2s(q_0+q_1 s)} + \sum_{m=1}^{\infty} \frac{1}{E_e I m^4 + \dfrac{q_0+q_1 s}{1+p_1 s}} \left[\frac{A_m}{s}\cos mx + \frac{B_m}{s}\sin mx\right] \tag{8-18}$$

对式(8-18)做拉普拉斯逆变换，可得沉管隧道挠度计算公式为：

$$\omega(x,t) = \frac{A_0}{2q_0} + \frac{A_0 p_1 q_0 - A_0 q_1}{2q_0 q_1} e^{-\frac{q_0}{q_1}t} + \sum_{m=1}^{\infty}\left[\frac{1}{E_e I m^4 + q_0} + \frac{B}{E_e I m^4 p_1 + q_1} \times \right.$$

$$\left. e^{-\frac{E_e I m^4 + q_0}{E_e I m^4 p_1 + q_1}t}\right][A_m \cos mx + B_m \sin mx] \tag{8-19}$$

相应地基的反力、弯矩计算公式如下：

$$P(x,t) = k\omega(x,t) = \frac{A_0 k}{2q_0} + \frac{A_0 p_1 q_0 - A_0 q_1}{2q_0 q_1} k e^{-\frac{q_0}{q_1}t} + k\sum_{m=1}^{\infty}\left[\frac{1}{E_e I m^4 + q_0} + \right.$$

$$\left. \frac{B}{E_e I m^4 p_1 + q_1} \times e^{-\frac{E_e I m^4 + q_0}{E_e I m^4 p_1 + q_1}t}\right][A_m \cos mx + B_m \sin mx] \tag{8-20}$$

$$M = EI\left(\frac{d^2\omega}{x^2}\right) = EI\left\{\frac{A_0 k}{2q_0} + \frac{A_0 p_1 q_0 - A_0 q_1}{2q_0 q_1} k e^{-\frac{q_0}{q_1}t} + k\sum_{m=1}^{\infty}\left[\frac{1}{E_e I m^4 + q_0} - \frac{B}{E_e I m^4 p_1 + q_1} \times e^{-\frac{e_e I m^4 + q_0}{E_e I m^4 p_1 + q_1}t}\right][A_m^2 \cos mx + B_m^2 \sin mx]\right\} \tag{8-21}$$

式中，$B = p_1 - \dfrac{q_1}{E_1 I m^4 + q_0} - \dfrac{E_e I m^4 p_1}{E_e I m^4 + q_0}$。

5. 算例分析

为了验证本章方法求解的可靠性，以舟山沈家门港海底沉管隧道工程为例计算沉管隧道沉降(取管段中点处为例)。沉管段由 E1(北岸)、E2、E3(南岸)三个管节组成，分别长 70m、74m、74m，总长为 218m。隧道结构自重按抗浮安全系数 1.1 计算。具体工程概况、隧道纵断面、沉管横截面、水文地质条件本书第 2 章已有详述。计算中，假定荷载均匀分布，于是 A_m、B_m 均为 0，$A_0 = 2q$。可以简化为：

$$w\left(\frac{l}{2}, t\right) = \frac{q}{q_0} + \frac{q(p_1 q_0 - q_1)}{q_0 q_1} e^{-\frac{q_0}{q_1}t} \tag{8-22}$$

E_2 为基础层的弹性模量，珠江沉管隧道的试验结果表明，砂盘的沉降量随荷载增加而增大，沉降随荷载基本呈线性变化，当荷载加大至 30kPa 时，总沉降量达 21.6mm（见图 8.3-5）。该试验砂垫层厚度为 0.6m，反算得到 E_2 为 0.833MPa。

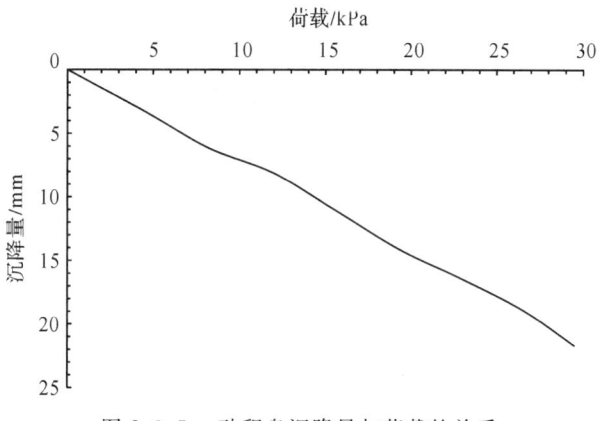

图 8.3-5 砂积盘沉降量与荷载的关系

E_1 和 η_1 是 Kelvin 模型的黏弹性参数，可以由下降法得到。最后，计算中各参数取值为 $q = 40\text{kPa}, E_1 = 1.6\text{MPa}, \eta_1 = 1.0 \times 10^7 \text{MPa} \cdot \text{s}, E_2 = 0.833\text{MPa}$。

将上述参数代入式(8-22)得：

$$\omega\left(\frac{l}{2}, t\right) = 72.7 - 25 e^{-0.41t} \tag{8-23}$$

通过计算得到沉管隧道的初始沉降为 47.7mm，最终沉降为 72.7mm。而施工期间实测沉降为 50mm，施工后的沉降还在进一步监测中。表明本章方法的计算结果比较可靠。由于基础层是弹性的，故可以认为初始沉降主要由基础层产生，占最终沉降的 66%。

沉管隧道沉降随时间变化图如图 8.3-6 所示。可以看到，沉降随时间逐渐增长，7 个月以后达到稳定，这部分沉降主要由地基土体产生。

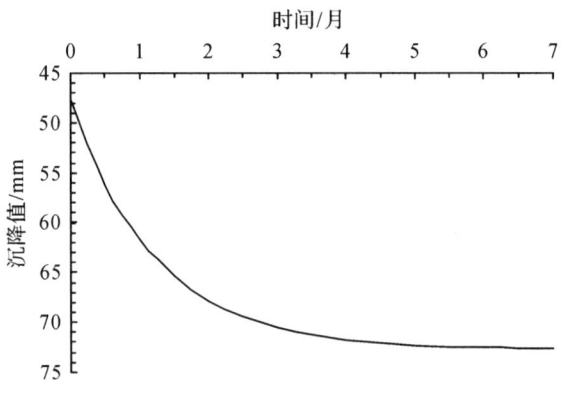

图 8.3-6 沉管遂道沉降随时间发展曲线

8.4 本章小结

目前,沉管隧道的设计存在诸多缺点,这些缺点导致理论计算结果与实测值有较大差距。针对现有不足,本章提出两种不同的修正算法。算法一对弹性地基梁法进行了修正,对 K 的取值方法和接头约束形式进行了改进,使之更符合实际工程。算法二提出采用三参数模型来模拟沉管隧道复合地基,该模型不仅能够考虑沉管隧道基础层的沉降影响,还能反映沉降随时间的变化规律。本章的具体研究工作如下。

(1)算法一利用截面法均匀选取截面,不考虑管节刚度,将基础层顶部荷载除以理论最大沉降量,得到 K 值。

(2)采用 ANSYS 有限元软件计算二维纵向弹性地基梁各截面的竖向位移。

(3)将算法一计算得到的数据制成图,分析发现沉管隧道沉降量比较大,应引起重视。且 E1、E3 管节首尾沉降差较大,对管段受力不利。当一端接头为固定支座时,管节另一端接头会产生较大的沉降差。将理论计算结果与实测值进行对比,发现正常工况下算法一的理论计算结果与实测值比较吻合,证明了该方法有一定可靠性。

(4)在弹性地基梁解的基础上,根据对应性原理和三参数模型本构关系,利用拉普拉斯变换推导出沉管隧道三参数模型的沉降解析解。

(5)算法二的算例分析结果表明该方法计算值与实测值较接近,具有可靠性。沉降随时间逐渐增长,7个月以后达到稳定。并且沉管隧道基础层产生的沉降很大,超过了总沉降的 60%,应引起重视。

参考文献

[1] 徐干成,李永盛,孙钧,等. 沉管隧道的基础处理、基槽淤积和基础沉降问题[J]. 世界隧道,1995,3:2-18.

[2] 邵俊江,李永盛. 潮汐荷载引起沉管隧道沉降计算方法[J]. 同济大学学报,2003,31(6):657-662.

[3] 刘伟,蒋树屏. 关于沉管隧道地基反力的探讨[J]. 公路交通科技,2000,4:48-50.

[4] 邵俊江. 沉管隧道的沉降预测及其控制研究[D]. 上海:同济大学,2003.

[5] 郭东韡,郑万坤. 港珠澳大桥沉管隧道沉降分析研究[J]. 山西建筑,2012,38(16):212-214.

[6] 薛建设. 反复清淤回淤荷载作用下海底沉管隧道软土固结变形特征及地基沉降计算研究[D]. 北京:北京交通大学,2018.

[7] 周桓竹,王延宁,寇晓强. 考虑潮汐荷载作用的沉管隧道竖向位移计算[J]. 铁道科学与工程学报,2022,19(3):790-797.

[8] 黎志均. 珠江隧道工程基础灌砂试验研究[J]. 中国港湾建设,2001,1:18-20.

[9] 王光辉,李治国,程晓明,等. 生物岛-大学城沉管隧道灌砂试验及结果分析[J]. 隧道建设,2009,29(2):176-180.

[10] 韩勇,李圃林,李军等. 获得土体回弹模量的方法研究[J]. 绿色科技,2012,(1):184-185,186.

[11] 邵俊江,李永盛. 沉管隧道沉降问题的探讨[J]. 地质与勘探,2003,39(增刊):178-181.

[12] Grantz W C. Immersed Tunnel Settlements. Part 2:Case Histories[J]. Tunnelling and Underground Space Technology,2001,16(3):203-210.

[13] 陈韶章. 沉管隧道设计与施工[M]. 北京:科学出版社,2002.

[14] 吴玖荣,徐安. 用多质点弹簧模型研究沉管隧道土体地震响应[J]. 广州大学学报(自然科学版),2009,8(5):68-72.

[15] 张冬梅,黄宏伟,王箭明. 盾构推进引起地面沉降的黏弹性分析[J]. 岩土力学,2001,22(3):311-314.

[16] 李文广,胡长明. 深基坑降水引起的地面沉降预测[J]. 地下空间与工程学报,2008,4(1):181-184.

[17] Grantz W C. Immersed Tunnel Settlements. Part 1:Nature of Settlements[J]. Tunnelling and Underground Space Technology,2001,16(3):195-201.

第 9 章
沉管隧道结构纵向受力理论计算模型研究

9.1 引 言

沉管隧道由于其具有断面灵活、防水性能优良、地基承载力要求低等特点,正被世界各地广泛使用[1-4]。水底土质较为软弱且回淤严重,现有的设计理论相对滞后,使沉管隧道在设计时存在缺陷,从而导致施工和运营期间出现纵向不均匀沉降较大、局部应力集中等问题,如舟山沉管隧道在管节回填后出现了 E2 管节顶板环向开裂、E3 管节南端渗漏等不良情况。因此,提出一套合理的沉管隧道结构纵向受力计算模型及方法至关重要。

目前,针对沉管隧道结构受力计算的研究方法主要有理论分析[5-8]和有限元模拟[9-12]。关于理论分析方面,宁茂权[6]将管节沉放对接阶段结构纵向分析分为两种工况:管节沉放对接后至基础整平前按照简支梁计算;管节基础整平后按照弹性地基梁计算。然而,文献[6]只对某一管节在液压千斤顶支承下的受力状态进行了分析,而未考虑各管节沉放对接后对相邻管节的影响。运营阶段,为了实现管节间力和弯矩的有效传递,需要建立合理的管节接头力学模型。早期,一般将柔性或半柔半刚性接头等效成铰接,将刚接接头等效成刚接[7],而未考虑柔性接头的抗弯刚度和剪切刚度。魏纲等[13-14]提出采用定向支座模拟半柔半刚性接头,即不约束接头两端的竖向位移,同时实现弯矩的传递。禹海涛等[15]将 GINA 止水带等效成四只受压弹簧,推导出接头刚度的解析表达式,但忽略了其他接头构件的作用。

综上所述,现有管节沉放安装阶段的计算模型只针对某一管节进行分析,未考虑管节间相互影响,且实际施工步骤为沉放对接与基础处理交替进行,故按照单一的简支梁模型或弹性地基梁模型进行分析并不合理。此外,现有沉管隧道接头模型不是十分理想,不能全面体现实际接头的各项性能,导致难以获得可靠的运营期结构受力计算结果。因此,急需改进管节接头模型和受力计算方法。

除此之外，软土地区沉管隧道施工由于在管段抬升阶段容易出现顶升困难，实际施工中需在基槽中预埋临时垫块。然而，监测表明临时垫块处管段上部内壁容易产生裂缝，且该现象未引起足够重视[7,16-17]。现有沉管隧道结构受力方面的研究主要集中在隧道运营阶段，都是采用有限元、试验或者理论计算方法对沉管隧道管段内力进行研究。理论方面的研究大致分为三大类：基于地层应力理论的地层结构法，基于隧洞内部位移量测值反馈设计衬砌结构的收敛限制法，基于地层压力理论的荷载结构法。陈清军等[18]采用SAP2000软件对沉管隧道空间结构受力变形进行了数值计算，并研究了管底与基础层脱空以及隧道上覆土体厚度等因素的影响。石广斌[19]采用有限元法研究了隧道衬砌内力。刘建飞等[11]建立了沉管隧道三维实体模型，采用拟静力法对管段内力及位移进行计算，并重点对隧道接头进行了分析。魏纲等[3]采用模型试验方法，对舟山沉管隧道基础层的压缩模量进行研究。宁茂权[6]采用理论计算方法对舟山沉管隧道纵向受力进行了计算。文献[10，20-21]对不同工况下的沉管隧道横向受力进行了计算。然而，现有研究均未考虑设置临时垫块对管段的影响，故有必要作进一步研究。

本章提出采用新的管节模型，按具体施工步骤对其沉放对接阶段结构纵向内力进行计算分析。本章针对现有接头模型的不足，通过改进半柔半刚性接头等效模型，同时考虑临时支承垫块的影响，提出了运营期沉管隧道纵向受力计算模型；依托舟山沉管隧道工程，采用本章提出的模型，按施工阶段和运营阶段进行管节纵向受力计算分析，并对理论计算和有限元模拟结果进行了对比分析，提出了合理建议。

9.2 沉管隧道纵向计算模型

1. 本章研究思路及创新点

(1)考虑到隧道实际施工步骤为沉放对接与基础处理交替进行，提出采用简支梁模型和弹性地基梁-简支梁复合模型，对管节沉放对接阶段结构内力分布情况进行计算分析。

(2)考虑接头两端竖向位移差的约束，对魏纲等[13]提出的定向支座等效半柔半刚性接头模型进行改进，提出定向支座结合剪切弹簧的接头模型，并对剪切弹簧系数取值做出说明。

(3)考虑临时支撑垫块对运营阶段沉管隧道纵向受力的影响，对舟山沉管隧道管节可能发生的危害进行分析。

2. 沉放对接阶段管节计算模型研究

为支撑管节水下自重、保持姿态平衡并调节首尾高度,需对各管节设置临时支撑系统。管节在沉放对接至基础整平期间,通过管首的鼻托梁和管尾的液压千斤顶支撑[22],结构纵向按照简支梁进行计算。基础整平后,管节底板与基础直接接触,结构纵向按照弹性地基梁进行计算。实际工程中,由于单个管节跨度较大,每一管节沉放对接之后需先进行基础处理,再进行下一管节的沉放对接。在完全覆土回填之前,不对管节端封墙和连接鼻托进行拆除[23-24],即未形成完整的接头,所以在该阶段可简单地将接头部位等效为铰接。

按上述分析,管节沉放对接阶段纵向计算模型可分为两类,如图 9.2-1 所示。本章假定所受荷载为均匀荷载,图 9.2-1(a)为目前设计普遍采用的模型,但该模型只适用于计算首段管节沉放后的受力情况,计算其余管节的受力情况时并不准确。图 9.2-1(b)为本章提出的弹性地基梁与简支梁复合模型,该模型可对部分管节基础处理后的结构受力进行计算。

(a) 简支梁模型

(b) 弹性地基梁与简支梁复合模型

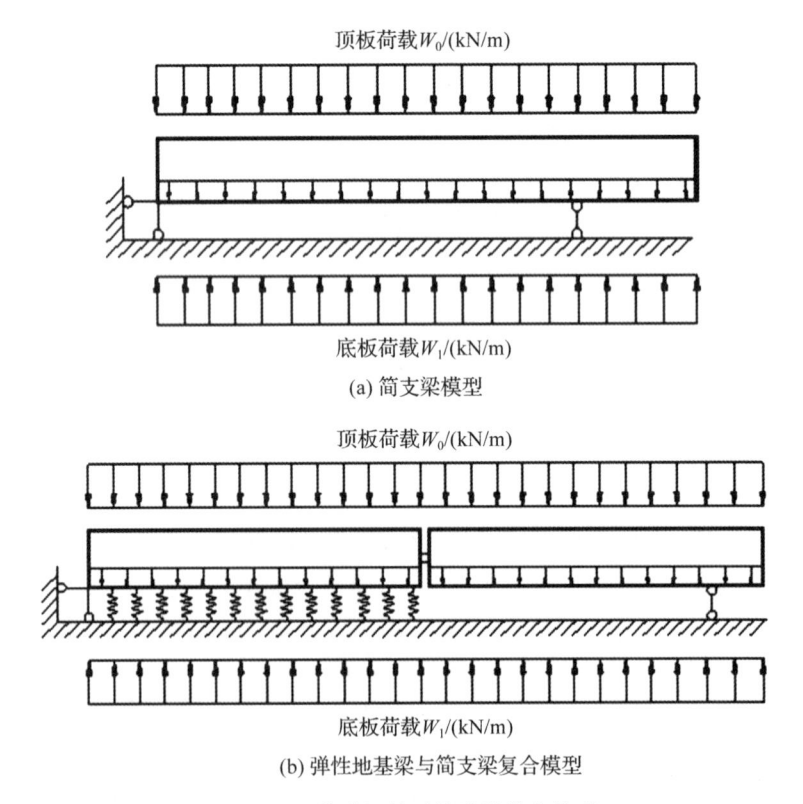

图 9.2-1 管节沉放对接阶段纵向模型

3.运营阶段计算模型研究

(1)接头力学模型

现有接头模型无法合理简化接头构造并有效实现内力传递。上面提到的刚接－铰接等效模型[7]、定向支座等效模型[13]、GINA 止水带等效弹簧模型[15]等接头模型的效果均不理想。针对现有接头模型的不足,本章提出采用定向支座结合剪切弹簧对柔性或半柔半刚性接头进行模拟,如图 9.2-2 所示。其中,定向支座可以实现弯矩、轴力的传递和接头两端竖向位移,而剪切弹簧可以约束接头两端位移差,其压缩特性在实际中主要由垂直剪切键件的橡胶支座性能体现。该接头模型可基本反映 GINA 止水带、OMEGA 止水带、波形连接件和垂直剪切键等实际接头部件的作用。另外,刚性接头可视作剪切弹簧刚度无穷大,即为刚接。

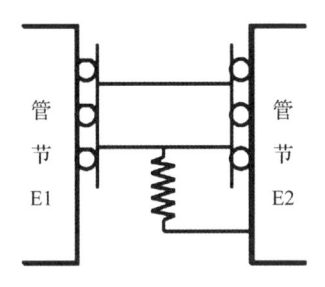

图 9.2-2 接头力学模型

(2)管节纵向计算模型

目前,沉管隧道管节的中间接头多采用半柔半刚性接头,最终接头一般采用刚性接头。设计中,运营阶段管节纵向按照弹性地基梁进行计算。根据实际管节两端约束情况,结合本章改进的接头力学模型,提出两种管节纵向计算模型,见图 9.2-3,本章假定所受荷载为均匀荷载。

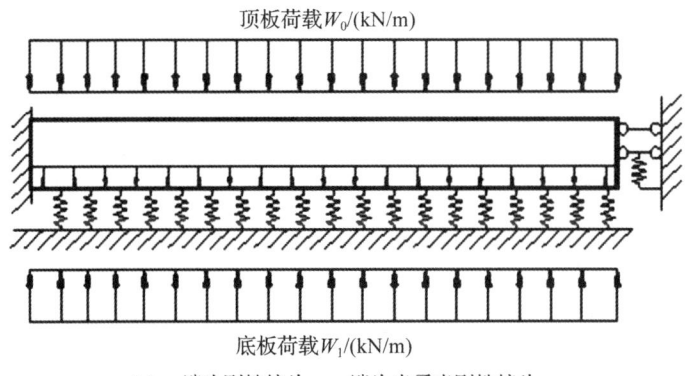

顶板荷载W_0/(kN/m)

底板荷载W_1/(kN/m)

(a) 一端为刚性接头,一端为半柔半刚性接头

顶板荷载 W_0/(kN/m)

(b) 两端均为半柔半刚性接头

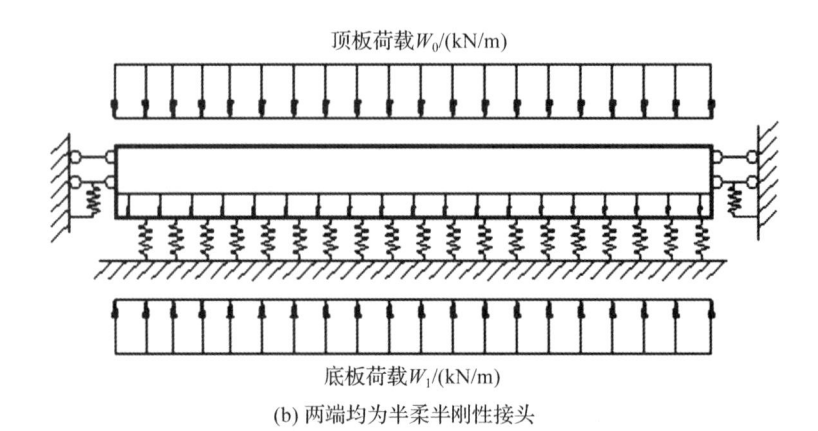

底板荷载 W_1/(kN/m)

图 9.2-3　运营阶段管节纵向模型

一般情况下,管节基础整平后会回收液压千斤顶,而临时垫块不予去除,这容易导致运营期间沉管隧道在临时垫块处的沉降较小,使沉管隧道纵向产生较大的不均匀沉降,同时也会影响管节内力分布。然而,现有的运营期沉管隧道结构计算中均未考虑临时垫块的影响,因此得到的计算结果并不准确。本章提出将临时支撑垫块等效考虑成弹性支座。

4. 地基弹性抗力系数 K 的取值

地基弹性抗力系数 K 的取值方法,具体见第 8.2 节。

(1) 截面法

假定地基模型为 Winkle 地基模型,采用截面法[13]对沉管隧道进行分析。通过五个截面将每个管节均分为四段,如图 9.2-4 所示。实际分析中,所取截面越多,结果越精确。

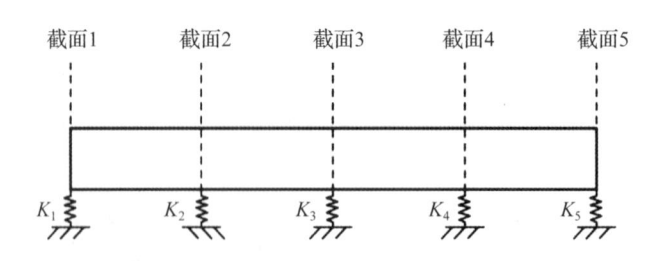

图 9.2-4　截面法示意

采用分层总和法计算运营阶段某截面处基础层最终沉降量 S_1 和地基土层最终沉降量 S_2,可得最终总沉降量为:

$$S = S_1 + S_2 \tag{9-1}$$

由于基础底部土层处于超固结状态,故应采用土体回弹模量 E_c 来计算地基土层的沉降量。土体回弹模量 E_c 的取值见式(8-2)。

记截面处基础层上部每延米所受荷载为 P_1,则该截面处的地基弹性抗力系数 K 为:

$$K = P_1/S \tag{9-2}$$

(2)地基弹性抗力系数 K 随时间变化

软土地区的地基土层需要经历较长时间的排水固结,沉管隧道沉降量会随时间增长而增大。Winkle 地基模型中采用固定的地基弹性抗力系数 K,显然无法考虑时间效应,并不合理。

为解决该难题,令 K 随时间变化。考虑固结沉降,计算 t 时刻某截面处地基土层的平均固结度 $U(t)$,得到该时刻的总沉降量 $S(t)$,从而反算地基弹性抗力系数 $K(t)$:

$$S(t) = S_1 + U(t)S_2 \tag{9-3}$$

$$K(t) = P_1/S(t) \tag{9-4}$$

9.3 算例分析

1. 工程概况

舟山沉管隧道工程为行人隧道,沉管段自北向南分别由 E1(70m)、E2(74m)、E3(74m)三个管节组成,总长为218m,北岸接头与中间接头均采用半柔半刚性接头,南岸接头即最终接头采用刚性接头。沉管隧道管节横断面尺寸为 11.5m×6.4m,底板厚 0.9m,顶板厚 0.7m,侧墙厚 0.75m。地基土层自上而下分别为②₂淤泥质粉质黏土层、②₃粉质黏土层、③₂含黏性土圆砾层、⑤粉质黏土层、⑤₁含黏性土角砾层、⑥粉质黏土层、⑦含黏性土角砾层[6]。具体工程概况见本书第 2 章。

2. 施工阶段受力分析

E1、E2 管节沉放对接时采用首一尾二的三点式临时支承系统,包括管首的鼻托梁和管尾两个支撑在临时垫块上的液压千斤顶。管底临时支承垫块位置如图 9.3-1 所示。管节 E3 的首部鼻托与 E2 相连,尾部直接支撑在南岸桩基承台上,故该阶段不考虑南端刚接。

(a) E1管节临时垫块位置/m

(b) E2管节临时垫块位置/m

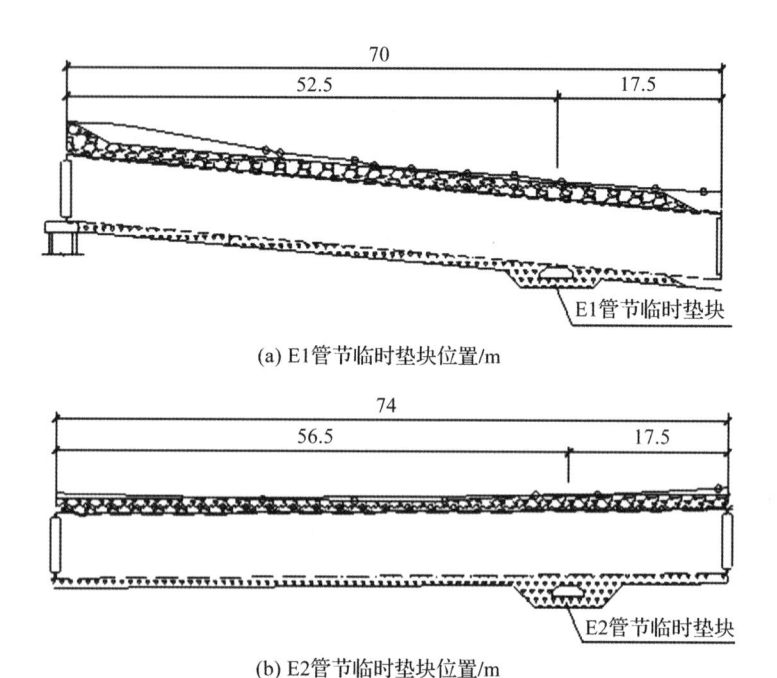

图 9.3-1　临时垫块位置示意

  实际工程中，施工顺序为：2012 年 10 月 13 日，E1 管节与北岸基坑对接；2012 年 10 月 22 日—2012 年 10 月 24 日，E1 管节底部注浆；2012 年 11 月 12 日，E1、E2 管节对接；2012 年 11 月 20 日—2012 年 11 月 24 日，E2 管节底部注浆；2012 年 12 月 12 日，E2、E3 管节对接；2013 年 1 月 8 日—2013 年 1 月 11 日，E3 管节底部注浆[23]。

  按照上述截面法分割三个管节，除去共有截面和南岸截面（刚接），共计 12 个截面。管节沉放安装阶段所受荷载包括自重、施工荷载、水压力、混凝土收缩等。抗浮系数取 1.05，计算截面处荷载，截面间结构荷载按线性分布。地基弹性抗力系数 K 取文献[25]中正常荷载作用下施工期刚结束时的计算结果，见表 9.3-1。其中，临时支承垫块部位的等效弹性支座系数按该处地基弹性抗力系数的 50 倍取值。

表 9.3-1　管节沉放对接阶段地基弹性抗力系数 K　　　　　　kN/m³

截面(沉放对接阶段)		
截面 1	截面 2	截面 3
9 459.6	9 894.3	10 097.2
截面 4	截面 5	截面 6
10 067.0	10 258.7	10 576.8
截面 7	截面 8	截面 9
10 668.8	10 824.9	10 615.6
截面 10	截面 11	截面 12
10 546.1	10 717.1	10 465.8

根据本章提出的纵向计算模型,对各管节沉放对接阶段的内力分布进行计算,结果见图 9.3-2、图 9.3-3 和图 9.3-4。

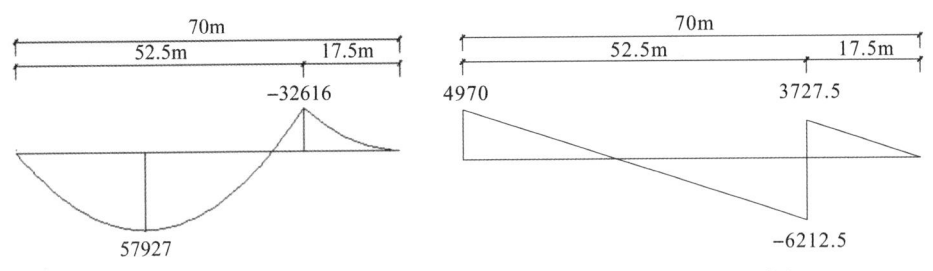

(a) E1 管节临时支承弯矩图（单位：kN·m）　　(b) E1 管节临时支承剪力图（单位：kN·m）

图 9.3-2　E1 管节临时支承纵向计算结果

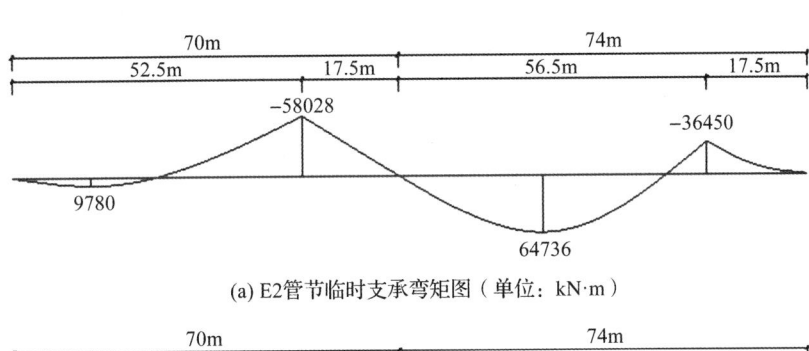

(a) E2 管节临时支承弯矩图（单位：kN·m）

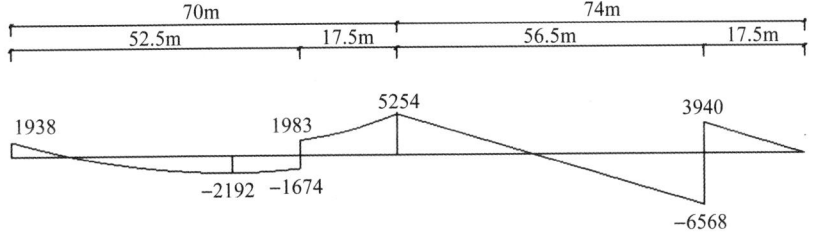

(b) E2 管节临时支承剪力图（单位：kN·m）

图 9.3-3　E2 管节临时支承纵向计算结果

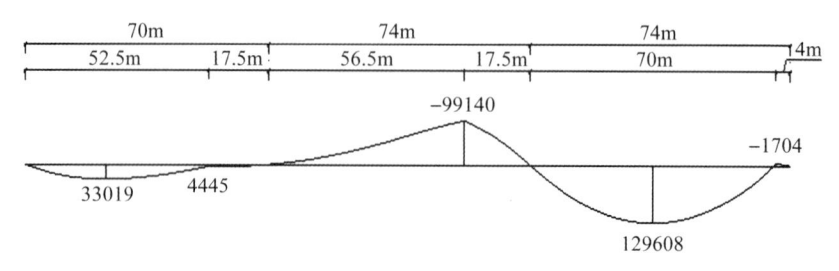

(a) E3沉放对接后弯矩图（单位：kN·m）

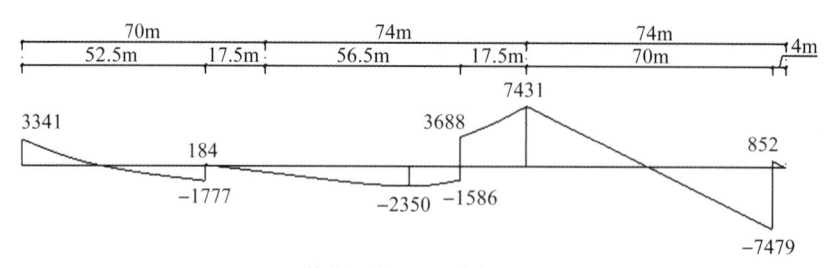

(b) E3管节沉放对接后剪力图（单位：kN·m）

图 9.3-4　E3 管节沉放对接后纵向计算结果

由图 9.3-2、图 9.3-3 和图 9.3-4 可知，在各管节沉放对接过程中，管节临时支承中部出现较大正弯矩，临时垫块部位出现较大负弯矩和剪力，最大弯矩值为 129608kN·m，最大剪力值为 7479kN，分别出现在 E3 管节沉放对接后 E2 管节的中部和端部。其中，临时垫块部位的弯矩为负值，即管节上部受拉、下部受压，故建议设计中需要增加此处顶板的配筋。

对比各管节沉放对接阶段内力分布情况，某一管节沉放对接完成后，相邻的上一管节临时垫块部位的负弯矩会发生较大幅度的增大，而管节中部的正弯矩减小，管首支承部位和临时垫块部位的剪力也减小，对于临时垫块部位的管节顶板受力十分不利。

舟山沉管隧道工程在 E3 管节沉放对接及回填完成后，管节 E2 临时垫块部位的顶板内壁出现了多条环向裂缝，如图 9.3-5 所示。根据算例计算结果，分析原因可能是 E3 管节沉放对接后，管节 E2 临时垫块部位的负弯矩大幅增加，而设计阶段未对该效应加以考虑。

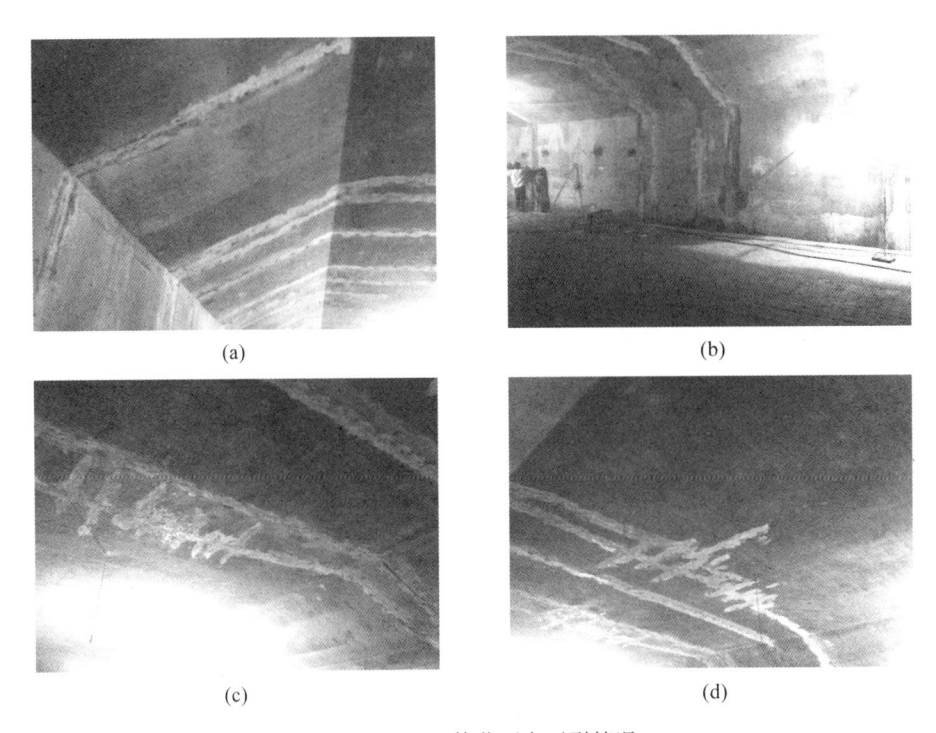

图 9.3-5　E2 管节环向开裂情况

3. 运营阶段受力分析

由设计资料可知,碎石浮重度为 $10kN/m^3$,砂基础浮重度为 $8kN/m^3$,块石浮重度为 $11kN/m^3$,回淤土体浮重度为 $5.6kN/m^3$,覆土冲淤变化幅度为 4m;人群荷载取 4kPa,抗浮安全系数取 1.1,地基弹性抗力系数 K 取文献[25]中正常荷载作用下运营 3 年后的计算结果,见表 9.3-2。

表 9.3-2　隧道运营阶段地基弹性抗力系数 K　　　　(kN/m^3)

截面(运营阶段)		
截面 1	截面 2	截面 3
5 419.7	5 581.4	5 557.0
截面 4	截面 5	截面 6
5 536.6	6 039.3	6 275.0
截面 7	截面 8	截面 9
6 415.0	6 797.5	6 785.7
截面 10	截面 11	截面 12
6 527.3	6 805.7	6 587.1

舟山沉管隧道中接头橡胶支座采用四氟板式橡胶支座,尺寸为 600mm×

160mm×80mm,承载力为625kN,取其弹性模量为6MPa。接头处的垂直剪切键共有五个(两侧墙上垂直剪切键数量分别为两个和三个)。将橡胶支座的实际弹性模量换算成模型中剪切弹簧系数,取360000kN/m。根据本章提出的纵向计算模型,对运营阶段沉管隧道内力进行计算,结果见图9.3-6。

宁茂权[6]在未考虑临时垫块效应的工况下,对舟山沉管隧道结构纵向受力进行计算,研究结果表明,E1管节中部弯矩较大,端部弯矩较小,管首剪力较大,管中和管尾剪力较小;E2管节所受弯矩和剪力均较小;E3管节在南端出现最大负弯矩和剪力,大小分别为456000kN·m和26220kN。

对比本章算例结果与宁茂权计算结果,发现两者差异较大,如图9.3-6所示。本章在考虑临时垫块的工况下,管节E1、E2和E3的弯矩和剪力分布规律十分接近,最大弯矩和剪力均出现在E3管节南端,大小分别为365196kN·m和15112kN。需要注意的是,各管节最大正弯矩均出现在距离管首15 m左右的位置(管节五分点位置),最大负弯矩出现在临时垫块部位(或桩基支承部位),尤其E2管节在设计阶段认为弯矩几乎为0[6],而按照本章计算结果,临时垫块位置的弯矩达到了93053kN·m,这对于该处顶板受力十分不利,图9.3-5也证明了本章计算结果的合理性。剪力较大值出现在管首和临时垫块部位(或桩基支承部位)。另外,由于桩基础的支点效应,E3管节南端弯矩出现小幅回落,剪力大幅突变后也出现小幅回落。

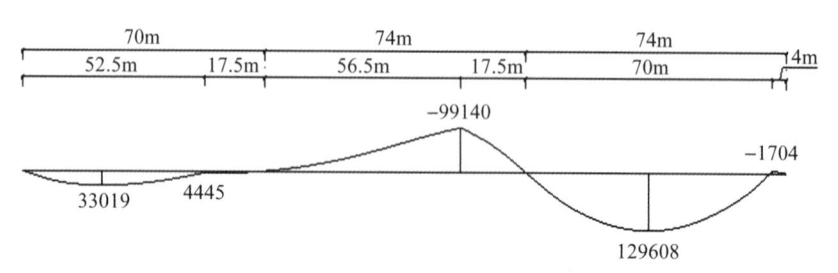

(a) E3沉放对接后弯矩图(单位:kN·m)

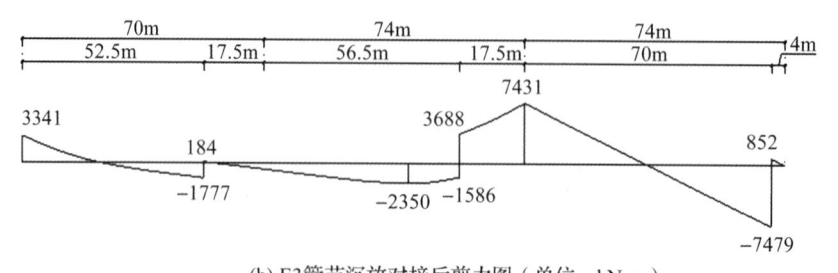

(b) E3管节沉放对接后剪力图(单位:kN·m)

图9.3-6　运营阶段管节纵向计算结果

在实际工程中,在 E3 管节与南岸对接后,接头部位发生开裂并渗漏,如图 9.3-7 所示。由上述分析可知,最大剪力及弯矩均出现在隧道南岸,故 E3 管节与南岸对接存在较大施工难度。除此之外,在运营阶段还需重点对 E1、E2 管节临时垫块部位、E3 管节桩基支承部位进行内力监控,防止管节病害的出现。

另外,宁茂权[6]采用的中间接头模型不能实现弯矩的传递,故中间接头部位的弯矩计算结果均为 0。而本章提出的接头模型中采用了定向支座,可以实现弯矩的传递,图 9.3-6(a)表明两处中间接头均承受了一定大小的弯矩,体现了本章接头模型的合理性。

因此,综合来看,本章计算结果要比宁茂权[6]计算结果更符合实际工况。

图 9.3-7　E3 管节与南岸接头开裂

9.4　舟山沈家门港海底沉管隧道三维有限元模拟

1. 模型建立及参数取值

预埋的临时垫块距离 E2—E3 接头约 1/4~1/5 的管段长度,本节在模型建立中假定临时垫块置于管段的四分点位。临时垫块由 0.95m 厚的 Q235B 钢板和 C40 混凝土组合而成。沉管隧道管段采用 C50 混凝土预制。基础层由 0.4m 厚的压砂层、0.6m 厚的碎石层组成。管段上覆镇重块石层厚为 1.5m。承台尺寸为 14m×4m×2m,单桩直径为 800mm,桩长为 13m。地基土层、回填土体、基础层和回淤土体均采用 Mohr-Coulomb 模型;隧道结构、上覆镇重块石、桩及承台采用弹性模型,隧道接头采用弹性连接。各材料的物理参数如表 9.4-1 所示。

表 9.4-1　材料物理力学系数

构件	浮重度/(kN/m³)	弹性模量/MPa	泊松比	黏聚力/kPa	内摩擦角/°	X方向弹簧刚度/(kN/m)	Y方向弹簧刚度/(kN/m)	Z方向弹簧刚度/(kN/m)
粉质黏土⑤	9.0	11.570	0.40	20.0	15.0	—	—	—
粉质黏土⑥	8.6	10.301	0.45	20.2	19.4	—	—	—
黏性土角砾⑦	9.6	24.688	0.35	28.9	22.8	—	—	—
回淤土体	5.6	5.000	0.42	5.0	5.0	—	—	—
镇重块石	11.0	80.000	0.30			—	—	—
加固土体	21.0	150.000	0.30	30.0	35.0	—	—	—
承台桩	12.0	33500.000	0.20			—	—	—
基础层	9.0	11.000	0.30	20.0	36.0	—	—	—
回填土	10.0	60.000	0.30	15.0	30.0	—	—	—
隧道	15.0	34500.000	0.20			—	—	—
接头	—	—	—			700000	600000	700000

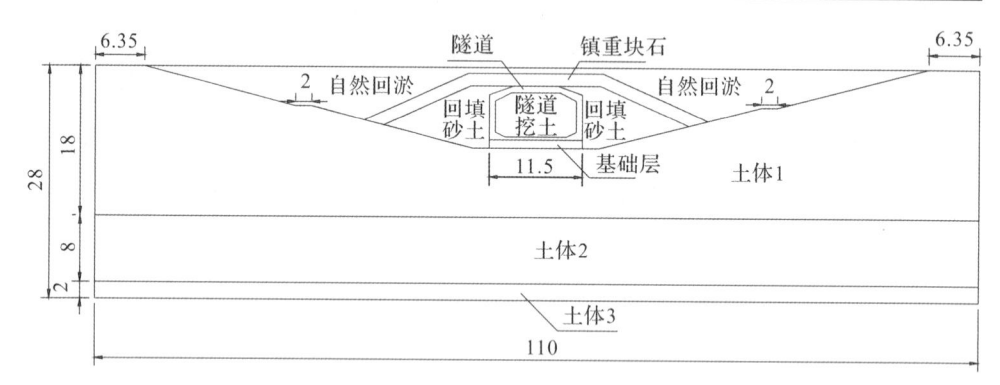

图 9.4-1　沉管隧道及地层的横断面(单位:m)

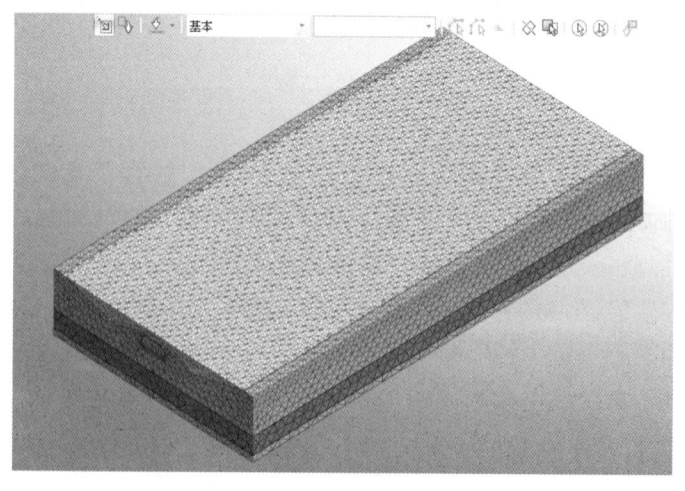

图 9.4-2　沉管隧道整体

图 9.4-3　沉管隧道基础层下临时垫块

本节采用 MIDAS GTS NX 有限元软件建立几何三维模型。其中，三维实体单元通过平面定向扩展生成，模型横向取为 110m，竖向取为 28m，如图 9.4-1 所示。将地基土层自上而下顺次定义为土体 1、土体 2 和土体 3，并将多条线合并成线组，然后通过在 Y 方向扩展 220m 生成三维实体单元。模型中，隧道接头通过分割形成，桩基和承台在形成实体后需要进行布尔运算。整体模型的网格划分结果见图 9.4-2，临时垫块模型的网格划分结果见图 9.4-3。沉管隧道采用八节点六面体实体单元，共有 14440 个单元。

2. 沉管隧道施工过程模拟

模拟中假定：①计算中不考虑地下水的渗透作用；②土体变形时，与隧道不发生相对滑移；③管段与基础层，基础层与地基土层均变形协调；④不考虑基槽开挖引起应力释放而造成的表面土体隆起。

施工过程模拟中，可以采用激活或钝化的命令来实现基槽开挖、隧道形成和回填土体，具体而言可以分为以下 12 个步骤：①激活所有土层，添加自重和边界条件；②钝化开挖土体，并将位移清零；③激活加固区土体，并修改其单元属性；④激活桩基和承台，并修改其单元属性；⑤激活临时垫块，并修改其单元属性；⑥激活基础层，并修改其单元属性；⑦激活 E1 管节，修改其单元属性，并激活相应接头单元；⑧激活 E2 管节，修改其单元属性，并激活相应接头单元；⑨激活 E3 管节，并修改其单元属性；⑩激活回填土，并修改其单元属性；⑪激活镇重块石，并修改其单元属性；⑫激活回淤土体，并修改其单元属性。

3. 有限元模拟结果分析

(1) 管节位移分析

管段沉降是关系到隧道运营安全的重要指标。图 9.4-4 为管段沉降的理论结果[13]、实测结果和有限元模拟结果的对比。结果表明,三种计算结果沿隧道纵向的变化趋势基本类似,其中理论结果与实测结果较为接近。需要注意的是,理论计算结果表明隧道南端未发生沉降,这是由于本章将岸边接头作为刚性接头处理,该处位移实际为正。表明隧道南段处于隆起状态,这是由于隧道南岸存在桩基础,因此出现了支点效应。

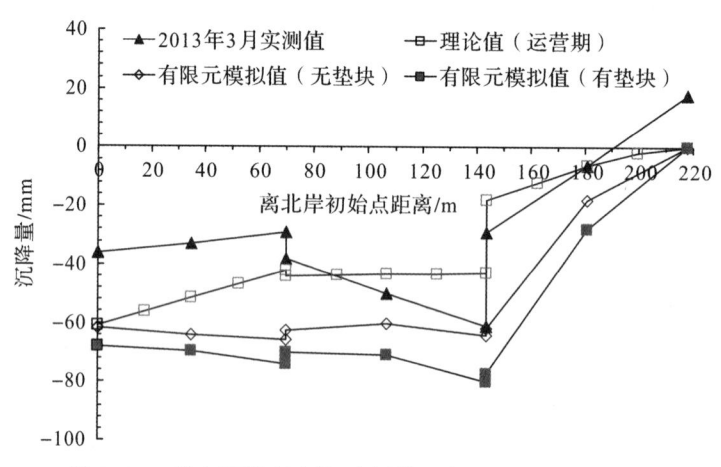

图 9.4-4 纵向沉降理论值、实测值和有限元模拟值的对比

有临时垫块的管段沉降值要大于无临时垫块的沉降值,如图 9.4-4 所示。其中,无临时垫块时的最大沉降为 66mm,有临时垫块时的最大沉降为 83.2mm。原因为当无临时垫块时,管段纵向受力较为均匀,不存在应力集中;当临时垫块存在时,垫块位置的管段沉降较小,而其他截面由于基础层压缩模量较小而沉降较大。

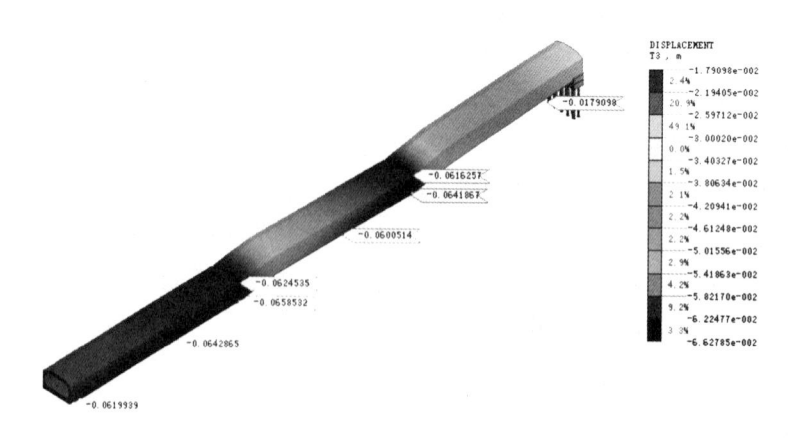

图 9.4-5 无临时支撑沉管隧道纵向位移图

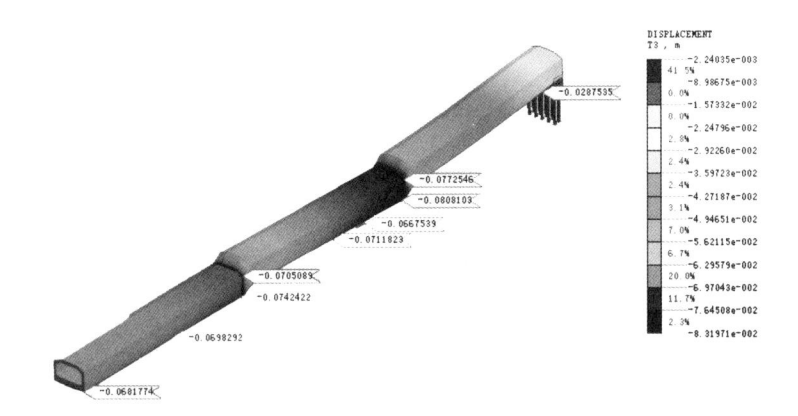

图 9.4-6 有临时支撑沉管隧道纵向位移图

有限元模拟结果表明,各管段之间明显发生了不均匀沉降。图 9.4-5 为无临时支撑的沉管隧道管段的纵向位移图,无临时垫块情况下 E1 和 E2 管段的首尾沉降差均约 3mm,整个沉管段的首尾沉降差约 61mm。

有临时支撑的沉管隧道管段的纵向位移图如图 9.4-6 所示,有临时支撑情况下,E1 管节首尾沉降差为 4mm,E2 管节为 3mm,垫块支撑位置处的沉降为 65mm,整个沉管隧道的首尾沉降差为 68mm。管节首尾沉降差比较大,会使管段受力不均匀,存在潜在危险。有临时垫块时管段首尾沉降差约为无临时垫块时的 1.2 倍,原因可能是临时垫块改变了管段的受力状态,使 E2 管节不能依照荷载-沉降法计算,所以管节首尾沉降差较大。

(2)E2 管节应力分析对比

无临时支撑工况下 E2 管节在 Z 方向的应力如图 9.4-7 所示,有临时支撑工况下 E2 管节 Z 方向的应力如图 9.4-8 所示,图中有限元结果的正值为拉应力,负值为压应力。

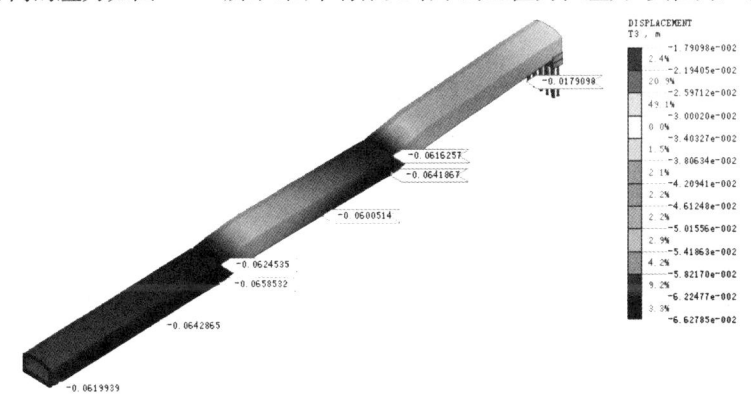

图 9.4-7 无临时支撑情况下 E2 管节 Z 方向应力

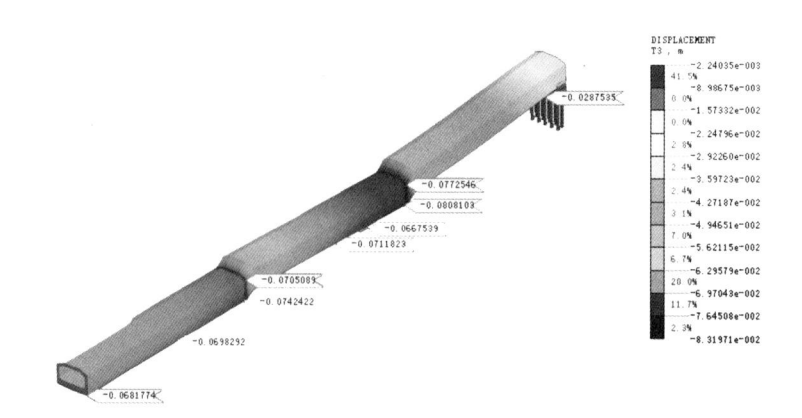

图 9.4-8　有临时支撑情况下 E2 管节 Z 方向应力图

由图 9.4-7 和图 9.4-8 可知，无临时支撑工况下，E2 管节在 Z 方向均受压，最大压应力为 -0.6MPa。有临时支撑工况下，E2 管节在 Z 方向主要受压，但出现了拉应力，其中，最大压应力达到 -0.63MPa，且最大拉应力达到 0.065MPa。表明临时垫块的支点效应改变了 E2 管段的受力状态，导致原隧道顶部的压应力变为拉应力，因此会导致环形开裂。为此，我们进行了现场观察，发现在沉管隧道内部的顶部确实出现了许多平行的环形裂缝，如图 9.3-5 所示，验证了有限元模拟的可靠性。

9.5　本章小结

(1) 提出采用简支梁模型和弹性地基梁-简支梁复合模型，对管节纵向内力分布进行计算。结果表明，某一管节沉放对接完成后，相邻的上一管节临时垫块部位的负弯矩发生较大幅度增大，这对于该处顶板受力十分不利。

(2) 首次提出定向支座结合剪切弹簧的接头新模型。结果表明，该接头模型可以实现弯矩的传递和两端竖向位移差的约束，较为合理。

(3) 采用弹性支座对垫块进行模拟。结果表明，临时垫块部位和桩基支承部位的负弯矩较大，可能引起管节顶板开裂，靠近管首的五分点位置的正弯矩较大，以上部位需要重点进行内力监控，防止管节病害发生。

(4) 管段沉放施工中的临时垫块的存在会使管段发生支点效应，并使运营阶段管段内力较大，容易在该处上部产生环向裂缝，需要加以重视。

接头力学模型中采用定向支座会使得接头抗弯刚度过大，与实际半柔半刚性接头特性存在一定差异，可针对该点不足对接头模型作进一步改进。

参考文献

[1] 陈韶章. 沉管隧道设计与施工[M]. 北京：科学出版社，2002.

[2] 魏纲，裘慧杰，魏新江. 沉管隧道施工期间与工后长期沉降的数据分析[J]. 岩石力学与工程学报，2013，32(增刊2)：3413-3420.

[3] 魏纲，裘慧杰，杨泽飞，等. 考虑回淤的沉管隧道基础层压缩模型试验研究[J]. 岩土工程学报，2014，36(8)：1544-1552.

[4] 潘永仁，彭俊，Naotake Saito. 上海外环沉管隧道管段基础压砂法施工技术[J]. 现代隧道技术，2004，41(1)：41-45.

[5] 唐英，管敏鑫，万晓燕. 高速铁路南京长江沉管隧道段的结构设计与计算[J]. 中国铁道科学，1999，20(4)：88-96.

[6] 宁茂权. 沈家门港海底沉管隧道设计介绍[J]. 现代隧道技术，2008，45(6)：61-69.

[7] 史先伟，杜孔泽. 广州鱼珠至长洲岛越江隧道工程方案论证[J]. 铁道标准设计，2007，(增刊2)：15-18，19.

[8] 宾胜林. 沉管隧道节段接头力学行为试验研究与理论分析[D]. 西安：长安大学，2013.

[9] 陈海军. 沉管隧道主体结构设计关键技术分析研究[J]. 隧道建设，2007，27(1)：46-50，69.

[10] 王贤辉. 结构优化在沉管隧道中的应用研究[D]. 上海：同济大学，2007.

[11] 刘建飞，贺维国，曾进群. 静力作用下沉管隧道三维数值模拟[J]. 现代隧道技术，2007，44(1)：5-9.

[12] 王黎怡，徐伟. 沉管隧道正常运营阶段横断面受力分析[J]. 结构工程师，2015，31(3)：162-168.

[13] 魏纲，朱昕光，苏勤卫. 沉管隧道竖向不均匀沉降的计算方法及分布研究[J]. 现代隧道技术，2013，50(6)：58-65.

[14] 魏纲，陆世杰，邢建见. 沉管隧道结构纵向受力理论计算模型研究[J]. 地下空间与工程学报，2018，14(4)：912-919，935.

[15] 禹海涛，袁勇，刘洪洲，等. 沉管隧道接头力学模型及刚度解析表达式[J]. 工程力学，2014，31(6)：145-150.

[16] 王艳宁，熊刚. 沉管隧道技术的应用与现状分析[J]. 现代隧道技术，2007，44(4)：1-4.

[17] 傅琼阁. 沉管隧道的发展与展望[J]. 中国港湾建设, 2004, 5: 53-58.
[18] 陈清军, 朱合华, 李彤, 等. 沉管隧道结构的空间受力性态分析[J]. 力学季刊, 2000, 21(2): 237-242.
[19] 石广斌. ANSYS 在隧道衬砌结构分析中的应用[J]. 西北水电, 2004, 15(1): 15-17.
[20] 管敏鑫, 万晓燕, 唐英. 沉管隧道的作用、作用组合与工况[J]. 世界隧道, 1999, 1: 4-9.
[21] 丁文其, 朱令, 彭益成, 等. 基于地层-结构法的沉管隧道三维数值分析[J]. 岩土工程学报, 2013, 35(增刊2): 622-626.
[22] 杨海涛. 沉管隧道临时支承系统设计与施工控制[J]. 现代隧道技术, 2013, 50(4): 63-67.
[23] 魏纲, 裘慧杰, 丁智, 等. 海底沉管隧道施工引起的沉降实测与计算分析[J]. 现代隧道技术, 2014, 51(5): 121-128.
[24] 裘慧杰. 沉管隧道施工期沉降监测分析及基础层模型试验研究[D]. 杭州: 浙江大学, 2014.
[25] 苏勤卫. 海底沉管隧道管段沉降与应变研究[D]. 杭州: 浙江大学, 2015.

第 10 章
潮汐荷载下沉管隧道管节环向应变计算模型研究

10.1 引 言

沉管隧道是一种能跨越大江、大河及海峡等水域的水底隧道,由于其在造价和技术上具有诸多优点,目前在工程界广受青睐。现有的国内外研究主要集中在管节沉降[1-4]和受力[5-8]方面,忽略了对管节应变的控制。事实上,管节应变是材料特性和结构受力情况的综合反映,其值过大容易造成开裂和渗漏,影响隧道使用。魏纲等[9]研究表明,潮汐荷载对管节环向应变影响明显。因此,研究潮汐荷载作用下管节环向应变计算模型对隧道局部受力分析和裂缝防控有着重要意义。

目前,国内外有关潮汐荷载对沉管隧道影响的研究较少。魏纲等[9]研究表明,潮位曲线与管节位移曲线和应变曲线有较强相关性,且接头柔性越大相关性越强。谢雄耀等[10]指出,潮汐荷载引起管节沉降占最终沉降的4%~10%。邵俊江等[11]提出单层和双层地基模型,推导出管节沉降随潮位变化的解析解。Hu等[12]、Huang等[13]、Aono等[14]、Kasper等[15]采用模型试验方法和数值模拟方法,分别对随机波浪作用下浮运沉放阶段管节的动力响应和沉放后管节的稳定性进行了深入研究。Oda等[16]通过分析实测数据,建立了水位预测系统和潮流预测系统。Wu等[17]提出了一种非线性波浪力计算方法,并探究了波浪参数和结构参数对波浪力的影响。在盾构隧道方面,林存刚[18]考虑水位变化,分别建立了上覆土体透水模型和不透水模型对衬砌内力进行计算。刘欢等[19]通过模型试验探究了潮涌作用下盾构隧道动力响应规律。Schotte等[20]通过监测表明潮汐涨落引起隧道衬砌垂直向10mm的位移。魏纲等[21]利用三角函数拟合潮汐荷载,计算了潮汐荷载作用下河床土层的一维非线性固结沉降;考虑接头作用,建立了管节-接头计算模型,分析了潮汐影响下的沉管隧道管节竖向位移;依托宁波甬江沉管隧道工程,计算了管节中点和接头竖向位移随潮位的变化,并将理论计算结果与实测结果进行对比分析。李策等[22]探究了潮汐作用导致大断面盾构隧道管片环间接缝的张开情况及其对防水性能的影响,得到较大的环缝张开量主要出现在地层的软硬程度沿纵向呈现剧烈变化的位置;潮汐荷载作用引起的最大环缝张开量为0.271mm,对接缝防水性能的影响较低。周桓竹等[23-24]为研究潮汐荷载影响下的管节位移,通过三角函数模拟潮汐荷载形式,计算了土层非线性固结沉降,并由此反算随时间变化的等效压缩基床参数,对挠度计算理论进行推导。综上所述,目前国内外对潮汐荷载影响研究较少,仅有的研究主要集中在管节沉降及竖向变形方面,而对于管节环向应变研究除文献[8]外未有相关资料。文献[8]对管节实测应变进行分析,但缺乏对潮汐荷载作用机理及理论计算方法的研究,因此有待进一步深入探究。

本章借鉴林存刚等[18]设计的盾构衬砌内力计算模型,建立潮汐荷载作用下管节环向应变计算模型,对舟山沉管隧道管节环向应变进行连续监测,通过对比分析实测结果和理论结果来验证模型的合理性,并探究潮汐荷载对管节环向应变影响规律。

10.2 管节环向应变理论计算模型

1. 研究思路及创新点

(1)考虑潮汐荷载作用,假设上覆回淤层不透水,首次提出沉管隧道管节环向应变计算模型及其计算方法。

(2)首次采用光纤布拉格光栅传感技术对舟山沉管隧道管节环向应变进行多次连续24h监测,先对比应变增量理论值与实测值,验证模型的可靠性,再对总应变进行计算。

(3)分析现场实测数据,总结潮汐荷载对管节环向应变影响规律,对舟山沉管隧道裂缝防控和损伤定位提出若干建议。

2. 模型建立

由于河床常年回淤沉积,沉管隧道管节上部会覆盖形成一层透水性较差的淤泥层。本章根据实际工况做出如下假定:①计算时将河床上覆淤泥层等效为不透水层;②在假设①的前提下,潮汐水位变化对河床的作用可视为不透水层上部附加的大面积均布荷载p_0,而不透水层顶面即可视为地下水位所在位置;③由于管节沉埋在水底的土中,故不考虑潮流对管节结构的横向作用。

在分析管节环向应变之前,首先要对管节环向受力进行计算。本章采用Winkler地基模型,计算作用在管节外壁的水、土压力,将管节环向计算视为平面应变问题,利用荷载-结构法对管节结构环向受力进行分析,建立的计算模型如图 10.2-1 所示。

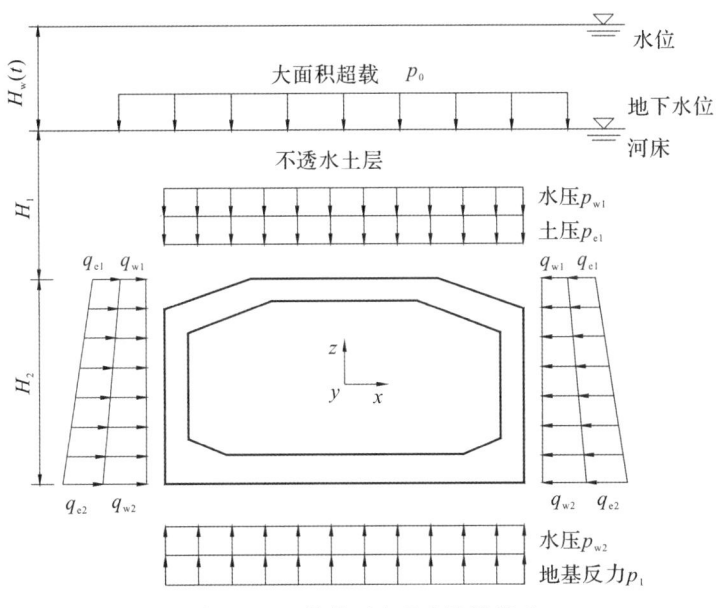

图 10.2-1 管节环向受力计算模型

图 10.2-1 中,q_{w1} 和 q_{w2} 为侧向水压力;q_{e1} 和 q_{e2} 为侧向土压力;p_{w1} 和 p_{e1} 分别为作用在顶板的水压和土压;p_{w2} 为作用在底板的水压;p_1 为作用在底板的地基反力;H_1 为河床顶面至管节顶板距离;H_2 为管节高度;$H_w(t)$ 为随时间变化的潮汐水位至河床顶面距离。其中,侧向土压力和地基反力分别沿管节高度和宽度方向按线性分布仅作示意,实际侧向土压力分布由各土层参数确定,地基反力分布由计算确定。顶板两侧所受竖向荷载和侧向荷载也仅作示意,实际压力方向垂直于管节外壁且沿外壁倾斜分布。需要注意的是,笔者将管节横向计算问题等效为平面应变问题,适用于两端约束较小截面的应变分析。管节环向应变分布受其应力分布直接影响,故在该模型中先分析管节环向受力,根据图 10.2-1 所示的模型,可以计算得到作用在不透水层顶面的等效大面积超载为:

$$p_0 = \gamma_w H_w(t) \tag{10-1}$$

式中,γ_w 为水的重度;$H_w(t)$ 为随时间变化的潮汐水位。

作用在顶板的水压和土压分别为:

$$P_{w1} = \gamma_w H_1 \tag{10-2}$$

$$p_{e1} = p_0 + \sum \gamma'_i h_i \tag{10-3}$$

式中,H_1 为不透水层顶面至管节顶板距离;γ'_i 为管节上覆各土层有效重度;h_i 为管节上覆各土层厚度。

作用在底板的水压为：
$$p_{w2} = \gamma_w(H_1 + H_2) \tag{10-4}$$
式中，H_2 为顶板顶面至底板底面距离。

假定管节侧向荷载沿高度呈线性分布，则作用在顶、底板处的侧向土压和向水压分别为：
$$q_{e1} = K_0(p_0 + \sum \gamma'_i h_i) \tag{10-5}$$
$$q_{w1} = \gamma_w H_1 \tag{10-6}$$
$$q_{e2} = K_{01}(p_0 + \sum \gamma'_i h_i + \sum \gamma'_j h_j) \tag{10-7}$$
$$q_{w2} = \gamma_w(H_1 + H_2) \tag{10-8}$$
式中，K_0 为静止土压力系数；γ'_j 为管节所处各土层有效重度；h_j 为管节所处各土层厚度。

定义管节横向为 x 轴方向，轴向为 y 方向，竖向为 z 轴方向，如图 10.2-1 所示。通过管节所受外力分析其应力分布，将管节截面视为平面应变状态，根据广义胡克定律得到三向应力-应变关系为[25]：
$$\begin{cases} \varepsilon_x = \dfrac{1+\mu}{E}[(1-\mu)\sigma_x - \mu\sigma_z] \\ \varepsilon_z = \dfrac{1+\mu}{E}[(1-\mu)\sigma_z - \mu\sigma_x] \\ \varepsilon_y = 0 \end{cases} \tag{10-9}$$
式中，μ 为管节材料泊松比；E 为管节材料弹性模量。

在得到 x 和 z 方向应变的前提下，根据矢量合成法则，可以得到沿管壁方向的应变。实际管节截面环向厚度分布不均，若等效为杆系进行计算会产生一定误差。因此，本章借助 MIDAS GTS NX 软件，根据管节环向实际受力情况，建立管节二维有限元模型，对管节环向应变进行计算。

10.3 舟山沉管隧道管节环向应变增量实测

1. 工程概况

舟山沉管隧道工程大致呈南北走向，具体工程概况见第 2 章。其中，沉管段里程为 DK1+004.7～DK1+222.7，总长为 218m，共由三个管节组成，自北向南依次记为 E1(70m)、E2(74m)、E3(74m)，纵向坡度分别为 8‰、1‰ 和 8‰，其纵剖面图及下部土层分布如图 2.2-1 所示,各土层物理力学参数如表 10.3-1 所示。管节采用固定干坞法预制,隧道横断面如图 2.2-2 所示。基础采用压砂法施工,具体步骤为基槽整平后先铺设 60cm 的碎石层,管节对接拉合完成后再将砂浆注入管节底部。完成基础层施工并确保注浆密实后,需要对基槽进行回填覆土,自下而上的填料依次为碎石层、回填砂石以及镇重块石。由于港口长期淤积,故还会在管节上覆土体表面形成一层回淤土,其横截面如图 2.2-3 所示。

表 10.3-1 土层物理力学参数

土层编号	含水率/%	密度/(g/cm³)	孔隙比	液限/%	塑限/%	塑性指数	压缩模量/MPa	黏聚力/kPa	内摩擦角/°
③₂	30.9	1.93	0.858	38	21.4	16.6	8.01	24.3	21.5
⑤	27.7	1.96	0.78	38.6	21.8	16.8	8.64	25.4	21.7
⑥	32.9	1.89	0.924	38.3	21.6	16.7	4.54	21.1	20.2
⑧	28.4	1.95	0.801	43.3	23.9	19.4	10.33	28.9	22.8
⑨	31.5	1.97	0.867	38.5	22.1	17.2	8.81	23.6	23.3

根据 1962—2002 年的监测资料,隧址区域淤积厚度一般为 1.0~6.5m,最小为 0.1m,最大达到 7.5m,且该区域淤积有增快趋势,因此,疏浚速度由原来的 5 年/次变为 4 年/次。其中,深水区疏浚标高为 −6.99m,两岸浅滩疏浚标高为 −4.99~−5.99m。

2. 潮汐资料

舟山沈家门港域潮汐涨落时差和高差不相等,属于不规则的半日型潮。涨潮平均历时 5h37min,落潮平均历时 6h48min。根据 1985 国家高程基准,得到如表 10.3-2 所示的潮汐特征。

表 10.3-2 潮汐特征[26]

名称	潮位/m	备注
最高潮位	3.26	
最低潮位	−2.44	
平均高潮位	1.39	
平均低潮位	−1.13	1985 国家高程基准
平均海平面	0.31	
50 年一遇极端高水位	3.43	
50 年一遇极端低水位	−2.71	

3. 管节环向应变监测系统

经过论证,本次管节环向应变监测采用光纤布拉格光栅传感技术,所用光纤为珥光琥珀 900μm,紧套单模光纤 83μm/125μm/900μm(芯径/包层直径/紧套直径)[9],主要技术参数见表 4.3-1,传感器现场安装见图 4.3-4 和图 4.3-5,实测应变方向为管节环向壁面走向。

光纤光栅传感器是利用光纤材料的光敏性,使入射光形成相位光栅。通过紫外光曝光的方法将入射光相干场图样写入纤芯,在纤芯内产生沿纤芯轴向的折射率周期性变化,当一束光经过光纤光栅时,满足条件的波长产生反射,其余的波长通过光纤光栅继续传输,反射波长和光栅周期的关系见式(4-1)。

温度和应变是引起反射波长变化的主要影响因素,具体影响表达式为[28]:

$$\Delta\lambda_B = \alpha_\epsilon \cdot \epsilon + \alpha_T \cdot \Delta T \tag{10-10}$$

式中,α_ϵ、α_T 分别为光纤布拉格光栅对应变和温度的灵敏度系数;ϵ 为应变;ΔT 为温度变化量。

同一温度环境中布置两个光纤布拉格光栅传感器,1 号传感器用于测量温度和应变引起的波长变化,2 号传感器用于测量温度引起的波长变化。通过波长变化和光纤布拉格光栅的灵敏度系数可以得到应变为:

$$\epsilon = \frac{1}{\alpha_{\epsilon 1}} \cdot \left[\Delta\lambda_{B1} - \frac{\alpha_{T1}}{\alpha_{T2}} \cdot \Delta\lambda_{B2} \right] \tag{10-11}$$

管节环向应变监测截面位置的选择主要考虑两点:①管节沉降较大处需要进行监测;②结构受力较大或者有发生安全隐患处需要进行监测。施工期间,E2 管节临时垫块处产生环向裂缝,E3 管节和南岸明挖暗埋段对接时发生渗漏,故将以上两处选为监测面。另外,在 E1 管节中点增加一个监测面。本章分别将 E1、E2、E3 管节的监测截面记作 1-1 截面、2-2 截面和 3-3 截面,如图 10.3-1 所示。

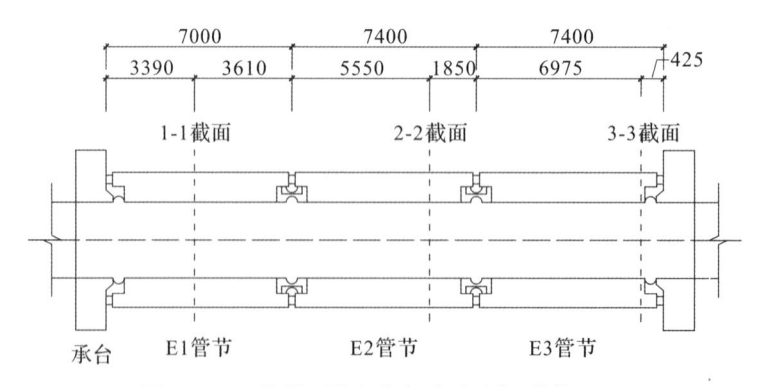

图 10.3-1 监测面纵向分布平面示意(单位:cm)

每个监测截面布置六个应变传感器和一个温度传感器,同一截面上布置的传感器串联。各截面引出一根光纤沿桥架连接到隧道北岸入口处的弱配电室内,与安装好的光纤光栅解调仪连接,从而对管节环向应变进行远程监测。监测点沿管节内壁对称布置,1~6号测点布置在 1-1 截面上,7~12 号测点布置在 2-2 截面上,13~18 号测点布置在和 3-3 截面上,如图 4.3-1 所示。管节应变监测系统安装过程自 2013 年 10 月 15 日起,中间由于施工安排暂停一段时间,最终于 2014 年 2 月 22 日完成。记录 2014 年 2 月 22 日各传感器的应变和温度数据作为基准值,并从当天开始进行数据采集。监测系统安装完成时,沉管隧道已完成基槽覆土回填,正进行内部装修。

为研究潮汐荷载对管节环向应变的影响,我们分别于 2014 年 9 月 25 日(第一次)、2015 年 7 月 18 日(第二次)和 2016 年 3 月 27 日(第二次)进行连续 24h 潮位及应变监测,每隔 1h 记录一次数据。其中,2014 年 9 月 25 日的监测时间为当日 16 时至次日 15 时,2015 年 7 月 18 日和 2016 年 3 月 27 日的监测时间为当日 15 时至次日 14 时,现场数据采集如图 10.3-2 所示。

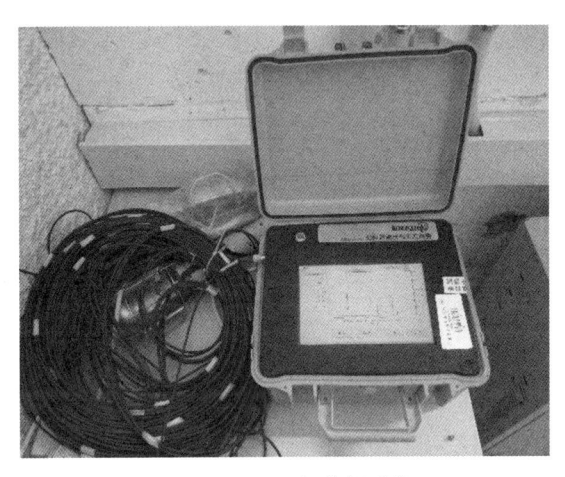

图 10.3-2 现场数据采集

4. 实测及计算应变增量分析

由于隧道内部的施工影响,1-1 截面附近光纤损坏,导致该截面测点数据无法获得。另外,由于本监测系统安装时,沉管隧道基槽已完成沉放对接及覆土回填,因此,监测数据不能全面反映沉管隧道管节自重和水、土压力等引起的环向总应变。本章分别以三次监测过程中的最低潮位对应的应变值作为基准,对其余时刻环向应变增量进行计算,并记录对应时刻潮汐水位。2-2 截面三次实测结果如图 10.3-3~图 10.3-5 所示。

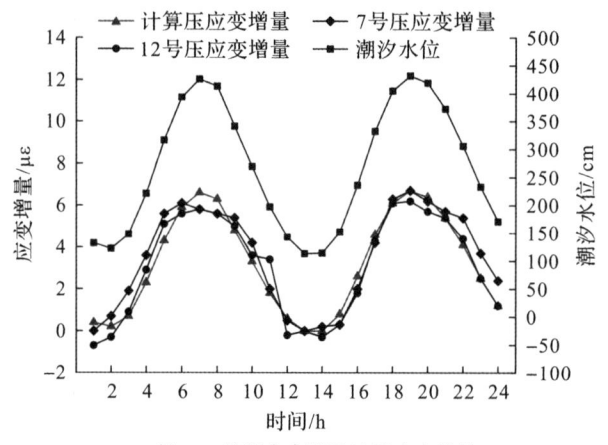

(a) 7号、12号测点实测及计算应变增量

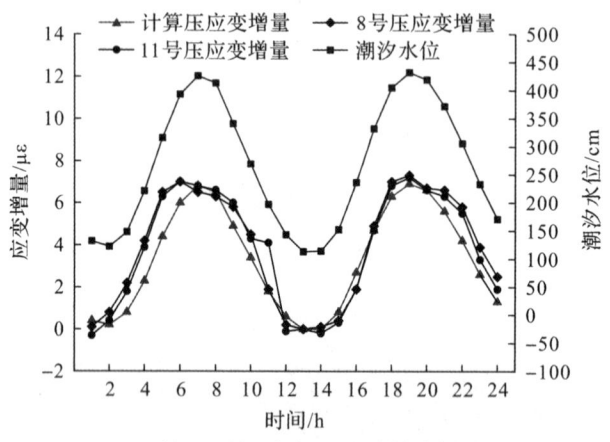

(b) 8号、11号测点实测及计算应变增量

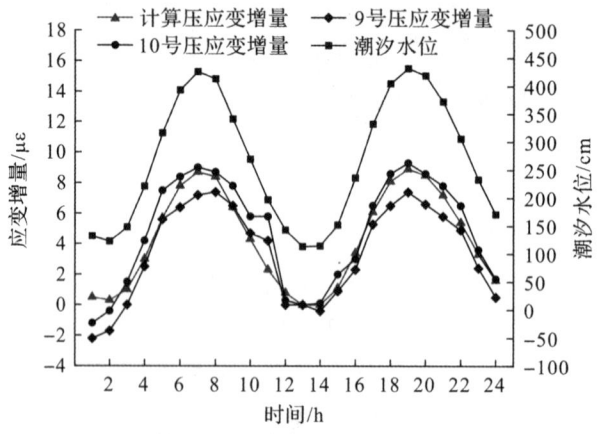

(c) 9号、10号测点实测及计算应变增量

图 10.3-3 2-2 截面第一次实测及计算应变增量

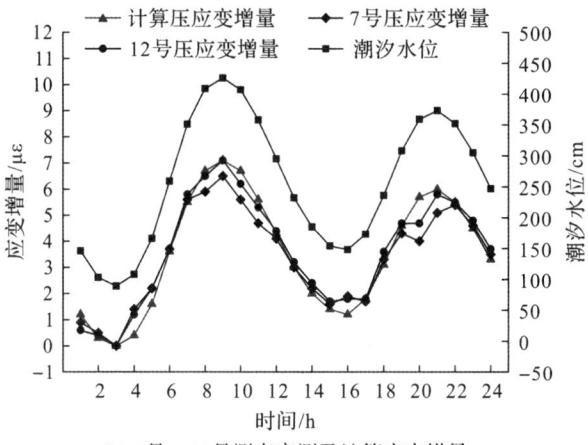

(a) 7号、12号测点实测及计算应变增量

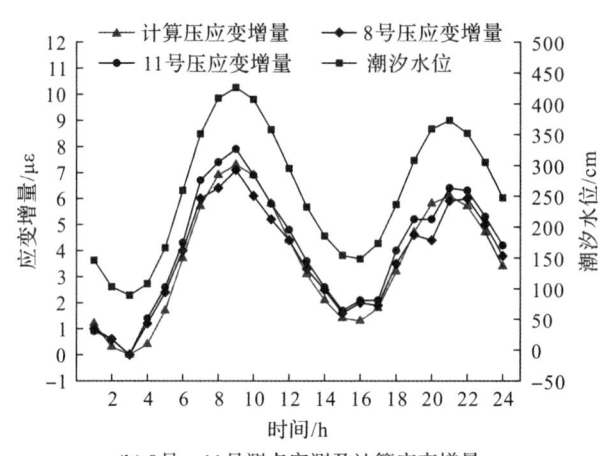

(b) 8号、11号测点实测及计算应变增量

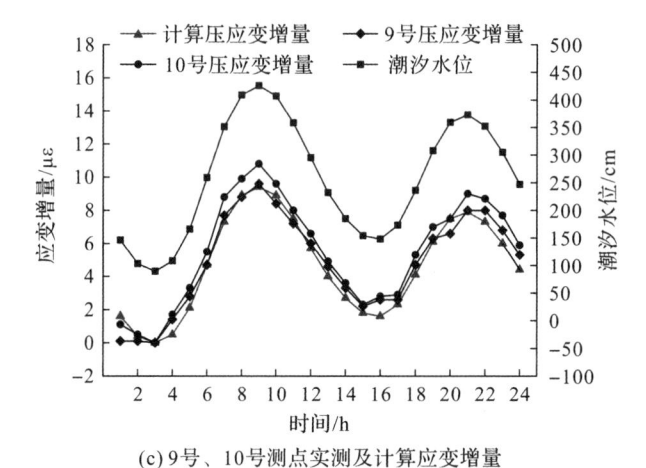

(c) 9号、10号测点实测及计算应变增量

图 10.3-4　2-2 截面第二次实测及计算应变增量

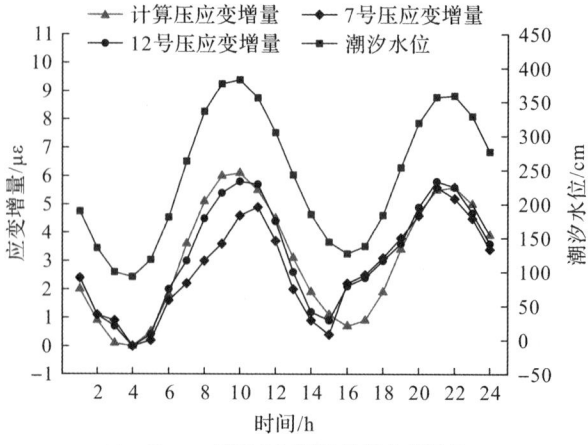

(a) 7号、12号测点实测及计算应变增量

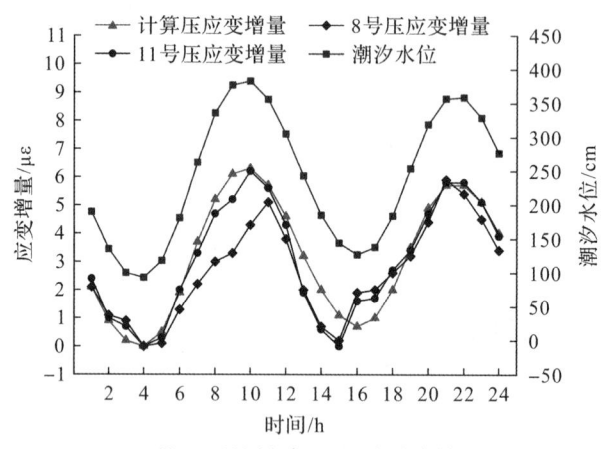

(b) 8号、11号测点实测及计算应变增量

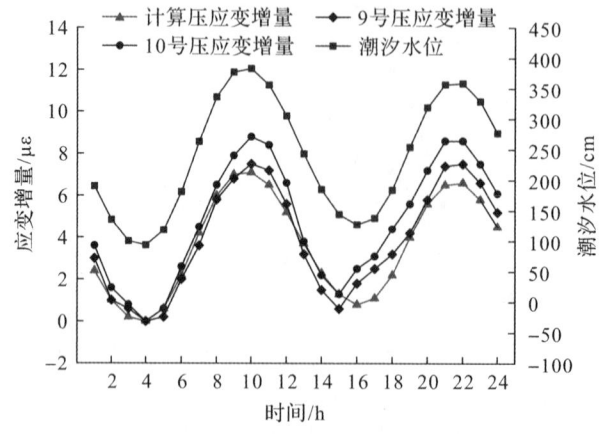

(c) 9号、10号测点实测及计算应变增量

图 10.3-5 2-2 截面第三次实测及计算应变增量

2014年9月25日、2015年7月18日和2016年3月27日三次监测潮位变化幅度分别为3.19m、3.37m和2.9m。2-2截面测点环向应变增量变化与潮汐水位变化趋势基本一致,水位上升,应变增量增大。9号、10号测点随潮位上升拉应变增加,变化幅度最大;8号、11号测点随潮位上升压应变增加,变化幅度次之;7号、12号测点随潮位上升压应变增加,变化幅度最小。2014年9月25日监测结果显示,9号、10号、11号和12号测点的应变增量最小值与当日潮位最低点存在偏差,导致图中个别点的应变增量稍小于0。分析产生上述现象的原因,可能是测量当天受到台风天气影响,造成水文状况异常,潮汐监测不准确。此外,由图10.3-3~图10.3-5可得,2-2截面上的对称测点,即7号和12号,8号和11号,9号和10号的应变增量变化曲线近似一致,因此,笔者在研究3-3截面环向应变变化规律时仅以测点16、17和18为对象,结果如图10.3-6~图10.3-8所示。

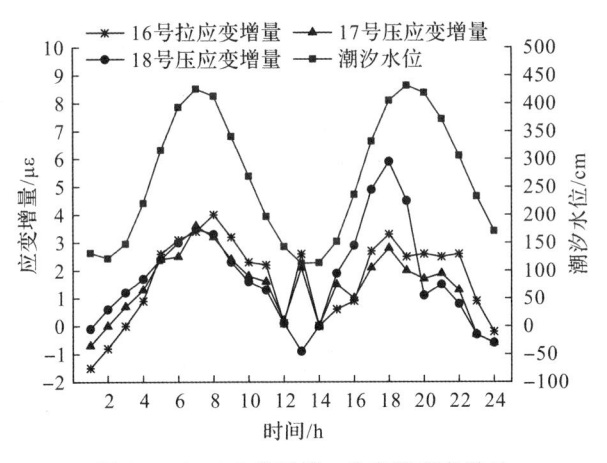

图 10.3-6　3-3 截面第一次实测应变增量

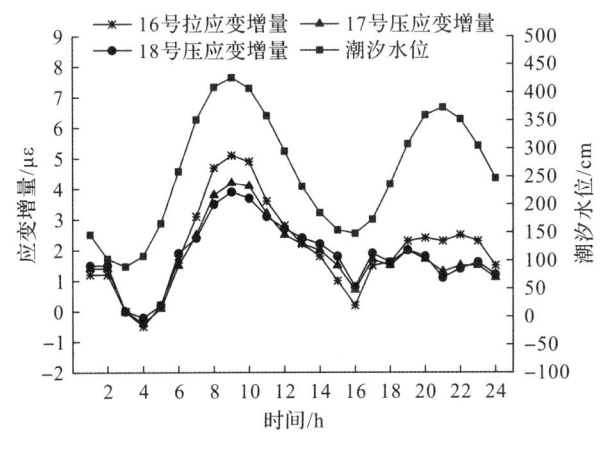

图 10.3-7　3-3 截面第二次实测应变增量

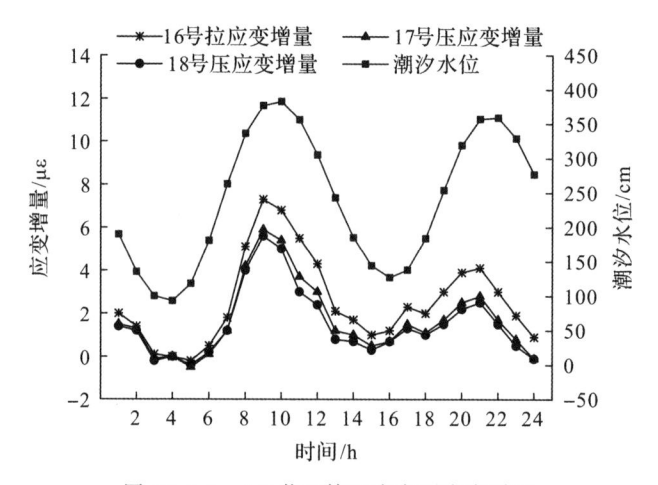

图 10.3-8 3-3 截面第三次实测应变增量

由图 10.3-6~图 10.3-8 可知,与 2-2 截面测点应变分析结果不同,3-3 截面测点应变增量变化与潮汐水位变化相关性较差[9]。分析原因,截面环向应变与潮位相关性跟截面两端约束有关。2-2 截面所在管节两端均为半柔半刚性接头,截面两端约束较弱,故应变与潮位相关性较强,而 3-3 截面靠近南岸刚性接头位置,截面两端约束较强,故应变与潮位相关性较差。

10.4 舟山沉管隧道管节环向应变理论计算

1. 管节环向应变增量计算与分析

考虑潮汐水位变化,计算管节环向受力,借助 MIDAS GTS NX 有限元软件建立二维管节模型对 2-2 截面三次应变增量进行计算。其中,计算应变方向为管节环向壁面走向,与实测应变方向一致。模型中,地基采用弹簧单元模拟。苏勤卫[29]采用分层总和法计算舟山沉管隧道所在区域的地基土层总沉降,结合管节所受外荷载反算(单位面积荷载/沉降)得到各个截面处的基床系数。书中引用苏勤卫的计算结果,取 2-2 截面处基床系数 $k_f = 590 \text{kN/m}^3$。另外,取回填砂土静止土压力系数 $K_0 = 0.45$,海水重度 $\gamma_w = 10 \text{kN/m}^3$。管节采用 C50 混凝土预制,故取其弹性模量 $E = 3.45 \times 10^4 \text{MPa}$,管节材料重度 $\gamma_c = 25 \text{kN/m}^3$。管节二维模型网格划分及受力情况如图 10.4-1 所示,2-2 截面环向应变增量计算结果如图 10.3-3~图 10.3-5 所示。3-3 截面靠近刚性接头,两端约束较强,不能视为平面应变问题,故不进行理论计算。

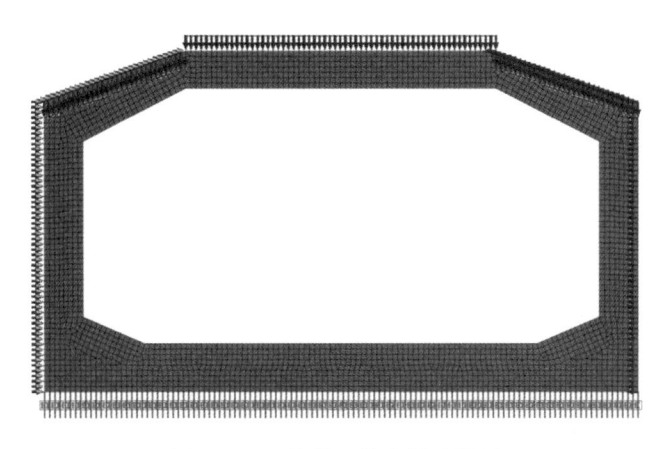

图 10.4-1　管节二维有限元模型

由图 10.3-3～图 10.3-5 可知，测点应变增量计算结果变化范围为 $0\sim1\times10^{-5}$，与实测应变增量曲线较为吻合。理论计算结果与实测结果偏差约占实测结果最大值的 10%，由此验证了该模型的合理性。分析偏差存在的主要原因：①本模型将截面应变分析视为平面应变问题，采用荷载－结构法进行计算，而实际计算截面两端存在一定约束，不能完全视为平面应变问题；②管节横向地基软硬不均会导致管节环向受力不对称，从而引起环向应变不对称；③潮汐荷载作用在透水性较差的土层顶面时下部土层会发生固结沉降，从而带动管节产生周期性位移，引起环向应变变化，该过程中存在着复杂的土与管节结构的相互作用。

2. 管节环向总应变计算与分析

本章提出的应变计算模型要求计算截面两端约束较弱，适用于 E2 管节环向应变计算。不同截面的环向总应变计算过程类似，具体荷载取值依据水位标高、管节标高、回淤层厚度和地层参数等。假设回淤层顶部标高达到航道疏浚标高，以 E2 管节四分点位置截面为例，除去端截面，自北向南分别将

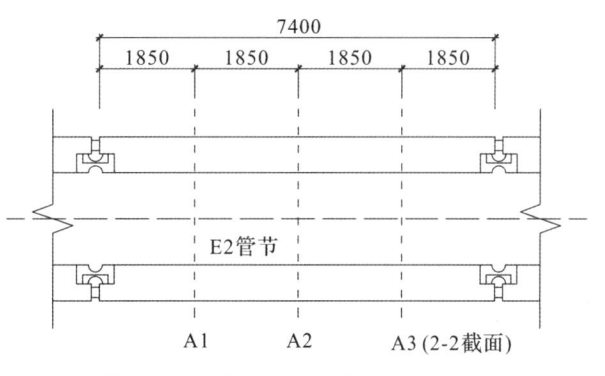

图 10.4-2　计算截面位置（单位：cm）

其记作 A1、A2 和 A3，其中 A3 截面即为 2-2 截面，各截面位置如图 10.4-2 所示。按平均高潮位和平均低潮位两种情况进行分析，回填土体参数如表 10.4-1 所示，A2 截面所受荷载如表 10.4-2 所示，A1 和 A3 截面所受荷载由于篇幅限制不具体列出。依

据苏勤卫[29]的分析结果，将 A1、A2 和 A3 截面处基床系数 k_f 分别取为 546kN/m³、558kN/m³ 和 590kN/m³。

表 10.4-1　回填土体参数

土体名称	有效重度/(kN/m³)	静止土压力系数
回淤土体	6	—
块石	13	—
回填砂石	10	0.45
碎石	11	0.2

表 10.4-2　A2 截面所受荷载　　　　　　　　　单位：kPa

参数	平均高潮位	平均低潮位
超载 p_0	83.8	58.6
顶板中部竖向水压 p_{w1}	29.5	29.5
顶板中部竖向土压 p_{e1}	113.5	88.3
顶板两侧竖向水压 p_{w1}'	39.0	39.0
顶板两侧竖向土压 p_{e1}'	123.0	97.8
底板竖向水压 p_{w2}	93.5	93.5
顶板侧向水压 q_{w1}	29.5	29.5
顶板侧向土压 q_{e1}	51.1	39.7
回填砂石底侧向土压 $q_{e1.5}$	70.9	59.5
碎石层顶侧向水压 $q_{e1.5}'$	31.5	26.5
底板侧向水压 q_{w2}	93.5	93.5
底板侧向土压 q_{e2}	35.9	30.9

根据本章提出的理论模型对平均高潮位下 A2 截面的内、外壁环向应变进行计算，结果如图 10.4-3 所示（拉应变为正，压应变为负）。由图可得，管节内壁应变分布中，顶板中部和底板中部为拉应变，其余部位均为压应变。内壁拐点处的压应变较大，最大压应变出现在水平顶板两端，达到 $1.92\times10^{-4}\mu\varepsilon$；最大拉应变出现在底板中点处，为 $1.28\times10^{-4}\mu\varepsilon$。管节外壁应变分布中，水平顶板和底板应变较大，侧墙应变较小。最大压应变出现在顶板中点处，达到 $2.1\times10^{-4}\mu\varepsilon$；最大拉应变出现在底板两侧，达到 $1.3\times10^{-4}\mu\varepsilon$。因此，管节顶板、底板内壁中部及底板外壁两侧需要重点监控。

管节拉应力较大时容易产生裂缝，从而引起渗漏。因此，相同应变下，管节受拉相对受压更为不利。根据上述方法分别计算平均高潮位和最低潮位下的 A1、A2 和 A3 截面最大拉应变值，结果如表 10.4-3 所示。

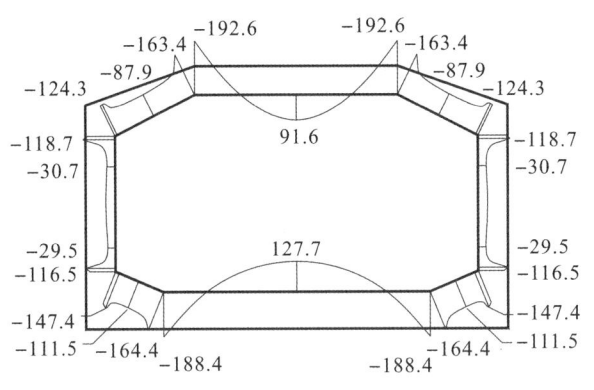

(a) 管节内壁环向应变分布

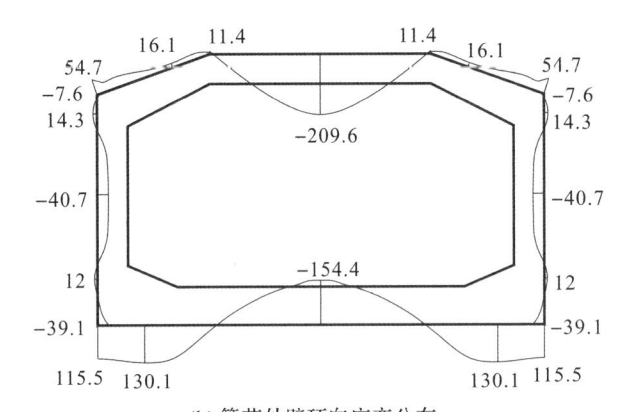

(b) 管节外壁环向应变分布

图 10.4-3　平均高潮位下 A2 截面内、外壁环向应变（单位：$\mu\varepsilon$）

表 10.4-3　管节截面最大拉应变计算结果　　　　　　　单位：$\mu\varepsilon$

计算截面		平均高潮位	平均低潮位
A1 截面	内壁	128.2	110.3
	外壁	130.5	112.3
A2 截面	内壁	127.7	109.8
	外壁	130.1	111.9
A3 截面	内壁	123.8	105.9
	外壁	126.1	107.9

由表 10.4-3 的计算结果可得，同一计算截面，内壁与外壁最大拉应变近似相等。各计算截面环向应变差异主要由管节埋深、回淤层厚度及基床系数的不同引起。潮汐对管节环向应变影响明显，其引起的最大拉应变增量约为 $2\times10^{-5}\mu\varepsilon$，占总应变的 12%～15%。需要注意的是，本章提出的管节环向应变计算模型考虑了自重、水压、土压和地基反力的共同作用，但忽略了地基软硬不均所引起的局部应

力集中的影响,因此,管节实际环向总应变值应大于理论计算值,本章中关于潮汐引起应变百分比的估算结果为上限值。

3. 潮汐荷载对管节环向应变影响因素研究

(1) 基床系数横向分布对管节环向应变影响

沉管隧道管节底宽较大,而原地基土横向分布不均匀,且基槽开挖过程中存在不同程度的淤积,以及基础施工过程中可能存在部分位置压浆不够密实,使得基床系数横向分布存在不确定性。为研究基床系数横向分布对管节环向应变的影响,假设基床系数k_f的变化范围为1000~5000kN/m³,按单一基床系数分布和不同基床系数分布组合定义5类工况,如图10.4-4所示。以舟山沉管隧道A2截面为例,计算平均潮差(即2.52m变化水位)作用下各工况的管节内、外壁环向应变分布,结果如图10.4-5所示。由于计算应变沿管节截面对称分布,因此,图中仅绘制了半个截面应力分布情况。

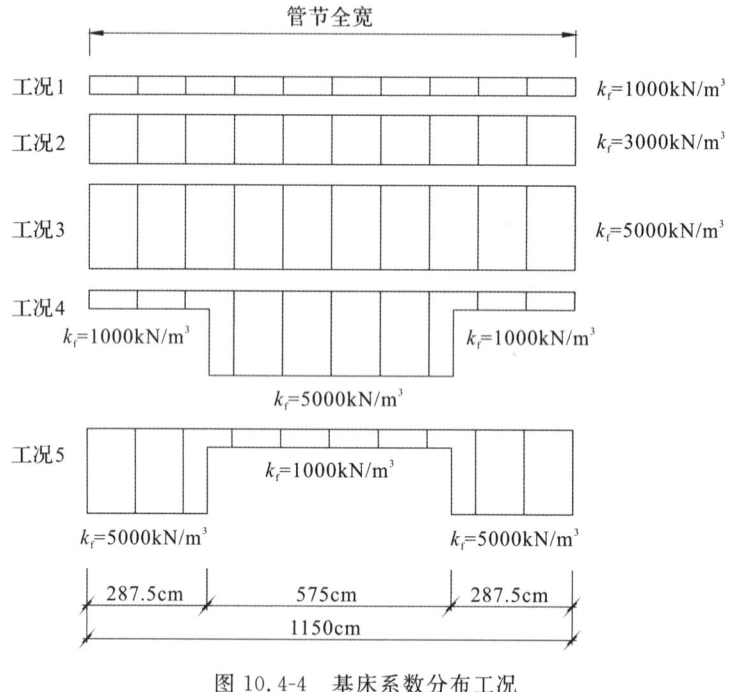

图 10.4-4 基床系数分布工况

由图10.4-5可得,基床系数为均布时,基床系数取值对底板、侧墙和顶板的应变影响较小。基床系数为非均布时,其分布形式对底板应变有较大影响,但对侧墙和顶板应变影响可忽略不计。分析平均潮差作用下工况1、4、5的底板内、外壁环向应变分布情况可得:若增大管节中部基床系数,则管节底板内、外壁所受应变均明显增大;若增大管节两侧基床系数,则管节底板内、外壁应变均明显减小。因此,单独加固管节中部土体不利于环向应变控制,而加固管节两侧土体可有效减小潮汐荷载对管节环向应变的影响,并降低管节总体应变水平。

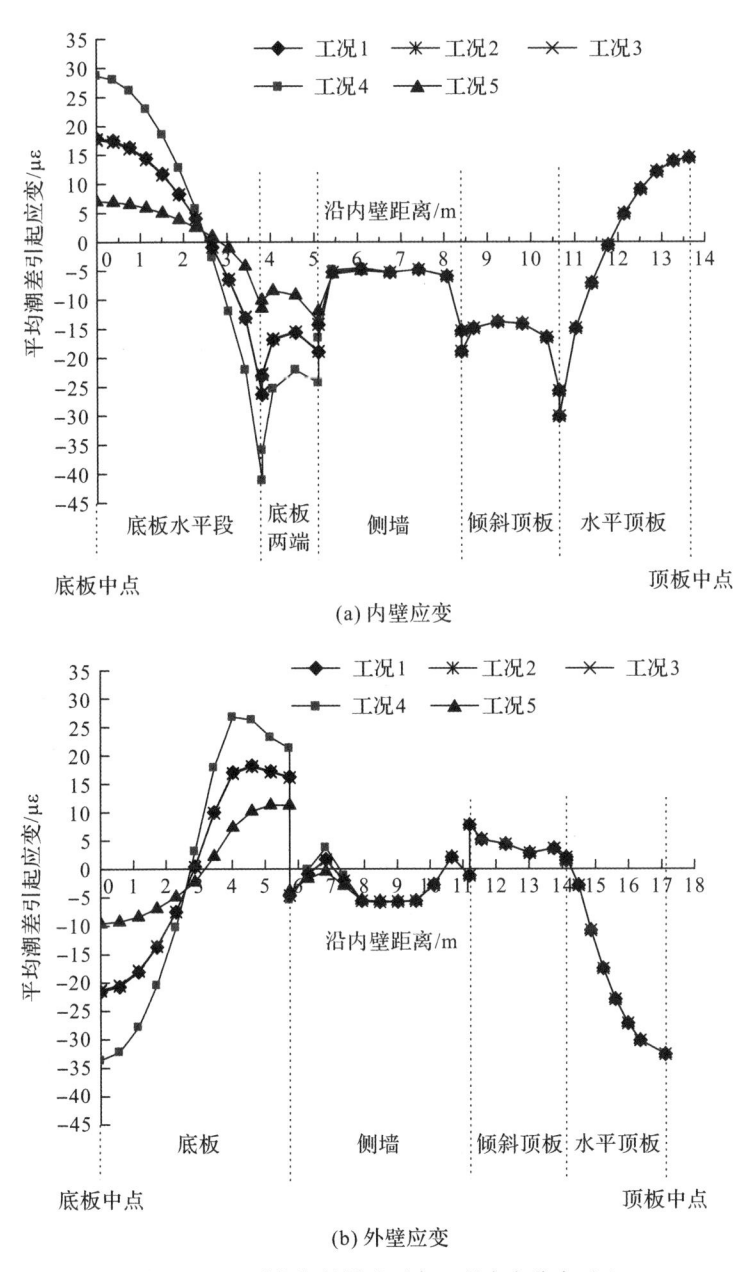

(a) 内壁应变

(b) 外壁应变

图 10.4-5　平均潮差影响下各工况应变分布对比

(2) 管节单孔净宽对环向应变影响

舟山沉管隧道为行人隧道，单孔净宽较小，而现有国内、外沉管隧道多为行车隧道，多车道管节单孔净宽较大，如港珠澳沉管隧道单孔最大净宽达到14.55m[30]。为研究管节单孔净宽对环向应变的影响，以 A2 截面为例，在原截面基础上保持其他条件不变，改变顶、底板宽度，计算管节单孔净宽分别为 10m、11m 和 12m 的环向应变。由图 10.4-3 可知，管节环向应变主要集中在顶、底板内壁中部及外壁两侧，因此本章只对该部位在平均潮差作用下的最大拉应变进行计算，结果如表 10.4-4 所示。由计算结果可得，管节单孔净宽对顶板、底板内壁中部和底板外壁两侧最大拉应变影响较大。本算例中，单孔净宽每增加 1m，最大拉应变增大百分比约为 20%～35%。因此，当管节单孔宽度较大时应考虑设置中隔墙，也可适当增加顶、底板厚度或增加顶、底板配筋。

表 10.4-4　不同净宽管平均潮差引起最大拉应变计算结果　　　单位：$\mu\varepsilon$

单孔净宽	顶板 内壁中部	顶板 外壁两侧	底板 内壁中部	底板 外壁两侧
10m	14.5	2	17.9	18.2
11m	19.6	5.9	22.1	23.1
12m	25.3	11	26.5	29.1

10.5　本章小结

本章假定水底表面的回淤土层不透水，将潮汐荷载等效为作用在回淤土层上的大面积周期超载，考虑水土压力，建立了沉管隧道管节环向受力计算模型，并借助 MIDAS GTS NX 有限元软件进行计算。采用光纤布拉格光栅传感系统对舟山沉管隧道管节环向应变进行多次连续 24h 监测，根据潮位变化计算各个测点的环向应变增量，并与实测环向应变增量进行对比分析，总结潮汐荷载引起管节环向应变增量变化规律。此外，本章还计算了管节不同截面处内、外壁环向总应变分布，指出了需要重点监控的部位，并对内、外壁环向应变进行了单因素影响分析。本章研究成果可以概括为以下几点：

(1) 采用新提出的理论模型对潮汐作用下舟山沉管隧道管节环向应变增量进行计算。算例结果表明，管节环向应变增量的理论值与实测值较为吻合，故计算模型较为合理。

(2)采用光纤布拉格光栅传感技术对舟山沉管隧道管节环向应变进行多次连续监测,得到的E2管节监测截面对称测点的环向应变增量随时间变化曲线近似一致。

(3)舟山沉管隧道管节环向应变监测结果表明,管节截面环向应变与潮位的相关性与该截面两端约束有关。截面越靠近管节中点或管节两端接头刚度越小,截面约束越小,其环向应变与潮位相关性越强。

(4)舟山沉管隧道管节环向总应变计算结果表明,同一管节的内、外壁最大拉应变近似相等。管节顶、底板内壁中部及底板外壁两侧产生拉应变较大,需要重点监控。此外,潮汐引起管节最大环向应变增量约为 $2\times10^{-5}\mu\varepsilon$,约占总应变的12%~15%。

(5)通过管节环向应变单因素影响分析发现,加固管节两侧土体可有效减小潮汐荷载对管节环向应变影响,而增加管节单孔净宽会导致顶、底板内壁中部和底板外壁两侧最大拉应变明显增大。

参考文献

[1] Grantz W C. Immersed Tunnel Settlements Part 1: Nature of Settlements[J]. Tunnelling and Underground Space Technology, 2001, 16(3): 195-201.

[2] Grantz W C. Immersed Tunnel Settlements: Part 2: Case Histories[J]. Tunnelling and Underground Space Technology, 2001, 16(3): 203-210.

[3] 魏纲,裘慧杰,杨泽飞,等. 考虑回淤的沉管隧道基础层压缩模型试验研究[J]. 岩土工程学报, 2014, 36(8): 1544-1552.

[4] Kasper T, Lentz A, Yding S, et al. Probabilistic Differential Settlement Design for Direct Foundations of the HZM Link Immersed Tunnel[J]. Electronic Journal of Geotechnical Engineering, 2013, 18: 1459-1476.

[5] Oorsouw R S V. Behaviour of Segment Joints in Immersed Tunnels under Seismic Loading[D]. Delft: Delft University of Technology, 2010.

[6] Anastasopoulos I, Gerolymos N, Drosos V, et al. Behaviour of Deep Immersed Tunnel under Combined Normal Fault Rupture Deformation and Subsequent Seismic Shaking[J]. Bulletin of Earthquake Engineering, 2008, 6(2): 213-239.

[7] Kiyomiya O. Earthquake-resistant Design Features of Immersed Tunnels in Japan [J]. Tunnelling and Underground Space Technology, 1995, 10(4): 463-475.

[8] 王黎怡, 徐伟. 沉管隧道正常运营阶段横断面受力分析[J]. 结构工程师, 2015, 31(3): 162-168.

[9] 魏纲, 苏勤卫, 邢建见, 等. 基于光纤光栅技术的海底沉管隧道管段应变研究[J]. 岩土力学, 2015, 36(增刊2): 499-506.

[10] 谢雄耀, 王培, 李永盛, 等. 甬江沉管隧道长期沉降监测数据及有限元分析[J]. 岩土力学, 2014, 35(8): 2314-2324.

[11] 邵俊江, 李永盛. 潮汐荷载引起沉管隧道沉降计算方法[J]. 同济大学学报, 2003, 31(6): 657-662.

[12] Hu Z N, Xie Y L, Wang J. Challenges and Strategies Involved in Designing and Constructing a 6-km Immersed Tunnel: A Case Study of The Hong Kong-Zhuhai-Macao Bridge[J]. Tunnelling and Underground Space Technology, 2015, 50: 171-177.

[13] Huang G, Zhang N, Law W K, et al. Motion Response of Immersing Tunnel Element under Random Waves[J]. Ships and Offshore Structures, 2016, 11(6): 561-574.

[14] Aono T, Sumida K, Fujiwara R, et al. Rapid Stabilization of the Immersed Tunnel Element[C]// Proceedings of the Coastal Structures 2003 Conference. Portland, Oregon: ASCE, 2003: 394-404.

[15] Kasper T, Steenfelt J S, Pedersen L M, et al. Stability of an Immersed Tunnel in Offshore Conditions under Deep Water Wave Impact[J]. Coastal Engineering, 2008, 55(9): 753-760.

[16] Oda Y, Ito K, Yim S C. Current Forecast for Tunnel-Element Immersion in the Bosphorus Strait, Turkey[J]. Journal of Waterway Port Coastal and Ocean Engineering, 2009, 135(3): 108-119.

[17] Wu Z W, Liu J K, Liu Z Q, et al. Nonlinear Wave Forces on Large-Scale Submerged Tunnel Element[J]. Marine Structures, 2016, 45: 133-156.

[18] 林存刚. 盾构掘进地面隆陷及潮汐作用江底盾构隧道性状研究[D]. 杭州: 浙江大学, 2014.

[19] 刘欢, 木林隆, 黄茂松, 等. 涌潮作用下隧道动力响应的模型试验[J]. 岩土工程学报, 2013, 35(增刊1): 501-505.

[20] Schotte K, Nuttens T, Wulf A D, et al. Monitoring the Structural Response of the Liefkenshoek Rail Tunnel to Tidal Level Fluctuations[J]. Journal of Performance of Constructed Facilities, 2016, 30(5): 04016007.

[21] 魏纲, 陆世杰. 考虑管土效应的潮汐荷载引起沉管隧道管节沉降研究[J]. 岩石力

学与工程学报，2018，37(增刊2)：4329-4337.
[22] 李策，梁敏飞，谢宏明. 潮汐作用对大断面海底盾构隧道管片接缝防水性能的影响研究[J]. 隧道建设(中英文)，2018，38(增刊2)：176-182.
[23] 周桓竹，寇晓强，王延宁. 潮汐作用下的沉管隧道竖向位移计算[J]. 岩土力学，2021，42(10)：2785-2794，2807.
[24] 周桓竹，王延宁，寇晓强. 考虑潮汐荷载作用的沉管隧道竖向位移计算[J]. 铁道科学与工程学报，2022，19(3)：790-797.
[25] Fung Y C, Drucker D C. Foundation of Solid Mechanics[J]. Acta Mechanica Solida Sinica，1980，33(1)：238.
[26] 邓建林. 沈家门港海底沉管隧道浮运、沉放施工控制技术[J]. 隧道建设，2015，35(9)：914-919.
[27] Davis M A, Bellemore D G, Kersey A D. Distributed Fiber Braggrating Strain Sensing in Reinforced Concrete Structural Components[J]. Cement and Concrete Composites，1997，19(1)：45-47.
[28] Song M, Sang B L, Sang S C, et al. Simultaneous Measurement of Temperature and Strain Using Two Fiber Bragg Gratings Embedded in a Glass Tube[J]. Optical Fiber Technology，1997，3(2)：194-196.
[29] 苏勤卫. 海底沉管隧道管段沉降与应变研究[D]. 杭州：浙江大学，2015.
[30] Liu X, Jiang W, Schutter G D, et al. Early-age Behaviour of Precast Concrete Immersed Tunnel Based on Degree of Hydration Concept[J]. Structural Concrete，2014，15(1)：66-80.

第 11 章
潮汐荷载下沉管隧道管节竖向位移响应研究

11.1 引 言

沉管隧道是一种能跨越江河的水底隧道,在造价和技术上具有诸多优点,在工程界广受青睐。由于建造位置特殊,沉管隧道常年受到潮汐循环荷载的影响。现有国内外研究主要集中在管节沉降和受力方面,忽略了对管节应变的控制。事实上,管节应变是材料特性和结构受力情况的综合反映,其值过大容易造成开裂和渗漏,影响隧道使用。苏勤卫[1]通过研究表明,潮汐荷载对管节环向应变影响明显。研究还表明,河(海)床上覆回淤土层透水性较差,伴随潮汐水位的升降,管节会随之发生上升或下沉[1-2],其中,比利时的 Schelde 隧道中部最大产生了 10mm 的振幅[2]。管节竖向循环浮动过大会使管节产生疲劳损伤,同时对接头的水密性和管节内行车舒适性产生影响。因此,研究潮汐荷载作用下管节环向应变和管节竖向位移,对隧道局部受力分析、裂缝防控以及隧道的安全运营具有重要意义。

目前,国内外有关潮汐荷载对海底隧道影响的研究较少。在沉管隧道方面,众多学者[3-6]采用模型试验方法和数值模拟方法,分别对随机波浪作用下的浮运沉放阶段管节动力响应和沉放后管节稳定性进行深入研究。Oda 等[7]通过分析实测数据,建立了一套水位预测系统和潮流预测系统。Wu 等[8]提出一种非线性波浪力计算方法,并探究了波浪参数和结构参数对波浪力的影响。邵俊江等[9]考虑河床表面扰动土层和原状地基土层的性质差异,分别建立了双层土和单层土地基模型,并推导了潮汐荷载下地基沉降的解析解。李伟等[10]通过监测指出管节高程变化与潮位有较强相关性,且存在一定滞后。谢雄耀等[11]指出沉管隧道随潮位变化产生周期性浮动,该浮动约占隧道运营期沉降的 4%～10%。魏纲等[12-13]通过研究表明,潮位曲线与管节位移曲线和应变曲线有较强相关性,且接头柔性越大相关性越强。周桓竹等[14]通过三角函数模拟潮汐荷载形式,计算了土层非线性固结沉降,并由此反算出时间变化的等效压缩基床参数并建立管节-地基计算模型,结果表明建立的管节-地基计算模型所得到的管节前期和中期的沉降与实测数据更吻合,考虑了管节接头的弯曲变形和剪切变形更能反映沉管隧道结构受力特征和沉降变形特点。

在盾构隧道方面,于洪丹等[15]采用数值仿真方法对潮汐荷载下衬砌和围岩的稳定性进行了研究。刘欢等[16]通过模型试验探究涌潮作用下盾构隧道动力响应规律。林存刚[17]考虑到水位变化,分别建立盾构隧道上覆土体透水模型和不透水模型对衬砌内力进行计算。

综上所述,目前国内外有关波浪荷载对沉管隧道管节动力响应研究较多,对潮汐荷载影响研究较少,仅有的研究主要集中在管节沉降方面。有关潮汐荷载下沉管隧道管节竖向位移的理论计算研究仅有邵俊江等[9]有涉及,他们只对潮汐荷载下的土层固结沉降进行了研究,但未考虑管体刚度和接头作用,且土层参数取值并不明确,存在缺陷。因此,有关该方面的研究有待进一步加强。

本章利用三角函数拟合潮汐荷载,借鉴谢康和等[18]提出的半解析法,对潮汐荷载下土层的一维非线性固结沉降进行计算,且在此基础上反算得到等效基床系数,并建立管节-接头模型。本章还依托宁波甬江沉管隧道工程的实测数据,对模型的合理性进行了验证。

11.2 土层沉降计算模型建立

1. 潮汐荷载模拟

李伟等[10]对国内某越江沉管隧道所处流域的潮位变化进行了近36h的连续监测。监测结果表明,半日型潮汐水位日变化近似符合三角函数,周期为12h。除了日变化,潮汐水位还存在季节性变化,一般周期为一年。以宁波甬江流域为例,邵俊江等[9]在宁波甬江沉管隧道通车运营后的第五年便开始对其所在流域的高、低平潮位进行长期监测。本章依据潮汐水位日变化规律,采用三角函数对高、低平潮的季节性变化进行拟合,结果如图11.2-1所示。

结果表明,甬江潮位季节性变化与三角函数拟合曲线较为吻合,周期约为365d。根据监测,河床常年淤积会在原状土上部形成一层透水性较差的软弱土层[9]。在周期性变化的潮汐荷载作用下,该回淤土层会持续发生缓慢的渗透作用。由于潮位变化速度远大于河床表面回淤土层的渗透速度,本章以潮位最低点为基准点,假设作用在河床上部的潮汐荷载大小为潮位变化产生的水压差。在综合考

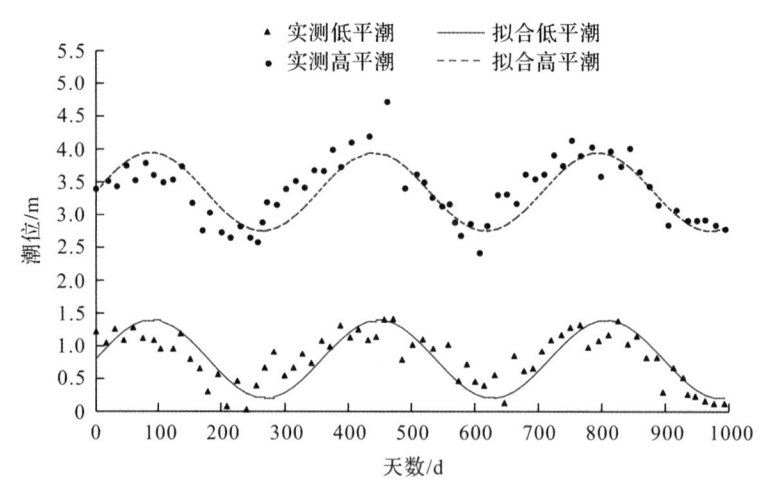

图 11.2-1 宁波甬江潮位实测结果和拟合曲线

虑潮汐水位日变化和季节性变化的前提下,得到潮汐荷载的表达式为:

$$P(t) = P_0 + P_1\sin\omega_1 t + P_1\sin\omega_2 t \quad (11-1)$$

式中,P_0 为平均潮位与潮位最低点间的水压差;P_1 为潮位日变化引起的荷载幅值;P_2 为潮位季节性变化引起的荷载幅值;ω_1 为潮位日变化角频率;ω_2 为潮位季节性变化角频率。

2. 土层非线性固结沉降计算

邵俊江等[9]考虑河床表面扰动土层和下卧原状地基土层的性质差异,分别建立双层土和单层土地基模型,并采用 Terzaghi 一维固结理论推导了潮汐荷载下土层沉降解析解。Terzaghi 一维固结理论假定土体的渗透系数和压缩模量不变,然而,在实际固结过程中,这两项参数会随时间发生变化。Mesri 等[19-21] 和 Tavenas 等[22] 由大量试验数据分析总结得到 e-$\lg\sigma'$ 和 e-$\lg k_v$ 的关系为:

$$e = e_1 - c_c\lg\left(\frac{\sigma'}{\sigma_1'}\right) \quad (11-2)$$

$$e = e_1 + c_k\lg\left(\frac{k_v}{k_{v1}}\right) \quad (11-3)$$

式中,e 为孔隙比;c_c 为压缩指数;c_k 为渗透指数;σ' 为土体有效应力;k_v 为土体渗透系数;e_1、σ_1' 和 k_{v1} 分别为压缩和渗透半对数曲线上任选参考点的孔隙比、有效应力和渗透系数。

Davis 等[23] 在假定土体压缩指数和渗透指数满足 $c_c/c_k = 1$ 的前提下,推导了单层土一维非线性固结的解析解。谢康和等[24] 将时间和土层离散化,假设每一细分土层在微小时间段内所受外荷载及土层的压缩性和渗透性均不发生变化,采用分层总和法推导得到变荷载下成层地基一维非线性固结的半解析解,并提供算例将解析解和半解析解进行对比分析,验证了该理论的可靠性。本章在邵俊江等[9]提出的双层土地基模型的基础上,根据甬江流域实际工况对回淤土层下部的原状地基土层进行了进一步划分,并采用谢康和等[18]提出的理论方法对潮汐荷载下土层非线性固结沉降进行计算,土层受力示意如图 11.2-2 所示。图中,H 为土层模型总厚度;$h_0,h_1,h_2,\cdots,h_n$ 为自上而下各土层厚度;$c_{c0},c_{c1},c_{c2},\cdots,c_{cn}$ 和 $c_{k0},c_{k1},c_{k2},\cdots,c_{kn}$ 分别为自上而下各土层的压缩指数和渗透指数。

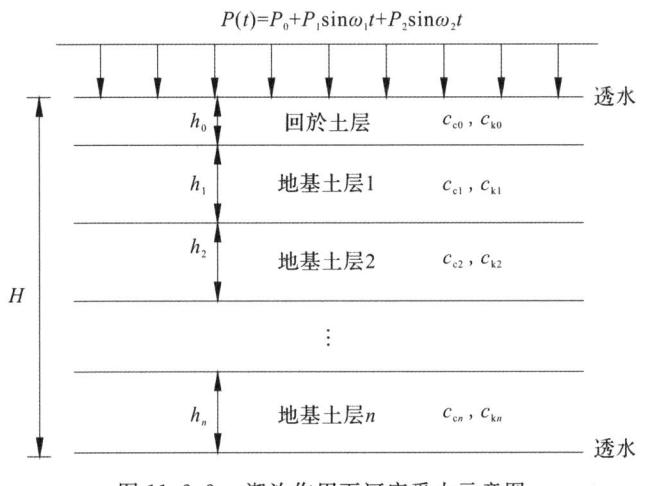

图 11.2-2 潮汐作用下河床受力示意图

计算中,将固结过程划分为若干微小时段,任一时段记为 k,每一时段开始时刻作用潮汐荷载增量 ΔP_k,同时将每一土层进一步细分,任一土层记为 j。由式(11-2)和式(11-3)可得,土层 j 在 k 时段土体压缩模量和渗透系数分别为:

$$E_{kj} = E_{0j}\left(\frac{\sigma'_{(k-1)j}}{\sigma'_{0j}}\right) \tag{11-4}$$

$$k_{vkj} = k_{v0j}\left(\frac{\sigma'_{0j}}{\sigma'_{(k-1)j}}\right) \tag{11-5}$$

式中,E_{0j}、k_{v0j} 和 σ'_{0j} 分别为土层 j 初始压缩模量、初始渗透系数和初始平均有效应力;$\sigma'_{(k-1)j}$ 为土层 j 在 k 时段起始时刻即 t_{k-1} 时的平均有效应力;c_{cj} 和 c_{kj} 分别为土层 j 的压缩指数和渗透指数。

土层 j 在 k 时段初始时刻的超静孔压为:

$$u_{kj}^0 = \bar{u}_{(k-1)j} + \Delta P_k \tag{11-6}$$

式中,$\bar{u}_{(k-1)j}$ 为土层 j 在 $k-1$ 时段最终时刻的平均超静孔压。

$\overline{u}_{(k-1)j}$ 的表达式为：

$$\overline{u}_{(k-1)j} = \frac{1}{h_j} \int_{z_{j-1}}^{z_j} u_{(k-1)j}(z) \mathrm{d}z \tag{11-7}$$

式中，h_j 为土层 j 的厚度；$u_{(k-1)j}$ 为土层 j 在 $k-1$ 时段最终时刻的任一深度超静孔压；z_j 为土层 j 底面深度。

谢康和等[24]给出成层土任一深度下任一时刻的超静孔压表达式为：

$$u_{(k-1)j} = \sum_{m=1}^{\infty} u_{kj}^0 C_m g_{mj}(z) \mathrm{e}^{-\beta_m t_{k-1}} \tag{11-8}$$

式中 m、C_m、g_{mj} 和 β_m 的定义和求解过程见文献[24]。

利用 MATLAB 软件编制程序，通过式(11-6)～(11-8)的数值迭代求解任一时刻地表沉降。t_k 时刻地表沉降表达式为[18]：

$$S_k = \sum_{j=1}^{p} \frac{c_{cj} h_j}{1 + e_{0j}} \lg\left(1 + \frac{P(t_k) - \overline{u}_{kj}}{\sigma'_{0j}}\right) \tag{11-9}$$

式中，p 为土层总层数。

11.3 管节竖向位移计算方法

1. 管节-接头模型建立

根据现有研究，传统柔性接头理论计算模型主要有铰接模型[25,27]、定向连接模型[27]、定向约束模型[28]、GINA 止水带等效弹簧模型[29]等。实际柔性接头部件主要由端钢壳、GINA 止水带、OMEGA 止水带、垂直和水平剪切键、波形连接件等组成。接头刚度小于管节刚度，且允许相邻管节端面产生一定的相对位移或转角。但是，当相对位移或转角超过一定限值后，接头对相邻管节端面约束作用会急剧增大。通过分析现有的接头理论计算模型发现，已有模型均不能完全反映实际接头的上述性能。

本章假设各管节长度相等，忽略管节纵向坡度，将其等效为置于弹性地基上的 Euler 梁，并采用抗剪弹簧与抗弯弹簧并联来模拟管节柔性接头的作用，管节-接头理论计算模型如图 11.3-1 所示。管节沿纵向产生不均匀沉降时，接头垂直剪切键间的橡胶支座受到挤压变形，起到抗剪切作用，波形连接件受到弯矩产生转角，起到抗弯曲作用，由此实现相邻管节端面变形协调。模型中，地基采用沿管节纵向均匀分布的弹簧模拟。考虑土层固结作用，基床系数的取值随时间发生变化。

图 11.3-1 管节-接头理论计算模型

本章对单个管节进行受力分析,考虑接头作用,在管节端部添加随时间变化的集中力和集中弯矩。以宁波甬江沉管隧道(沉管段由 5 个管节构成)为例,基于以上假设,可以认为模型在构造及受力上呈现对称,故取所有沉管段的一半进行受力分析,如图 11.3-2 所示(中间省略了 1 个管节)。图中,T_0、T_1、T_n 为接头作用集中力,以向下作用为正;M_0、M_1、M_n 为接头作用弯矩,以使管节发生顺时针方向转动为正。相邻管节端面所受集中力和弯矩大小相等,方向相反,且与两端面竖向位移差及转角差成正比。T_z 和 M_z 分别为隧道中点位置所受等效集中力和弯矩,方向同上。需要注意的是,图中所标注的集中力和弯矩的方向均为正方向,仅做示意,实际受力方向需通过计算确定。

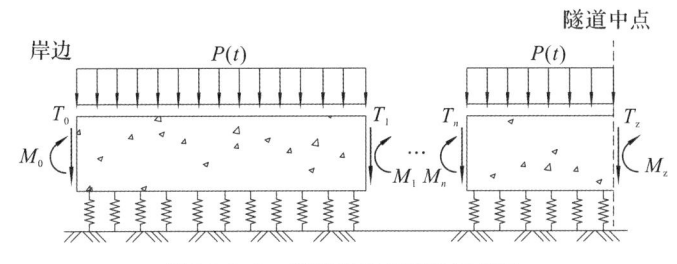

图 11.3-2 管节竖向位移计算模型

潮汐水位变化缓慢,其日变化周期为 12h,季节性变化为 365d,因此,采用拟静力方法对潮汐荷载作用下管节竖向位移进行求解。根据 Euler 梁理论,管节挠曲线微分方程为:

$$EI\frac{\mathrm{d}^4 v}{\mathrm{d}x^4}+k_\mathrm{f}bv=Pb \tag{11-10}$$

式中,E 为管节弹性模量;I 为管节截面惯性矩;b 为管节宽度;k_f 为基床系数;P 为管节所受潮汐荷载;v 为管节挠度,向下为正;x 为计算位置至管节起始位置的距离。

管节任一截面的转角 φ、弯矩 M、剪力 T 与 v 挠度的关系表达式为:

$$\varphi(x)=\frac{\mathrm{d}v}{\mathrm{d}x}, M(x)=-EI\frac{\mathrm{d}^2v}{\mathrm{d}x^2}, T(x)=EI\frac{\mathrm{d}^3v}{\mathrm{d}x^3} \tag{11-11}$$

式中,转角 φ、弯矩 M、剪力 T 均以使管节发生顺时针方向转动为正。

当 $P=0$ 时,式(11-10)的齐次解为:

$$v(x)=\mathrm{e}^{\lambda x}(c_1\cos\lambda x+c_2\sin\lambda x)+\mathrm{e}^{-\lambda x}(c_3\cos\lambda x+c_4\sin\lambda x) \tag{11-12}$$

式中,c_1、c_2、c_3、c_4 为待定系数;$\lambda^4=\dfrac{kb}{4EI}$。

联立式(11-11)和式(11-12)得到挠度表达式为[30]:

$$v(x)=v_0 F_1(x)+\frac{1}{\lambda}\varphi_0 F_2(x)-\frac{M_0}{\lambda^2 EI}F_3(x)-\frac{T_0}{\lambda^3 EI}F_4(x) \tag{11-13}$$

式中,

$$F_1(x)=\mathrm{ch}(\lambda x)\cos(\lambda x)$$

$$F_2(x)=\frac{1}{2}[\mathrm{ch}(\lambda x)\sin(\lambda x)+\mathrm{sh}(\lambda x)\cos(\lambda x)]$$

$$F_3(x)=\frac{1}{2}\mathrm{sh}(\lambda x)\sin(\lambda x)$$

式中,v_0、φ_0、M_0 和 T_0 分别为管节 $x=0$ 处的挠度、转角及其所受的弯矩和集中力。

以第一段管节为例,在考虑管节所受潮汐荷载和接头作用力的基础上得到管节任一截面的挠度表达式为:

$$v(x)=v_0 F_1(x)+\frac{\varphi_0}{\lambda}F_2(x)-\frac{1}{\lambda^2 EI}[M_0 F_3(x)+M_1 F_3(x-l)]$$

$$+\frac{1}{\lambda^3 EI}\Big[(T_0 F_4(x)+T_1 F_4(x-l))+b\int_0^x P F_4(x-\xi)\mathrm{d}\xi\Big] \tag{11-14}$$

式中,

$$M_0=k_\mathrm{w}\varphi_0, T_0=k_\mathrm{j}v_0$$

$$M_1=k_\mathrm{w}\Delta\varphi, T_1=k_\mathrm{j}\Delta v$$

式中,M_1 和 T_1 分别为第一段管节 $x=l$(l 为管节长度)处所受的弯矩和集中力;$\Delta\varphi$ 和 Δv 分别为相邻管节端面竖向位移差和转角差;k_w、k_j 分别为接头抗弯刚度和抗剪刚度。

管节任一截面的转角、弯矩和剪力表达式可在式(11-14)的基础上根据式(11-11)求得。其余管节挠度、转角、弯矩和剪力表达式的推导过程与第一段管节类似。第一段管节起始端面所受集中力 T_0 和弯矩 M_0 分别与其竖向位移 v_0 和转角 φ_0 成正比;中间端面所受集中力 T_n 和弯矩 M_n 分别与相邻管节端面竖向位移差 Δv 和转角差 $\Delta\varphi$ 成正比;隧道中点所受等效集中力 T_z 和弯矩 M_z 可通过对隧道沉管段 1/2 结构进行受力分析得到。

选取土层沉降计算中各离散时间段的潮汐荷载对管节-接头模型进行逐级加载,采用数值迭代的方法,通过 MATLAB 编写程序求解每一级荷载下各管节两端变形及受力情况,从而确定各管节任一截面的挠曲变形。

2. 等效基床系数计算

图 11.3-2 所示的管节竖向位移计算模型采用了 Winkler 地基模型,并将其等效为沿管节纵向分布的线性弹簧。弹簧系数由基床系数决定,该参数取值的准确性在模型计算中十分重要。现有研究对于基床系数的取值并不明确,一般在静力研究中多将其简单地取作固定值。本章在研究变荷载下的管节竖向位移问题中考虑了下卧成层土的非线性固结沉降,故将基床系数取作固定值并不合理。本章提出了等效基床系数的概念,该物理量不是由土层参数确定,而是通过任意时刻下的潮汐荷载和土层沉降反算得到。因此,等效基床系数会随着固结的进程和外荷载的变化而变化。地基模型中假定各土层厚度沿隧道纵向均匀分布,而潮汐荷载可等效为大面积均布荷载,因此,计算得到某一时刻下的等效基床系数沿隧道纵向不发生变化。t_k 时的等效基床系数计算表达式为:

$$k_f(t_k) = \frac{P(t_k)}{S_k} \quad (11-15)$$

式中,$P(t_k)$ 为 t_k 时刻下的潮汐荷载;S_k 为 k 时段结束时土层总沉降。

等效基床系数的精确度取决于土层固结沉降计算的精确度和潮汐荷载的拟合度。经过验证表明,本章所采用的谢康和等[24]提出的变荷载下成层地基一维非线性固结沉降的半解析法具有较高的可靠性[18]。因此,在保证潮汐荷载拟合度的情况下,可以得到相对精确的等效基床系数。

11.4 宁波甬江沉管隧道工程实例分析

1. 工程概况

宁波甬江沉管隧道是我国第一条建造在软土地基上的沉管隧道。隧址位于距离宁波市中心 17km 处的甬江下游,是 329 国道北仑与镇海的联通工程。隧道于 1987 年 6 月 20 日开始建设,并于 1995 年 9 月通车运营,全长为 1019.97m。隧道沉管段长 420m,由五个管节组成,自北向南分别记作 E1～E5,如图 11.4-1 所示。其中,E2 管节长度为 80m,纵向坡度为 0.5%;E1 以及 E3～E5 管节长度均为 85m,纵向坡度均为 3.5%。隧道南北两岸为明挖暗埋段,北岸引道长 360.44m,主要采用地下连续墙结构,南岸引道长 224.53m,主要采用扶壁式挡土墙结构[31]。

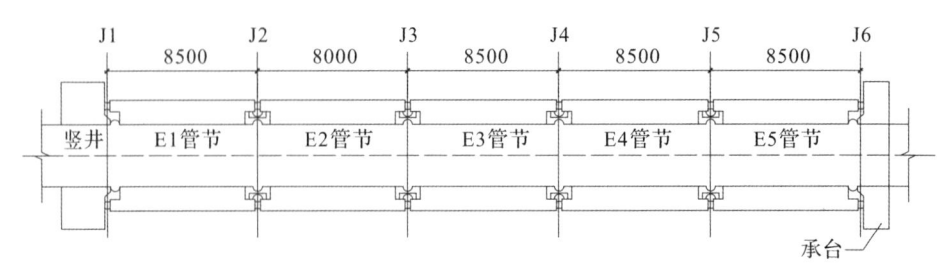

图 11.4-1 甬江沉管隧道沉管段纵向分布图(单位:cm)

甬江沉管隧道按当时国家平原微丘二级公路标准设计,设计标准为荷载汽车-20 级,挂车-100 级,设计车速为 60km/h,设计日平均交通流量为 5500 辆。2007 年隧道大修,其设计标准做了相应的调整,设计日平均交通流量改为 15745 辆。

沉管管节在干船坞内预制,结构采用矩形断面,为单孔双车道,其横断面见图 11.4-2。管节底部采用了 6mm 保护钢板,这一方面可以加强防水效果,另一方面可方便管节出坞及其沉放。管节与管节之间、管节与北岸竖井之间及管节与南岸引道之间均通过柔性接头连接,自北向南分别记为 J1~J6,如图 11.4-1 所示。

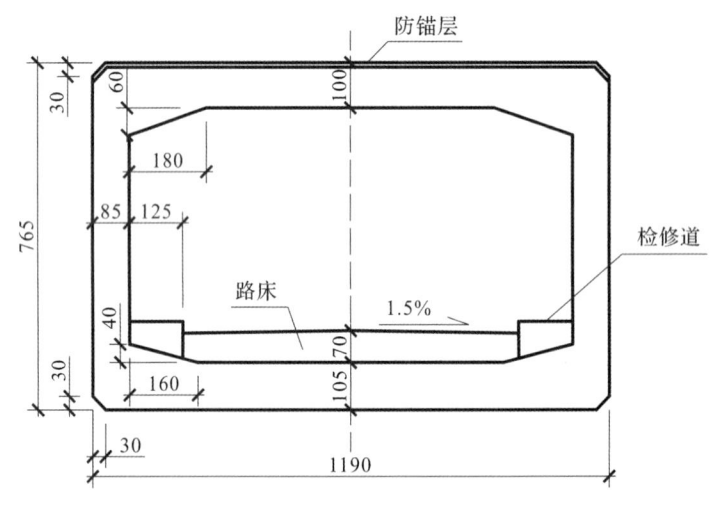

图 11.4-2 甬江沉管隧道管节横断面[11](单位:cm)

隧道位于甬江下游的入海口段,属于海积平原,地势平坦。其下卧地层为第四系全新统海相和河口相沉积地层,实际各土层分布见图 11.4-3。由图得出,该处地层分层明显,自上至下依次为淤泥、淤泥质黏土、淤泥夹层、中砂、含泥或黏土层砂,各土层物理力学参数见表 11.4-1。隧道沉管段所处高程为 −7.75~1.01m,位于流塑状的饱和淤泥质土中。该土层压缩性高、灵敏度高、承载力低、渗透性差,标准

贯入度 $N_{63.5}=1\sim 2$。

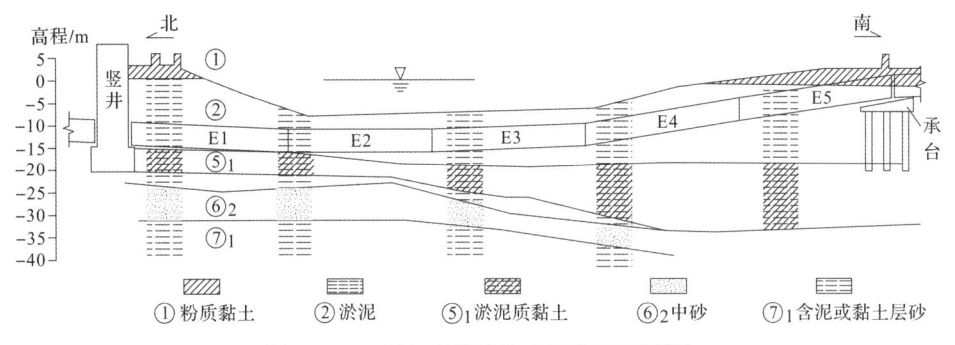

图 11.4-3 甬江沉管隧道地层纵剖面图[11]

表 11.4-1 土层物理力学参数[11]

土层编号	含水率/%	密度/(g/cm³)	孔隙比	液限/%	塑限/%	塑性指数	压缩模量/MPa	黏聚力/kPa	内摩擦角/°
①	38.0	1.84	1.038	32.4	20.0	12.4	4.93	—	—
②	40.2	1.81	1.094	33.7	21.2	12.6	2.81	19	13.0
⑤₁	49.1	1.72	1.367	40.6	23.8	16.9	3.21	23	16.1
⑥₂	22.8	1.87	1.040	22.9	13.8	9.1	6.10	8	35.0
⑦₁	38.5	1.82	1.070	33.1	20.2	12.9	3.27	31	39.0

隧道处于甬江下游的入海口段，长期受不规则的半日潮型潮汐影响。根据水文资料，该处历史最高潮位为 5.22m，平均高潮位为 2.95m；历史最低潮位为 −0.20m，平均低潮位为 1.17m；日最大潮差为 3.53m，平均潮差为 1.75m，季节性潮差为 0.5m。此外，潮汐水位还受风速及风向的影响，东北强风时潮位增加约为 0.87m，西南强风时潮位降低约为 0.5m。宁波甬江最大流速为 1.2～1.3m/s，平均流速为 0.36～0.37m/s[31]。甬江含砂量大，淤积严重，实测淤积强度约为 3cm/d[32]。

2. 计算参数取值

根据宁波甬江沉管隧道工程地质概况，考虑河床回淤，在土层非线性固结沉降计算中取三层土，自上而下依次为回淤土层、淤泥质黏土层和淤泥层。淤泥层下部为中砂层，不计其固结沉降影响。根据邵俊江等[9]的研究，本章将甬江土层模型中的回淤层厚度取为 0.5m。淤泥质黏土层和淤泥层厚度按 J2 接头下方土层分布分别取 6.0m 和 4.5m。淤泥和淤泥质黏土的浮重度、孔隙比、压缩模量和渗透系数根据表 11.4-2 取值。

胡安峰等[33]对宁波软土进行了室内压缩试验，由于所取土样区域距离隧址较近，故本模型中的淤泥和淤泥质黏土的压缩指数和渗透指数按其结果取用。根据所建立的土层模型厚度,试验分别取文献[33]中深度为 2.75～3.05m 和 6.75～7.05m 的两组试验数据对应模型中的淤泥质黏土层和淤泥层,并通过拟合得到压缩指数和渗透指数。以深度为 2.75～3.05m 的土层参数拟合为例的结果如图 11.4-4 和图 11.4-5 所示。根据拟合结果可以得到淤泥质黏土层的压缩指数 $c_c=0.148$,渗透指数 $c_k=0.19$。关于甬江回淤土的相关参数,目前还未见有相关研究,因此,本章借鉴了周宣兆等[34]对太湖等湖泊的清淤淤泥固结试验结果。汇总土层模型参数取值,见表 11.4-2。

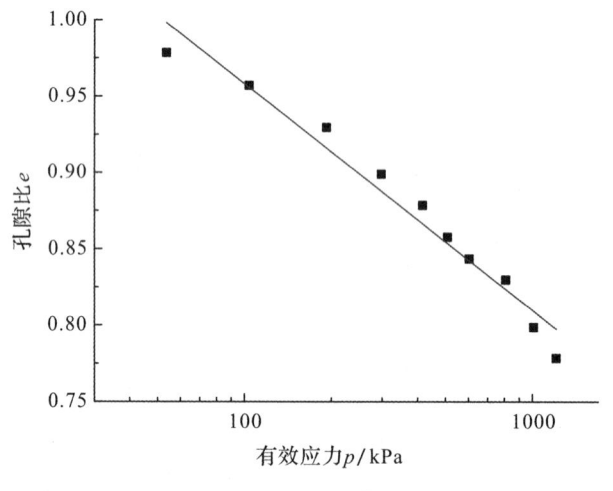

图 11.4-4 $e\text{-}p$ 曲线

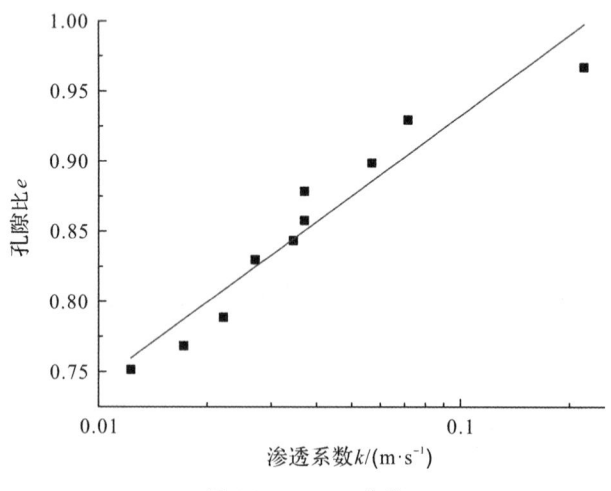

图 11.4-5 $e\text{-}h$ 曲线

表 11.4-2　土层参数

土层	厚度 H/m	浮重度 /(kN·m^{-3})	初始孔隙比 e_0	初始渗透系数 k_0/(10^{-9}m·s^{-1})	初始压缩模量 E_0/MPa	压缩指数 c_c	渗透指数 c_k
回淤土层	0.5	4.7	2.3	1.55	0.78	0.86	1.32
淤泥质黏土层	6	7.1	1.367	2.71	3.21	0.148	0.19
淤泥层	4.5	7.9	1.094	1.81	2.81	0.353	0.398

沉管隧道管节用 C50 混凝土浇筑而成，计算时取管节重度 $\gamma_c=25$kN/m^3，弹性模量 $E=3.45\times10^4$MPa。柔性接头的抗剪和抗弯性能分别由剪切键件的橡胶支座和波形连接件特性决定。本章参考桥梁中板式橡胶支座特性试验[35]，依据甬江沉管隧道接头中橡胶支座尺寸，取其弹性模量 $E_0=2\times10^6$kPa，再根据支座个数估算接头抗剪刚度 $k_j=1.1\times10^6$kN/m。陈韶章等[36]通过理论计算表明，柔性接头抗弯刚度为管体刚度的 1/600~1/500。本章取管体抗弯刚度的 1/600 作为接头抗弯刚度，即 $k_w=3.2\times10^6$kN·m/rad。试验不考虑接头刚度在潮汐荷载作用过程中发生的变化。

潮汐荷载通过三角函数拟合得到，根据图 11.2-1 对甬江潮汐的拟合结果，可得式(11-1)中的系数取值为 $P_0=17.64$kPa，$P_1=12.74$kPa，$P_2=4.9$kPa，$\omega_1=1.454\times10^{-4}$s^{-1}，$\omega_2=1.991\times10^{-7}$s^{-1}。

3. 潮汐引起管节沉降理论计算及验证

根据所建立的甬江土层模型和所取参数计算土层非线性固结沉降，再结合潮汐荷载变化反算基床系数。建立甬江沉管隧道管节-接头模型，计算潮汐荷载作用下管节竖向位移变化。邵俊江等[9]从隧道通车后的第五年开始便对甬江沉管隧道接头部位沉降进行长期监测，与潮位监测时间相对应。为验证本章理论方法的准确性，本章以隧道 J2 接头为例，取接头部位相邻管节端面沉降的平均值作为该处竖向位移，其实测沉降和高、低平潮下的计算沉降结果如图 11.4-6 所示。由于本章仅研究潮汐作用对管节竖向位移的影响，不考虑隧道运营前五年中由于管节自重、车辆荷载以及河床淤积、清淤等引起的管节沉降，因此，为方便将理论计算结果与实测数据进行对比，本章将低平潮下的管节计算沉降曲线起点移至实测沉降曲线起点位置，即 16mm 处。与此同时，高平潮下的管节计算沉降曲线也随之移动。

图 11.4-6 的结果表明，J2 接头截面竖向位移随着潮位变化分别以 12h 和 365d 为周期发生浮动，对应的计算日浮动量为 3.9mm，年浮动量为 4.3mm。高平潮和低平潮下的管节计算沉降曲线与实测沉降曲线随时间变化趋势基本吻合，且数值上相近，证明本章所提出的管节竖向位移理论计算方法较为可靠。在潮汐荷载作

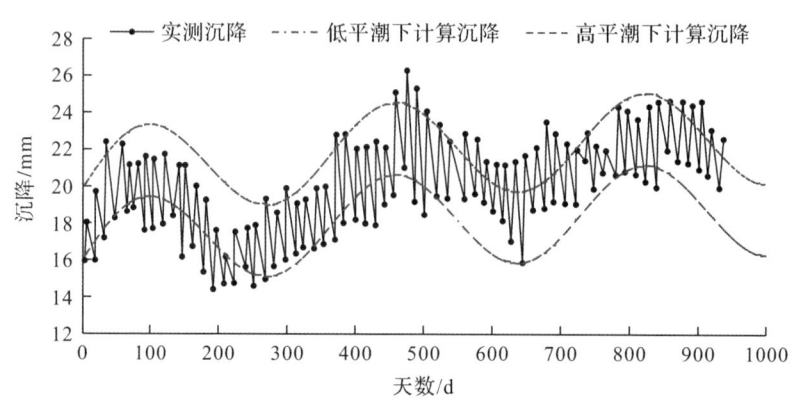

图 11.4-6 J2 接头实测沉降和本书理论计算沉降

用初期,计算沉降曲线和实测沉降曲线走势都表明 J2 接头截面处土层产生了一定的永久沉降。分析计算沉降曲线和实测沉降曲线在数值上的偏差发现,前期管节计算沉降大于实测沉降,而后期管节计算沉降小于实测沉降,分析产生该问题的原因可能有以下几点:①潮汐水位的日变化和季节性变化均通过三角函数拟合得到,与实际潮汐水位随时间变化存在一定偏差;②本章以潮位最低点为基准点,假设作用在河床上部的潮汐荷载大小为潮位变化产生的水压差,若考虑回淤土层的渗透性,实际潮汐荷载比计算潮汐荷载稍小;③管节计算沉降只考虑了潮汐水位的变化,而实测沉降中还包括了由管节自重,隧道运营期间长期受到的车辆循环荷载以及河床淤积、清淤周期荷载等引起的沉降。

邵俊江等[9]将甬江流域土层等效为由回淤土层和下卧原状土层组成的双层土地基模型。当基槽密实且河床回淤强度较小或河床回淤严重而下卧原状土层密实时,可将双层土地基模型简化为单层土地基模型,采用 Terzaghi 一维固结理论推导得到潮汐荷载作用下土层沉降解析解。但邵俊江等[9]在模型计算参数的取值上缺乏一定依据。为了将本章理论计算结果与采用邵俊江等[9]提出的理论计算方法进行对比,统一采用本章所取回淤土层参数,考虑甬江流域回淤严重,采用单层土地基模型计算隧道J2接头处沉降,结果如图11.4-6所示。对于双层土地基模型沉降解析解的推导,邵俊江等[9]为实现计算简化,取用了一种特殊情况,即假定地基土层1和土层2的压缩模量和渗透系数满足 $k_1/E_1=k_2/E_2$。然而,实际土层参数难以满足上述情况,故本章理论计算结果不与双层土地基模型的计算结果进行对比。

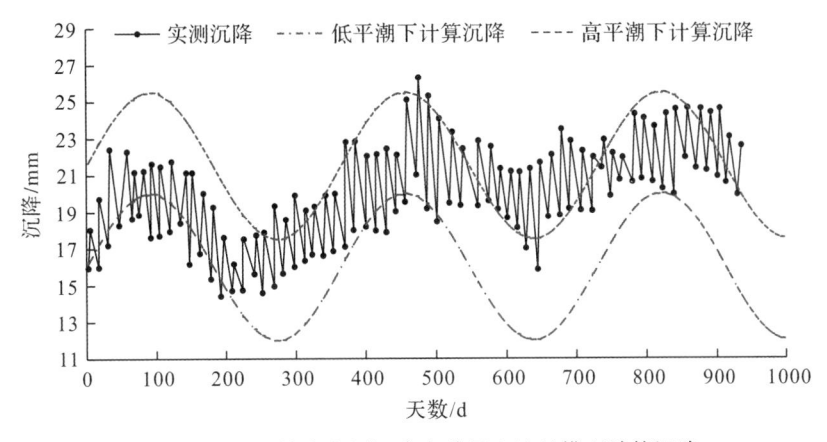

图 11.4-7　J2 接头实测沉降和单层土地基模型计算沉降

图 11.4-7 的结果表明,根据本章所取回的淤土层参数,采用邵俊江等[9]提出的单层土地基模型计算得到的 J2 接头处日浮动量和年浮动量较实测结果均偏大。分析出现上述结果的可能原因,邵俊江等[9]假设在潮汐作用下隧道各管节随着地基土层隆起-沉降而发生上下浮动,但忽略了管体刚度和管节接头作用。实际上,管节在潮汐荷载作用下产生的浮动不能简单地等效为土层的隆起-沉降,而应该是管-土相互作用的过程。对比图 11.4-6 和图 11.4-7 结果可知,本章提出的理论计算方法考虑了管体刚度、接头作用以及土层非固结沉降等因素,与邵俊江等[9]方法计算结果相比,本章方法的计算结果与实测数据更加吻合。

土层模型在纵向和横向上厚度分布均匀,管节-接头模型纵向对称,且潮汐荷载被等效为随时间变化的大面积均布荷载,因此,在同一时刻,隧道纵向对称截面计算沉降相等。由于甬江沉管隧道两端靠近岸边段均设置了桩基础,故此处不考虑岸边接头截面沉降。本章对潮汐荷载影响下 J2、J3 接头处和 E1、E2、E3 管节中点处的竖向位移进行计算,其日浮动量和年浮动量结果见表 11.4-3。

表 11.4-3　管节截面计算日浮动量及年浮动量　　　　单位:mm

计算截面	J2	J3	E1 中点	E2 中点	E3 中点
日浮动量	3.9	5.2	5.9	6.5	6.9
年浮动量	4.3	5.7	6.5	7	7.4

根据谢雄耀等[11]的监测结果,甬江沉管隧道 J2 接头和 J3 接头处日浮动量和年浮动量均为 5mm 左右。表 11.4-3 的结果表明,本章接头截面计算日浮动量和年浮动量范围为 4～6mm,与实测结果非常接近。总结不同管节截面竖向位移情

况,可得出甬江沉管隧道沉管段在潮汐荷载影响下的浮动范围为4~8mm。隧道最大浮动量出现在E3管节中点处,其日浮动量达到6.9mm,年浮动量达到7.4mm,故其值不可忽视。

对比不同管节截面竖向位移情况可以发现,同一截面的年浮动量稍大于日浮动量,且两者在不同截面中均呈现正相关性。此外,在同一管节中,管节中点截面浮动量明显大于接头截面浮动量,而在不同管节的同一位置截面中,越靠近隧道中点,截面浮动量越大。综上所述,管节各点高程随着潮汐的日变化和季节性变化常年处于循环上下浮动状态,各管节中点和隧道中部附近浮动量较大,管节可能会产生疲劳损坏,建议进行长期监测。

11.5 本章小结

本章利用三角函数拟合了潮汐荷载,并采用谢康和等[18]提出的半解析法计算了潮汐荷载作用下河床土层的一维非线性固结沉降。另外,本章还提出了等效基床系数的概念,并基于Winkler地基模型,依据潮汐荷载和土层沉降反算了不同时刻的等效基床系数。本章在考虑接头作用、建立管节-接头模型、计算潮汐荷载作用下管节竖向位移等情况下,依托宁波甬江沉管隧道工程,计算了管节中点和接头竖向位移随潮位的变化,并将理论计算结果与实测结果进行对比分析。具体来说,本章研究成果可以概括为以下几点。

(1)宁波甬江沉管隧道管节和接头截面竖向位移随潮位变化分别以日和年为周期发生浮动。其中,J2接头处竖向位移计算变化量与实测变化量较为吻合,表明本章提出的理论计算方法较为合理。

(2)宁波甬江沉管隧道不同管节截面在潮汐影响下的浮动量不同,浮动范围为4~8mm,最大浮动量出现在E3管节中点处。同一截面的年浮动量稍大于日浮动量,且两者在数值上呈现正相关性。

(3)同一管节中,管节中点截面浮动量明显大于接头截面浮动量,而不同管节的同一位置截面中,越靠近隧道中点的截面浮动量越大。

尽管如此,由于课题的复杂性,本章在计算中作了较多假设,如将作用在河床上部的潮汐荷载等效为潮位变化产生的水压差,将管节简化为水平布置,假定土层沿管节纵向均匀分布,并忽略了土体与管节两侧的相互作用。以上假设均会使理论计算结果存在一定误差,今后可在本章基础上作进一步研究。

参考文献

[1] 苏勤卫. 海底沉管隧道管段沉降与应变研究[D]. 杭州：浙江大学，2015.

[2] Grantz W C. Immersed Tunnel Settlements. Part 2：Case Histories[J]. Tunnelling and Underground Space Technology，2001，16(3)：203-210.

[3] Kasper T，Steenfelt J S，Pedersen L M，et al. Stability of an Immersed Tunnel in Offshore Conditions under Deep Water Wave Impact[J]. Coastal Engineering，2008，55(9)：753-760.

[4] Hu Z N，Xie Y L，Wang J. Challenges and Strategies Involved in Designing and Constructing a 6 km Immersed Tunnel：A Aase Study of the Hong Kong-Zhuhai-Macao Bridge[J]. Tunnelling and Underground Space Technology，2015，50：171-177.

[5] Huang G，Zhang N，Law W K，et al. Motion Response of Immersing Tunnel Element Under Random Waves[J]. Ships and Offshore Structures，2016，11(6)：561-574.

[6] Aono T，Sumida K，Fujiwara R，et al. Rapid Stabilization of the Immersed Tunnel Element[C] // Proceedings of the Coastal Structures 2003 Conference. Portland，Oregon：ASCE，2003：394-404.

[7] Oda Y，Ito K，Yim S C. Current Forecast for Tunnel-Element Immersion in the Bosphorus Strait，Turkey[J]. Journal of Waterway Port Coastal and Ocean Engineering，2009，135(3)：108-119.

[8] Wu Z W，Liu J K，Liu Z Q，et al. Nonlinear Wave Forces on Large-scale Submerged Tunnel Element[J]. Marine Structures，2016，45：133-156.

[9] 邵俊江，李永盛. 潮汐荷载引起沉管隧道沉降计算方法[J]. 同济大学学报，2003，31(6)：657-662.

[10] 李伟，熊福文. 潮汐对过江隧道沉降的影响[J]. 上海地质，2007，28(2)：18-20.

[11] 谢雄耀，王培，李永盛，等. 甬江沉管隧道长期沉降监测数据及有限元分析[J]. 岩土力学，2014，35(8)：2314-2324.

[12] 魏纲，苏勤卫，邢建见，等. 基于光纤光栅技术的海底沉管隧道管段应变研究[J]. 岩土力学，2015，(增刊2)：499-506.

[13] 魏纲，陆世杰. 考虑管土效应的潮汐荷载引起沉管隧道管节沉降研究[J]. 岩石力学与工程学报，2018，37(增刊2)：4329-4337.

[14] 周桓竹，王延宁，寇晓强. 考虑潮汐荷载作用的沉管隧道竖向位移计算[J]. 铁道科学与工程学报，2022，19(3)：790-797.

[15] 于洪丹，陈卫忠，郭小红，等. 潮汐对跨海峡隧道衬砌稳定性影响研究[J]. 岩石力学与工程学报，2009，28(增刊1)：2905-2914.

[16] 刘欢，木林隆，黄茂松，等. 涌潮作用下隧道动力响应的模型试验[J]. 岩土工程学报，2013，35(增刊1)：501-505.

[17] 林存刚. 盾构掘进地面隆陷及潮汐作用江底盾构隧道性状研究[D]. 杭州：浙江大学，2014.

[18] 谢康和，郑辉，李冰河，等. 变荷载下成层地基一维非线性固结分析[J]. 浙江大学学报(工学版)，2003，37(4)：426-431.

[19] Mesri G, Rokhsar A. Theory of Consolidation for Clays[J]. Journal of the Geotechnical Engineering Division，1974，100(8)：889-904.

[20] Mesri G, Tavenas F. Permeability and Consolidation of Normally Consolidated Soils[J]. Journal of Geotechnical Engineering Division，1983，109(6)：873-878.

[21] Mesri G, Choi Y K. Settlement Analysis of Embankments on Soft Clays[J]. Journal of Geotechnical Engineering，1985，111(4)：441-464.

[22] Tavenas F, Jean P, Leblond P, et al. The Permeability of Natural Soft Clays. Part 2：Permeability Characteristics[J]. Canadian Geotechnical Journal，1983，20(4)：645-660.

[23] Davis E H, Raymond G P. A Non-linear Theory of Consolidation[J]. Geotechnique，1965，15(2)：161-173.

[24] 谢康和，潘秋元. 变荷载下任意层地基一维固结理论[J]. 岩土工程学报，1995，17(5)：80-85.

[25] 史先伟，杜孔泽. 广州鱼珠至长洲岛越江隧道工程方案论证[J]. 铁道标准设计，2007，(增刊2)：15-19.

[26] 管敏鑫，万晓燕，唐英. 沉管隧道的作用、作用组合与工况[J]. 世界隧道，1999，1：4-9.

[27] 魏纲，朱昕光，苏勤卫. 沉管隧道竖向不均匀沉降的计算方法及分布研究[J]. 现代隧道技术，2013，50(6)：58-65.

[28] 邢建见. 考虑临时支撑垫块的沉管隧道管段结构静力计算方法研究[D]. 杭州：浙江大学，2016.

[29] 禹海涛，袁勇，刘洪洲，等. 沉管隧道接头力学模型及刚度解析表达式[J]. 工程力学，2014，31(6)：145-150.

[30] 黄义，何芳社. 弹性地基上的梁、板、壳[M]. 北京：科学出版社，2005.

[31] 黄明华. 甬江水底隧道运行性能分析与健康监测系统设计实现[D]. 哈尔滨：哈尔滨工业大学，2008.

[32] 邵俊江. 沉管隧道的沉降预测及其控制研究[D]. 上海：同济大学，2003.

[33] 胡安峰，黄杰卿，谢新宇，等. 考虑自重影响的饱和土体一维复杂非线性固结研究[J]. 浙江大学学报(工学版)，2012，46(3)：441-447.

[34] 周宣兆，朱伟，孙政. 清淤淤泥的固结特性试验研究[J]. 水资源与水工程学报，2013，24(1)：69-72.

[35] 廖顺庠. 桥梁橡胶支座[M]. 北京：人民交通出版社，1988.

[36] 陈韶章，陈越，张弥. 沉管隧道设计与施工[M]. 北京：科学出版社，2002.

第 12 章
车辆荷载对沉管隧道影响的理论方法研究

12.1 引 言

沉管隧道作为一种特殊的地下建筑物,长期受到车辆荷载、波浪荷载等动荷载作用[1-6],管段随荷载的变化表现出位移、弯矩、地基反力的周期性变化。这种周期性变化对管段的安全有着非常大的威胁。

目前设计中对这类动荷载问题均处理为静荷载,然后分析沉管隧道受力、沉降。高峰等[3]根据弹性地基梁原理,采用三维有限元法分别对刚性、柔性和半柔半刚性接头管节在列车荷载下的动力响应进行分析,同时采用影响线的方法,按最不利情况加载,得到列车荷载对沉管隧道地基的最大反应值;陈清军等[7]为了反映沉管结构的空间内力分布,采用墙单元和板壳单元建立沉管隧道的三维有限元分析模型,用水土分算原理确定沉管结构水土荷载,然后分析空间受力形态。刘建飞等[8]从三维实体单元出发,对沉管隧道静力作用下的受力、位移进行模拟分析。上述分析方法均属于"化动为静",只能得到最不利的结果,并不能反映荷载变化引起的管段位移、受力的变化趋势。

现有的国内外有关沉管隧道的研究主要集中在管节静力分析[9-11],管节动力方面主要集中在管节地震响应分析。国内外已有和在建的沉管隧道大多为公路隧道,由于地基软弱且常年受到车辆循环荷载作用,管节尤其接头部位对沉降较为敏感,故进一步研究车辆荷载作用下管节位移响应对管节竖向位移及接头竖向位移差控制有重要意义。

在国内外沉管隧道结构设计中,车辆荷载大多采用拟静力法计算[8,12-13]。魏纲等[14]将车辆荷载等效为随时间变化的波动荷载,将管节等效为置于黏弹性地基上的 Euler 梁,对管节中点位移和弯矩进行计算,但未考虑接头作用。魏纲等[15]依托宁波甬江沉管隧道工程,利用 MIDAS GTS NX 软件建立沉管隧道三维有限元模型；采用非线性弹簧模拟接头，选取影响接头刚度的主要部件，依据各部件材料特性对接头各向刚度进行取值；通过对路床网格节点添加线性变化的荷载来模拟车辆行驶，对管节及接头产生的动力响应进行分析。梁禹[16]对广州地铁越江沉管隧道运营期的变形情况进行了长期监测，但未对监测结果进行深入分析。由此可见，在现有的沉管隧道结构受力及变形研究中，大多研究将管节视为 Euler 梁，不考虑剪切变形。此外，管节所受车辆荷载多被等效为静力，往往忽略接头作用，因此车辆荷载对沉管隧道的竖向位移响应有待得到进一步研究。

本章首先研究了沉管隧道接头为刚性的工况，把 Kelvin 黏弹性简支欧拉梁模型[17]引入海底沉管隧道动力分析中，以车辆荷载为例，得到了沉管隧道在车辆荷载作用下的位移、弯矩和地基反力的动力解析解；其次改进了传统的柔性接头等效模型，并考虑管节剪切变形，建立了车辆荷载下沉管隧道管节竖向位移响应计算模型。本章以宁波甬江沉管隧道为例，求解车辆荷载引起管节中点及端部竖向位移，计算接头两端的最大位移差，并对单因素影响进行研究。

12.2　车辆荷载作用下基于 Kelvin 黏弹性地基梁的管节动力模型分析计算

1. 动力模型及振动方程解析

（1）模型建立

软土地区海底沉管隧道动力分析简化模型见图 12.2-1，图中 x 为荷载作用位置；$\omega(x,t)$ 为管段挠度。

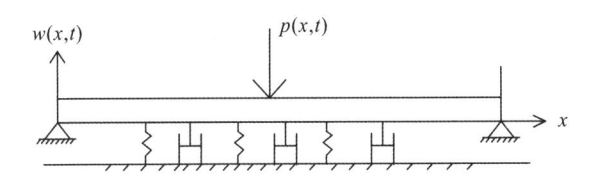

图 12.2-1　沉管隧道的 Kelvin 黏弹性地基梁动力分析模型[5]

车辆荷载不同于静载和其他动力荷载，是一种长期施加的随机重复循环荷载，每次的动力作用频率不一样。荷载的频率大小、峰谷值高低、幅值变化大小、持续时间长短及不同幅值各个脉冲的排列顺序都标志着荷载的变化,它们反映出了不同的峰值效应、波序效应和持时效应。一般的车辆荷载可以描述成简谐正弦波形、余弦波形、半正矢波形等[6]。埋在海底的沉管管段在路面行驶的车辆荷载作用下,由于车身的振动和路面不平整,车轮实际是以一定的频率和振幅在路面上跳动着,作用在路面上的轮载时大时小呈波动的形式。故车辆荷载 $P(x,t)$ 采取随时间变化的波动荷载形式,简化为:

$$P(x,t) = p + q_{\max} \sin^2\left(\frac{\pi}{2} + \frac{\pi t u}{12TL}\right) \tag{12-1}$$

式中,p 为恒载,大小为轮压;$q_{\max}$ 为车辆附加荷载的幅值;t 为时间,为荷载作用周期;L 为轮胎接触面积半径,一般取 15cm;u 为车辆行驶速度。

故海底沉管隧道在车辆荷载作用下的振动控制微分方程为:

$$EI\frac{\partial^4 \omega(x,t)}{\partial x^4} + m\frac{\partial^2 \omega(x,t)}{\partial t^2} + c\frac{\partial \omega(x,t)}{\partial t} + k\omega(x,t) = p + q_{\max} + \sin^2\left(\frac{\pi}{2} + \frac{\pi t u}{12TL}\right) \tag{12-2}$$

式中,EI 为沉管管段刚度;m 为单位长度管段质量;c 为地基阻尼系数;k 为地基模量。

(2) 振动方程求解

利用模态叠加法,设:

$$\omega(x,t) = \sum_{i=1}^{\infty} \Phi_i(x) Y_i(t) \tag{12-3}$$

将式(12-3)代入式(12-2),化简可得:

$$EI\int_0^L \Phi_n(x)\frac{\mathrm{d}^2}{\mathrm{d}x^2}\left[\frac{\mathrm{d}^2\Phi_n(x)}{\mathrm{d}x^2}\right] Y_n(t)\mathrm{d}x + M_n \dot{Y}_n(t) + c\sum_{i=1}^{\infty}\int_0^L \Phi_n(x)\Phi_i(x)\dot{Y}_i(t)\mathrm{d}x$$

$$+ k\sum_{i=1}^{\infty}\int_0^L \Phi_n(x)\Phi_i(x)Y_i(t)\mathrm{d}x = P_n(t) \tag{12-4}$$

假设 $c = Am, k = Bm$,进一步化简为:

$$\ddot{Y}_n(t) + A\dot{Y}_n(t) + (\omega_n^2 + B)Y_n(t) = \frac{P_n(t)}{M_n} \tag{12-5}$$

式中,ω_n 和 $Y_n(t)$ 分别表示第 n 阶固有频率和相应的广义坐标;A、B 是 c、k 与质量 m 的关系系数。

梁的固有频率及相应的振型函数只与梁的边界条件有关,可通过求相同条件下的自由振动求解它们。利用复模态分析方法求解相应情况下自由振动的模态函数,推出固有频率解析式[18]:

$$(\mathrm{i}\omega)^2 + A(\mathrm{i}\omega) + B - C = 0 \tag{12-6}$$

式中，$C = \dfrac{EI\lambda_n^4}{m}$，解得固有频率为：

$$\begin{cases} (i\omega_n)_1 = \dfrac{-A - \sqrt{A^2 - 4(B-C)}}{2} \\ (i\omega_n)_2 = \dfrac{-A + \sqrt{A^2 - 4(B-C)}}{2} \end{cases} \quad (12\text{-}7)$$

$$\omega_n^2 = -\dfrac{2A^2 - 4(B-C) \pm 2A\sqrt{A^2 - 4(B-C)}}{4} \quad (12\text{-}8)$$

把振型函数 $\Phi(x) = C_n \sin\lambda_n x$ 代入广义质量和广义荷载的表达式中，可得：

$$\begin{cases} P_n(t) = \displaystyle\int_0^l \Phi_n(x) P(x,t) \mathrm{d}x = \dfrac{2lC_n}{n\pi} P(x,t) \\ M_n = \displaystyle\int_0^L \Phi_n(x)^2 m \mathrm{d}x = \dfrac{ml}{2} C_n \end{cases} \quad (12\text{-}9)$$

最后，式(12-2)可化为：

$$\ddot{Y}_n(t) + A\dot{Y}_n(t) + (\omega_n^2 + B)Y_n(t) = \dfrac{4P(x,t)L}{n\pi M} \quad (12\text{-}10)$$

下面根据式(12-10)的特点分别进行讨论：

(1) 当 $A^2 - 4(\omega_n^2 + B) > 0$ 时，相应方程有两异实根，此时梁的动力响应为：

$$\omega(x,t) = \sum_{n=1}^{\infty} \left(A_n \mathrm{e}^{\frac{-A + \sqrt{A^2 - 4(\omega_n^2 + B)}}{2}} + B_n \times \mathrm{e}^{\frac{A + \sqrt{A^2 - 4(\omega_n^2 + B)}}{2}} + \dfrac{D}{\omega_n^2 + B} \right) \sin\dfrac{n\pi}{l} x \quad (12\text{-}11)$$

将式(12-11)代入得：

$$M = -EI \left(\dfrac{\mathrm{d}^2 \omega}{\mathrm{d}x^2} \right) \quad (12\text{-}12)$$

相应条件下沉管隧道弯矩表达式为：

$$M = EI \left(\dfrac{n\pi}{l} \right)^2 \sum_{n=1}^{\infty} \left(A_n \mathrm{e}^{\frac{-A + \sqrt{A^2 - 4(\omega_n^2 + B)}}{2}t} + B_n \mathrm{e}^{\frac{A + \sqrt{A^2 - 4(\omega_n^2 + B)}}{2}t} + \dfrac{D}{\omega_n^2 + B} \right) \sin\dfrac{n\pi}{l} x \quad (12\text{-}13)$$

又地基反力 $p = k\omega + c\dot{\omega}$，得：

$$\begin{aligned} p = & k \sum_{n=1}^{\infty} \left(A_n \mathrm{e}^{\frac{-A + \sqrt{A^2 - 4(\omega_n^2 + B)}}{2}t} B_n \mathrm{e}^{\frac{A + \sqrt{A^2 - 4(\omega_n^2 + B)}}{2}t} + \dfrac{D}{\omega_n^2 + B} \right) \sin\dfrac{n\pi}{l} x \\ & + c \dfrac{n\pi}{l} \sum_{n=1}^{\infty} \left(A_n \mathrm{e}^{\frac{-A + \sqrt{A^2 - 4(\omega_n^2 + B)}}{2}t} + B_n \mathrm{e}^{\frac{A + \sqrt{A^2 - 4(\omega_n^2 + B)}}{2}t} + \dfrac{D}{\omega_n^2 + B} \right) \cos\dfrac{n\pi}{l} x \end{aligned} \quad (12\text{-}14)$$

式中，$D = \dfrac{4P(x,t)}{mm\pi}$；$A_n$，$B_n$ 为待定系数，可以根据初始条件来确定。假定初始条件如下：

$$\begin{cases} \omega(x,0) = \omega_0(x) \\ \dot{\omega}(x,0) = v_0(x) \end{cases} \tag{12-15}$$

将式(12-15)中各项展开成级数形式：

$$\begin{cases} \omega_0(x) = \sum_{n=1}^{\infty} A_n' \sin \dfrac{n\pi x}{l} \\ v_0(x) = \sum_{n=1}^{\infty} B_n' \sin \dfrac{n\pi x}{l} \end{cases}, \text{其中} \begin{cases} A_n' = \dfrac{2}{l} \int_0^l \omega_0(x) \sin \dfrac{n\pi x}{l} \mathrm{d}x \\ B_n' = \dfrac{2}{l} \int_0^l v_0(x) \sin \dfrac{n\pi x}{l} \mathrm{d}x \end{cases} \tag{12-16}$$

由方程两边对应项系数相等，可求得 A_n 和 B_n 的值如下：

$$A_n = A_n' + \dfrac{D}{\omega_n^2 + B} + \dfrac{\left(A_n' - \dfrac{D}{\omega_n^2 + B}\right)\left[\sqrt{A^2 - 4(\omega_n^2 + B)} - A\right] - 2B_n'}{2\sqrt{A^2 - 4(\omega_n^2 + B)}} \tag{12-17}$$

$$B_n = \dfrac{\left(A_n' - \dfrac{D}{\omega_n^2 + B}\right)\left[\sqrt{A^2 - 4(\omega_n^2 + B)} - A\right] - 2B_n'}{2\sqrt{A^2 - 4(\omega_n^2 + B)}} \tag{12-18}$$

(2) 当 $A^2 - 4(\omega_n^2 + B) < 0$ 时，相应方程有共轭复根，此时梁的变形、弯矩、地基反力为：

$$\omega(x,t) = \left[\sum_{n=1}^{\infty} e^{\frac{A}{2}t}\left(A_n \cos \dfrac{\sqrt{A^2 - 4(\omega_n^2 + B)}}{2}t + B_n \sin \dfrac{\sqrt{A^2 - 4(\omega^2 + B)}}{2}t\right) \right.$$
$$\left. + \dfrac{D}{\omega_n^2 + B}\right] \sin \dfrac{n\pi}{l}x \tag{12-19}$$

$$M = EI\left(\dfrac{n\pi}{l}\right)^2 \sum_{n=1}^{\infty} \left[e^{\frac{A}{2}t}\left(A_n \cos \dfrac{\sqrt{A^2 - 4(\omega^2 + B)}}{2}t + B_n \sin \dfrac{\sqrt{A^2 - 4(\omega^2 + B)}}{2}t\right) \right.$$
$$\left. + \dfrac{D}{\omega_n^2 + B}\right] \sin \dfrac{n\pi}{l}x \tag{12-20}$$

$$p = k\sum_{n=1}^{\infty} \left[e^{\frac{A}{2}t}\left(A_n \cos \dfrac{\sqrt{A^2 - 4(\omega^2 + B)}}{2}t + B_n \sin \dfrac{\sqrt{A^2 - 4(\omega^2 + B)}}{2}t\right) + \right.$$
$$\left. \dfrac{D}{\omega_n^2 + B}\right] \sin \dfrac{n\pi}{l}x + c\dfrac{n\pi}{l}\sum_{n=1}^{\infty} \left[e^{\frac{A}{2}}\left(\dfrac{\sqrt{A_n \cos A^2 - 4(\omega^2 + B)}}{2}t \right. \right.$$
$$\left. \left. + B_n \sin \dfrac{\sqrt{A^2 - 4(\omega^2 + B)}}{2}t\right) + \dfrac{D}{\omega_n^2 + B}\right] \cos \dfrac{n\pi}{l}x \tag{12-21}$$

同样，利用初始条件可以解出系数。

(3) 当 $A^2-4(\omega_n^2+B)=0$ 时，相应齐次方程有重根，此时梁的变形、弯矩、地基反力为：

$$\omega(x,t) = \sum_{n=1}^{\infty}\left[(A_n+B_n)\mathrm{e}^{\frac{-A-\sqrt{A^2-4(\omega_n^2+B)}}{2}t}+\frac{D}{\omega_n^2+B}\right]\sin\frac{n\pi}{l}x \qquad (12\text{-}22)$$

$$M = EI\left(\frac{n\pi}{l}\right)^2\sum_{n=1}^{\infty}\left[(A_n+B_n)\mathrm{e}^{\frac{-A-\sqrt{A^2-4(\omega_n^2+B)}}{2}t}+\frac{D}{\omega_n^2+B}\right]\sin\frac{n\pi}{l}x \qquad (12\text{-}23)$$

$$\begin{aligned}p = {} & k\sum_{n=1}^{\infty}\left[(A_n+B_n)\mathrm{e}^{\frac{-A-\sqrt{A^2-4(\omega_n^2+B)}}{2}t}+\frac{D}{\omega_n^2+B}\right]\sin\frac{n\pi}{l}x \\ & +c\frac{n\pi}{l}\sum_{n=1}^{\infty}\left[(A_n+B_n)\mathrm{e}^{\frac{-A-\sqrt{A^2-4(\omega_n^2+B)}}{2}t}+\frac{D}{\omega_n^2+B}\right]\cos\frac{n\pi}{l}x \end{aligned} \qquad (12\text{-}24)$$

同样，利用初始条件可以解出系数。

2. 工程案例分析

(1) 工程概况

天津海河隧道处于滨海相软土地区，隧道全长为4.3km，其中穿越海河的255m采用沉管法施工工艺，共有三个管节，每个管节长为85m。管段宽度为36.6m，高度为9.65m，采用"两孔三管廊"结构，双向六车道设计，管段横截面见图12.2-2。隧址主要由淤泥层、淤泥质土、黏土、粉土、粉砂、细砂等组成，隧道基底处于第Ⅱ~Ⅲ海相层上[19]。

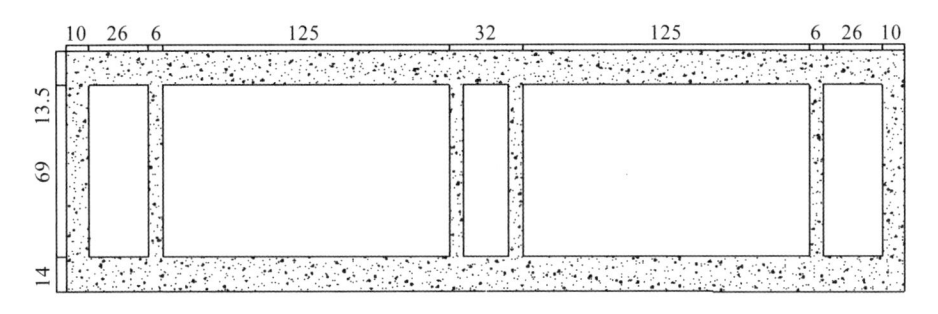

图 12.2-2　沉管管段横断面(单位:m)

(2) 选取参数

计算时取混凝土重度 $\gamma=2.5\ \mathrm{t/m^3}$，弹性模量 $E=3.45\times10^{10}\ \mathrm{Pa}$；取地基模量 $k=0.26\mathrm{MPa}$，地基阻尼系数 $c=0.8$；取车速 $u=60\mathrm{km/h}$，恒载 $p=0.7\mathrm{MPa}$。车辆的荷载 $P=(7\times10^5+1.4\times10^5\sin^2 29.1)\mathrm{Pa}$；管段的质量 $m=3.275\times10^6\ \mathrm{N/m}$；管段的刚度 $EI=3.105\times10^{13}\ \mathrm{N\cdot m^2}$。从而求出 $A=0, B=0.08\mathrm{m^{-1}}, C=0.22n^4\mathrm{m^{-1}}$。

(3) 计算分析

代入判别式 $A^2-4(\omega_n^2+B)$，由于其值大于 0，故采用情况(1)计算管段竖向位移，最后得到管段中点位移及弯矩随时间变化曲线，如图 12.2-3 所示。图 12.2-3(a)表明车辆荷载对管段竖向位移影响在 4.5~5.5mm 内，管段振动比较有规律，类似正弦曲线，一个振动周期约 0.5s。从图 12.2-3(b)可以看出，车辆荷载引起的管段中点弯矩在 14000~17000kN·m 内变化，变化周期也为 0.5s。下面取不同车速、不同地基模量单独分析其对管段中点位移和弯矩的影响。

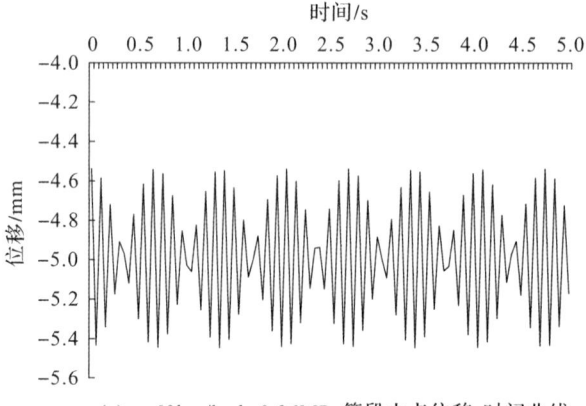

(a) u=60km/h, k=0.26MPa管段中点位移-时间曲线

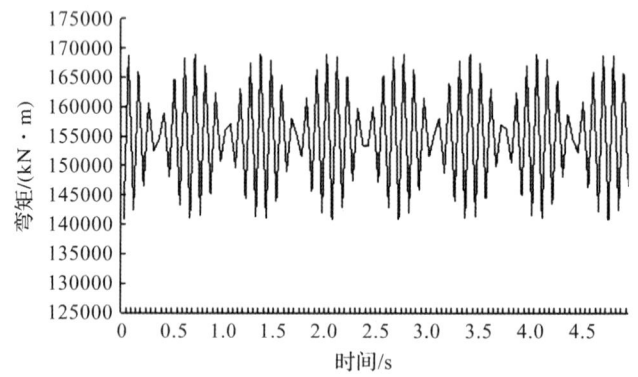

(b) u=60km/h, k=0.26MPa管段中点弯矩-时间曲线

图 12.2-3 管段中点变化曲线

①管段中点位移的分析

为了分析车辆速度对管段中点位移的影响,取车速 $u=80\text{km/h},100\text{km/h}$,其他条件不变,得到结果如图 12.2-4。从图 12.2-3(a)、图 12.2-4 可以看出,车速越快,管段振动越剧烈,振动周期越小,对管段的要求也就更高,但是也可以看出车速对振幅几乎没有影响。

(a) u=80km/h, k=0.26MPa管段中点位移-时间曲线

(b) u=100km/h, k=0.26MPa管段中点位移-时间曲线

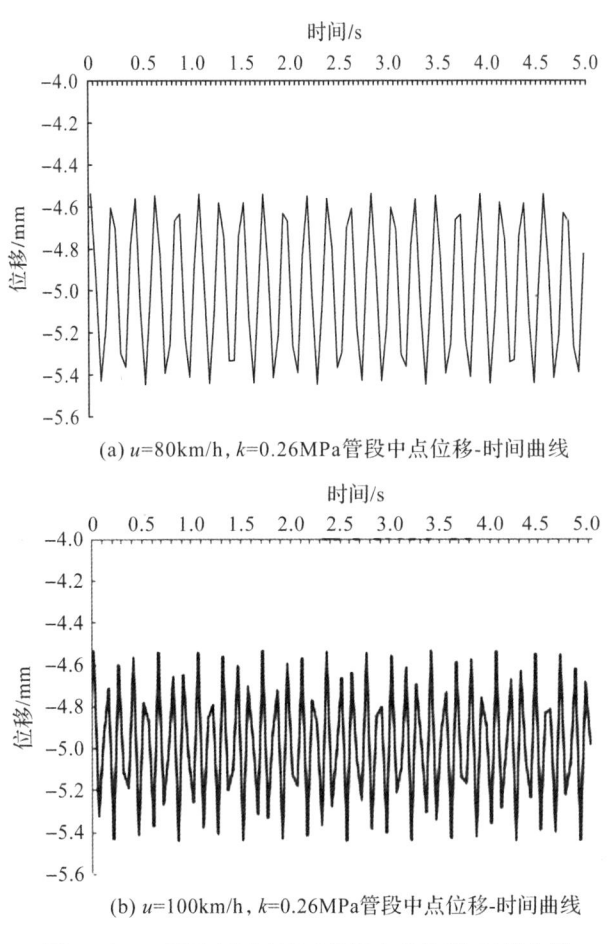

图 12.2-4 不同车辆速度时管段中点位移-时间曲线

同样取地基模量 $k=0.1\text{MPa},k=0.5\text{MPa}$,其他条件不变,分析地基模量对管段中点位移的影响,得到结果如图 12.2-5 所示。从图 12.2-3(a)、图 12.2-5 可以看出,地基模量对管段振幅影响很大,地基模量越小,振幅越大,但是对振动周期影响很小。

(a) u=60km/h, k=0.1MPa 管段中点弯矩-时间曲线

(b) u=60km/h, k=0.5MPa 管段中点弯矩-时间曲线

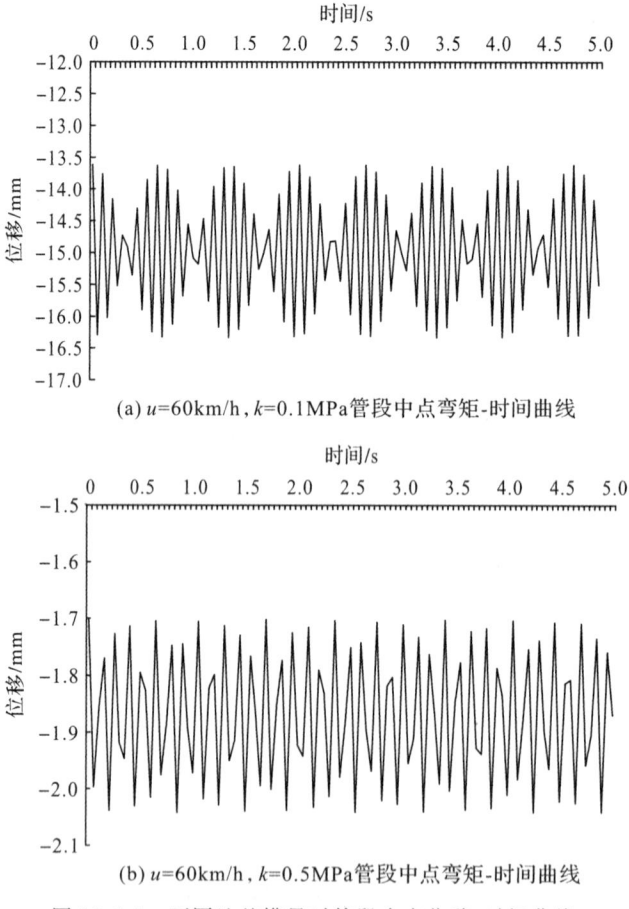

图 12.2-5　不同地基模量时管段中点位移-时间曲线

②管段中点弯矩的分析

为了分析车辆速度对管段中点弯矩的影响，同样取车速 $u=80$km/h、$u=100$km/h，其他条件不变，得到结果如图 12.2-6 所示。从图 12.2-3(b)、图 12.2-6 可以看出，车速越快，管段振动周期越小，但弯矩几乎没有影响。

同样取地基模量 $k=0.1$MPa，$k=0.5$MPa，其他条件不变，分析地基模量对管段中点弯矩的影响，得到结果如图 12.2-7 所示。从图 12.2-3(b)、图 12.2-7 可以看出，地基模量对管段弯矩影响很大，地基模量越小、弯矩越大，k 从 0.5MPa 减小到 0.1MPa，管段弯矩几乎增大了 10 倍，但对振动周期影响不大。

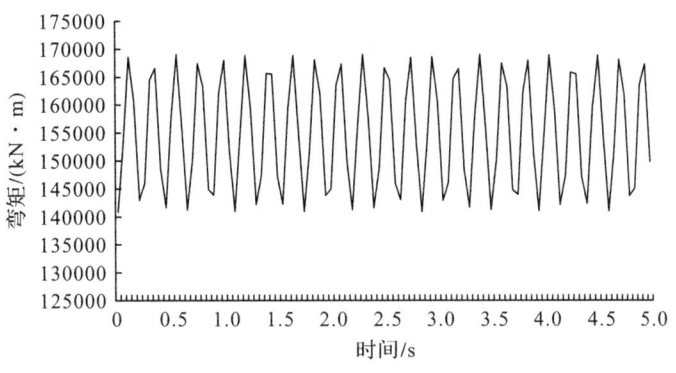

(a) u=80km/h, k=0.26MPa管段中点弯矩-时间曲线

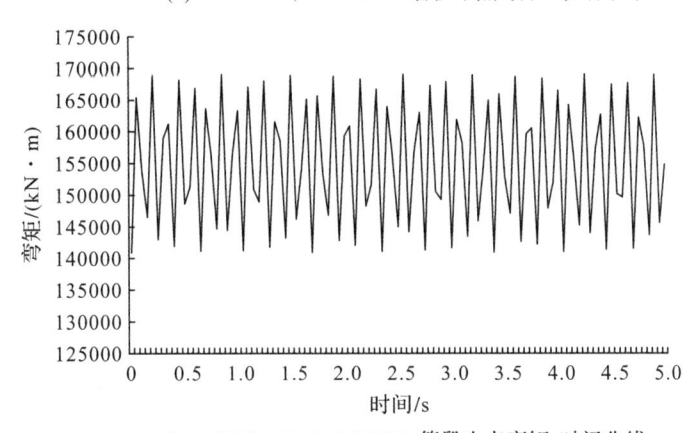

(b) u=100km/h, k=0.26MPa管段中点弯矩-时间曲线

图 12.2-6　不同车辆速度时管段中点弯矩-时间曲线

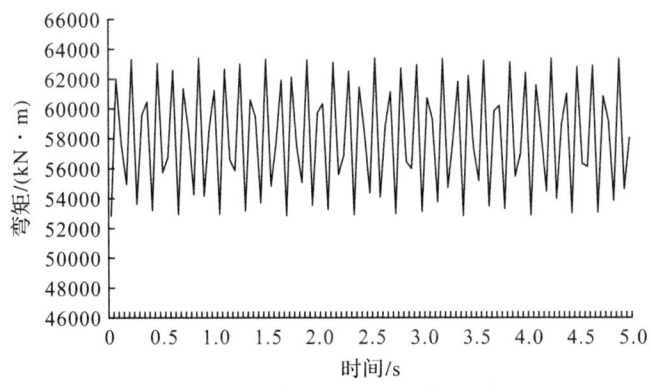

(a) u=60km/h, k=0.5MPa管段中点弯矩-时间曲线

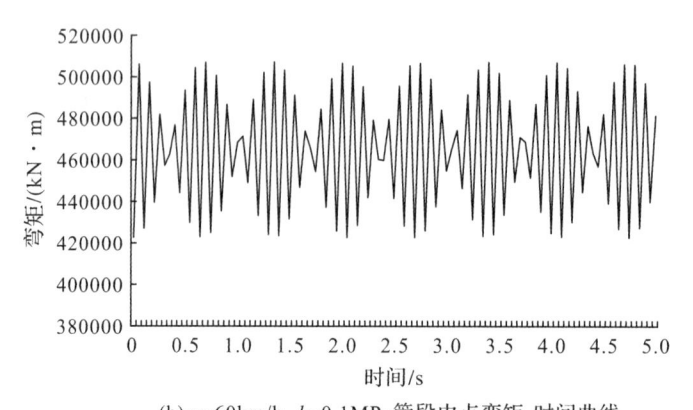

(b) $u=60$km/h, $k=0.1$MPa 管段中点弯矩-时间曲线

图 12.2-7　不同地基模量时管段中点弯矩-时间曲线

12.3　车辆荷载作用下基于 Timoshenko 梁理论的管节竖向位移计算

1. 管节动力模型及动力方程解析

(1) 模型建立

根据现有研究,传统接头模型主要有铰接模型[12]、定向连接模型[20]、定向约束模型[21]等。为保证接头处的密水性并防止应力集中,实际沉管隧道管节接头一般采用柔性接头或半柔半刚性接头[12],其部件主要有端钢壳、GINA 止水带、OMEGA 止水带、垂直和水平剪切键、波形连接件等。接头刚度小于管节刚度,并允许相邻管节断面产生相对位移或转角,但随着相对位移或转角的增大,接头约束作用表现明显。现有接头等效模型均不能完全反映上述性能。考虑接头黏弹性,采用抗剪切单元与抗弯单元并联来模拟柔性接头(抗剪单元与抗弯单元均由弹簧和阻尼并联组成),宁波甬江沉管隧道沉管段模型如图 12.3-1 所示,其中,E3、E4 管节和 J3~J5 接头已省略。

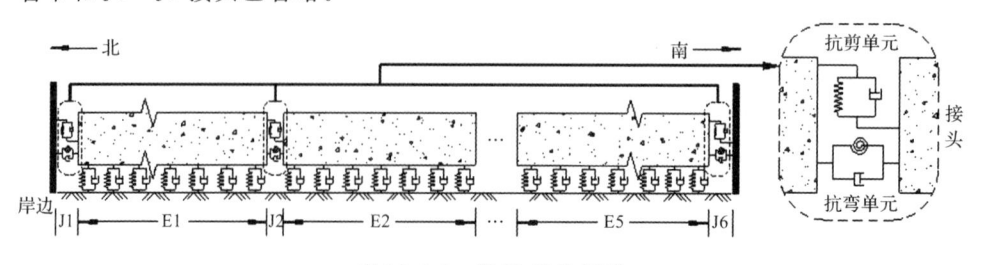

图 12.3-1　管节-接头模型

已有研究大多将管节等效为弹性或黏弹性地基上的 Euler 梁[12,22-23]。该模型忽略了梁弯曲变形引起的转动惯量和梁的剪切变形,实际管节的结构形式更接近空腹梁,其剪切变形不可忽略。本章采用更为精确的 Timoshenko 梁来模拟管节,将地基等效为并联的纵向分布弹簧和阻尼,并假设管节基床系数沿横向均匀分布,如图 12.3-1 所示。

管节沿纵向产生不均匀沉降时,接头垂直剪切键间的橡胶支座受到挤压变形,起到抗剪切作用,波形连接件受力产生转角,起到抗弯曲作用,相邻管节端面变形协调。本节将所有管节的边界条件等效为两端自由,并考虑接头作用,在管节端部添加随时间变化的集中力和集中弯矩,如图 12.3-2 所示。其中,接头力大小与相邻管节端面竖向位移差及转角差成正比,相邻端面所受集中力和集中弯矩大小相等,方向相反。

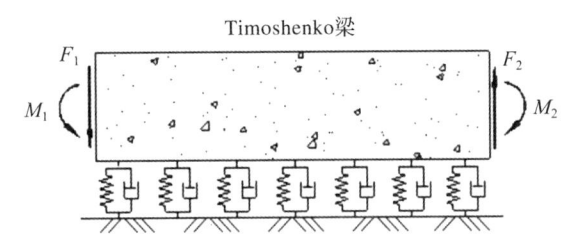

图 12.3-2 管节竖向位移计算模型

(2) 管节模态函数求解

根据 Timoshenko 梁理论,建立管节自由振动控制方程[24]:

$$\begin{cases} \kappa AG\left[\dfrac{\partial^2 v(x,t)}{\partial x^2} - \dfrac{\partial \varphi(x,t)}{\partial x}\right] = \rho A \dfrac{\partial^2 v(x,t)}{\partial t^2} \\ EI\dfrac{\partial^2 \varphi(x,t)}{\partial x^2} + \kappa AG\left[\dfrac{\partial v(x,t)}{\partial x} - \varphi(x,t)\right] = \rho I \dfrac{\partial^2 \varphi(x,t)}{\partial t^2} \end{cases} \quad (12-25)$$

式中,κ 为管节剪切系数;A 为管节截面面积;G 为管节剪切模量;v 为管节竖向位移;φ 为管节转角;ρ 为管节密度;E 为管节弹性模量;I 为管节惯性矩;x 为距离管节端部的长度;t 为时间。

采用模态叠加法,假定管节竖向位移及转角表达式为:

$$\begin{cases} v(x,t) = \sum_{n=1}^{me} v_n(x) e^{i\omega_n t} \\ \varphi(x,t) = \sum_{n=1}^{me} \varphi_n(x) e^{i\omega_n t} \end{cases} \quad (12-26)$$

式中,n 为管节振动模态阶数;$v_n(x)$ 和 $\varphi_n(x)$ 分别为管节第 n 阶位移模态和转角模态;ω_n 为管节第 n 阶振动固有频率;me 为所取模态数;i 为虚数单位。

将式(12-26)代入式(12-25),并进行正交化解耦,令 $v_n(x) = Be^{\lambda_n x}$ 后整理得到:

$$EI\lambda_n^4 + \omega_n^2\left(\frac{EI\rho}{\kappa G} + \rho I\right)\lambda_n^2 + \left(\omega_n^4 \frac{\rho^2 I}{\kappa G} - \omega_n^2 \rho A\right) = 0 \tag{12-27}$$

求解式(12-27)得到 ω_n 和 λ_n 之间的关系为:

$$\lambda_{1,2n} = \sqrt{\frac{1}{2EI}\left[\omega_n^2 \rho\left(\frac{EI}{\kappa G} + I\right) \pm \sqrt{\omega_n^4 \rho^2 \left(\frac{EI}{\kappa G} + I\right)^2 - 4EI\left(\frac{\omega_n^4 \rho^2 I}{\kappa G} - \omega_n^2 \rho A\right)}\right]} \tag{12-28}$$

将式(12-28)代入位移和转角函数,可以得到第 n 阶模态函数表达式:

$$\begin{cases} v_n(x) = c_{1n}\text{ch}(\lambda_{1n}x) + s_{1n}\text{sh}(\lambda_{1n}x) + c_{2n}\cos(\lambda_{2n}x) + s_{2n}\sin(\lambda_{2n}x) \\ \varphi_n(x) = c_{1n}g_{1n}\text{sh}(\lambda_{1n}x) + s_{1n}g_{1n}\text{ch}(\lambda_{1n}x) - c_{2n}g_{2n}\sin(\lambda_{2n}x) + s_{2n}g_{2n}\cos(\lambda_{2n}x) \end{cases} \tag{12-29}$$

式中,$g_{1,2n} = \dfrac{\kappa G \lambda_{1,2n}^2 \pm \rho \omega_n^2}{kG\lambda_{1,2n}}$;$c_{1n}$、$c_{2n}$、$s_{1n}$、$s_{2n}$ 为模态函数系数。

在管节模态函数求解中,本章将所有管节的边界条件等效为两端自由,即满足下述条件:

$$\begin{cases} \dfrac{\mathrm{d}\varphi(x)}{\mathrm{d}x}\bigg|_{x=0} = 0, \left[\dfrac{\mathrm{d}v(x)}{\mathrm{d}x} - \varphi(x)\right]\bigg|_{x=0} = 0 \\ \dfrac{\mathrm{d}\varphi(x)}{\mathrm{d}x}\bigg|_{x=l} = 0, \left[\dfrac{\mathrm{d}v(x)}{\mathrm{d}x} - \varphi(x)\right]\bigg|_{x=l} = 0 \end{cases} \tag{12-30}$$

式中,l 为管节长度。

在满足模态函数系数 c_{1n}、c_{2n}、s_{1n}、s_{2n} 不同时等于 0 的情况下,对管节振动固有频率 ω_n 进行求解,从而得到管节模态振型。具体计算过程采用 MATLAB 编程求解。上述方法适用于弹性体模态求解,而根据翟婉明研究表明[25],自由边界条件下 Timoshenko 梁前两阶模态为刚体模态,其模态函数及频率为:

$$\begin{cases} v_1(x) = 1, \varphi_1(x) = 0, \quad \omega_1 = 0 \\ v_2(x) = \sqrt{3}(1 - 2x/l), \quad \varphi_2(x) = 0, \omega_2 = 0 \end{cases} \tag{12-31}$$

(3) 动力方程求解

建立管节受迫振动控制方程:

$$\begin{cases} \kappa AG\left[\dfrac{\partial^2 v(x,t)}{\partial x^2} - \dfrac{\partial \varphi(x,t)}{\partial x}\right] = \rho A \dfrac{\partial^2 v(x,t)}{\partial t^2} + F(x,t) \\ EI\dfrac{\partial^2 \varphi(x,t)}{\partial x^2} + \kappa AG\left[\dfrac{\partial v(x,t)}{\partial x} - \varphi(x,t)\right] = \rho I \dfrac{\partial^2 \varphi(x,t)}{\partial t^2} + M(x,t) \end{cases} \tag{12-32}$$

式中,$F(x,t)$ 和 $M(x,t)$ 分别为管节所受外力和弯矩。

采用模态叠加法,假定梁的竖向位移及转角表达式为:

$$\begin{cases} v(x,t) = \sum_{n=1}^{me} v_n(x) q_n(t) \\ \varphi(x,t) = \sum_{n=1}^{me} \varphi_n(x) q_n(t) \end{cases} \tag{12-33}$$

式中,$q_n(t)$ 为时间系数。

将式(12-33)代入式(12-32),进行正交化解耦得到第 i 段管节的第 n 阶振动常微分方程为:

$$\int_0^{l_i} (\rho A v_n^{i2}(x) + \rho I \varphi_n^{i2}(x)) \mathrm{d}x \cdot \ddot{q}_n^i(t) + \omega_n^{i2} \int_0^{l_i} (\rho A v_n^{i2}(x) + \rho I \varphi_n^{i2}(x)) \mathrm{d}x \cdot q_n^i(t)$$
$$= \int_0^{l_i} v_n^i(x) F^i(x,t) \mathrm{d}x + \int_0^{l_i} \varphi_n^i(x) M^i(x,t) \mathrm{d}x \tag{12-34}$$

式中,l_i 为第 i 段管节长度。

由于车辆质量相对管节质量可忽略不计,本章将车辆前后轴荷载等效为两个点源移动恒载[26]:

$$P_c(t) = \sum P_{cm} \delta[x-(ut+x_m)] \delta(y) \tag{12-35}$$

式中,P_{cm} 为第 m 辆车作用在管节上的点荷载;$\delta[x-(ut+x_m)]$ 和 $\delta(y)$ 为狄拉克(Dirac)函数;u 为车辆行驶速度;x_m 为车辆初始位置。

假设车辆沿隧道轴线方向行驶,忽略车辆横向移动,考虑车辆荷载、地基反力和接头作用,$F^i(x,t)$ 和 $M^i(x,t)$ 的具体表达式为:

$$\begin{aligned} F^i(x,t) = & \sum P_{my} \delta(x-(ut+x_m)) - k_0 v^i(x,t) - c_0 \dot{v}^i(x,t) \\ & + c_j [(\dot{v}^{i-1}(l_{i-1},t) - \dot{v}^i(0,t)) \delta(x) + (\dot{v}^{i+1}(0,t) - \dot{v}^i(l_i,t)) \delta(x-l_i)] \\ & + k_j [(v^{i-1}(l_{i-1},t) - v^i(0,t)) \delta(x) + (v^{i+1}(0,t) - v^i(l_i,t)) \delta(x-l_i)] \end{aligned} \tag{12-36}$$

式中,k_j、c_j 分别为接头抗剪单元弹簧系数和阻尼系数;k_0、c_0 分别为地基分布弹簧系数和阻尼系数。

$$\begin{aligned} M^i(x,t) = & c_w \Big[\Big(\frac{\partial^2 v^{i-1}}{\partial x \partial t} \Big|_{x=l_{i-1}} - \frac{\partial^2 v^i}{\partial x \partial t} \Big|_{x=0} \Big) \delta(x) + \Big(\frac{\partial^2 v^{i+1}}{\partial x \partial t} \Big|_{x=0} - \frac{\partial^2 v^i}{\partial x \partial t} \Big|_{x=l_i} \Big) \delta(x-l_i) \Big] \\ & + k_w \Big[\Big(\frac{\partial v^{j-1}}{\partial x} \Big|_{x=l_{i-1}} - \frac{\partial v^j}{\partial x} \Big|_{x=0} \Big) \delta(x) \\ & + \Big(\frac{\partial v^{j+1}}{\partial x} \Big|_{x=0} - \frac{\partial v^j}{\partial x} \Big|_{x=l_i} \Big) \delta(x-l_i) \Big] \end{aligned} \tag{12-37}$$

式中,k_w、c_w 分别为接头抗弯单元弹簧系数和阻尼系数。

将式(12-36)和式(12-37)代入式(12-34)得到：

$$\int_0^{l_i} (\rho A v_n^{i2}(x) + \rho I \varphi_n^{i2}(x)) \mathrm{d}x \cdot \ddot{q}_n^i(t) + \omega_n^{i2} \int_0^{l_i} (\rho A v_n^{i2}(x) + \rho I \varphi_n^{i2}(x)) \mathrm{d}x \cdot q_n^i(t)$$

$$\begin{cases}
\sum v_n^i(ut + x_m) \times P_{my} - (k_0 q_n^i(t) + c_0 \dot{q}_n^i(t)) \times \int_0^{l_i} v_n^{i2}(x) \mathrm{d}x + \\
v_n^i(0) \times \left[c_j \times \left(\sum_{u=1}^{me} v_u^{i-1}(l_{i-1}) q_u^{i-1}(t) - \sum_{u=1}^{me} v_u^i(0) \dot{q}_u^i(t) \right) + k_j \times \right. \\
\left. \left(\sum_{u=1}^{me} v_u^{i-1}(l_{i-1}) q_u^{i-1}(t) - \sum_{u=1}^{me} v_u^i(0) q_u^i(t) \right) \right] \\
+ v_n^i(l_i) \times \left[c_j \times \left(\sum_{u=1}^{me} v_u^{i+1}(0) \dot{q}_u^{i+1}(t) - \sum_{u=1}^{me} v_u^i(l_i) \dot{q}_u^i(t) \right) + k_j \times \right. \\
\left. \left(\sum_{u=1}^{me} v_u^{i+1}(0) q_u^{i+1}(t) - \sum_{u=1}^{me} v_u^i(l_i) q_u^i(t) \right) \right] \\
+ \varphi_n^i(0) \times \left[c_w \times \left(\sum_{u=1}^{me} \dot{v}_u^{i-1}(l_{i-1}) \dot{q}_u^{i-1}(t) - \sum_{u=1}^{me} \dot{v}_u^i(0) \dot{q}_u^i(t) \right) + k_w \times \right. \\
\left. \left(\sum_{u=1}^{me} \dot{v}_u^{i-1}(l_{i-1}) q_u^{i-1}(t) - \sum_{u=1}^{me} \dot{v}_u^i(0) q_u^i(t) \right) \right] \\
+ \varphi_n^i(0) \times \left[c_w \times \left(\sum_{u=1}^{me} \dot{v}_u^{i+1}(0) \dot{q}_u^{i+1}(t) - \sum_{u=1}^{me} \dot{v}_u^i(l_i) \dot{q}_u^i(t) \right) + k_w \times \right. \\
\left. \left(\sum_{u=1}^{me} \dot{v}_u^{i+1}(0) q_u^{i+1}(t) - \sum_{u=1}^{me} \dot{v}_u^i(l_i) q_u^i(t) \right) \right]
\end{cases} \quad (12\text{-}38)$$

将式(12-38)整理成矩阵方程组，采用纽马克(Newmark)逐步积分法进行求解，得到第 i 段管节第 n 阶模态函数的时间系数，再结合管节模态函数可以得到管节纵向任意位置的竖向位移响应。

2. 宁波甬江沉管隧道工程案例分析

(1) 工程概况

宁波甬江沉管隧道是我国第一条建造在软土地基上的沉管隧道[27]，具体工程概况见第 11.4 节和文献[28]。甬江含砂量大，淤积严重，实测淤积强度约为 $3\mathrm{cm/d}$[29]。

(2) 选取参数

管节采用 C50 混凝土浇筑而成，计算中取各管节长度相等 $l=85\mathrm{m}$，管节重度 $\gamma_c = 25\mathrm{kN/m^3}$，弹性模量 $E = 3.45 \times 10^4 \mathrm{MPa}$，剪切系数 $\kappa = \pi^2/12$，剪切模量 $G = 1.25 \times 10^4 \mathrm{MPa}$。针对地基弹性系数取值，苏勤卫等[30]反算得到舟山沉管隧道地基弹性系数为 $6 \times 10^2 \sim 1 \times 10^3 \mathrm{kN/m^3}$，广州珠江和日本东京港沉管隧道设计中取地

基弹性系数为 $1\times10^3\sim6\times10^3\,\mathrm{kN/m^3}$[12]。本章地基分布弹簧系数为地基弹性系数乘以管节宽度,取其值 $k=1\times10^4\,\mathrm{kN/m^2}$。针对地基阻尼系数取值,现有研究算例中多将其取为 $30\sim90\,\mathrm{kN\cdot s/m^3}$[31-32]。本章地基分布阻尼系数为地基阻尼系数乘以管节宽度,取其值 $c=5\times10^2\,\mathrm{kN\cdot s/m^2}$。现有研究中,接头抗剪刚度的取值范围一般为 $7\times10^5\sim1\times10^7\,\mathrm{kN/m}$[33-35],接头抗弯刚度取值范围一般为 $3\times10^6\sim2\times10^7\,\mathrm{kN\cdot m/rad}$[12,34,36]。实际柔性接头的抗剪和抗弯性能分别由剪切键件的橡胶支座和波形连接件特性决定。本章参考桥梁中板式橡胶支座特性试验[37],依据宁波甬江沉管隧道接头中橡胶支座尺寸,取其弹性模量 $E_0=2\times10^6\,\mathrm{kPa}$,将车辆荷载引起的橡胶支座变形视为弹性变形,接头抗剪弹簧系数可表示为:

$$k_j=\frac{n_4 E_0 S_0}{H_0} \tag{12-39}$$

式中,n_0 为接头处橡胶支座数量;E_0 为橡胶支座的弹性模量;S_0 为橡胶支座接触面积;H_0 为橡胶支座厚度。

根据橡胶支座数量、尺寸和其所取弹性模量,计算得到接头抗剪刚度 $k_j=1.1\times10^6\,\mathrm{kN/m}$。陈韶章等[12]通过理论计算表明柔性接头抗弯刚度为管体刚度的 $1/600\sim1/500$。本章取管体刚度的 $1/600$ 为接头抗弯刚度,即 $k_w=3.2\times10^6\,\mathrm{kN\cdot m/rad}$。目前,国内外已运营沉管隧道接头部位少有安装阻尼器,因此接头阻尼系数一般仅由接头部件材料确定,其值较小。本算例中取接头抗剪阻尼系数 $c_j=5\times10^2\,\mathrm{kN\cdot s/m}$,抗弯阻尼系数 $c_w=5\times10^2\,\mathrm{kN\cdot m\cdot s/rad}$。

算例中,按照汽车-20级荷载标准确定车辆总重 $P_z=250\,\mathrm{kN}$,前后轴重 $P_c=125\,\mathrm{kN}$,轴距 $l_w=4\,\mathrm{m}$。车辆自北向南行驶,移动速度取隧道设计车速 $u=60\,\mathrm{km/h}$,且相邻车辆间距按我国道路交通安全法规定取最小建议值 $l_c=60\,\mathrm{m}$。从 $t=0$ 时刻起,多辆机动车引起的荷载以固定间距和固定速度移动并作用于隧道全长,并保证车辆荷载在相邻管节间移动的连续性。

(3) 计算分析

本算例中,管节模型建立时不考虑其纵向坡度,利用 MATLAB 软件编写程序,求解车辆荷载作用下管节竖向位移响应。由于甬江沉管隧道管节模型沿纵向基本对称,故对 E3~E5 管节进行位移分析,得到 E3~E5 管节南北两端竖向位移响应曲线如图 12.3-3 和图 12.3-4 所示,E3~E5 管节中点竖向位移响应曲线如图 12.3-5 所示。管节位移以向下为正,向上为负。

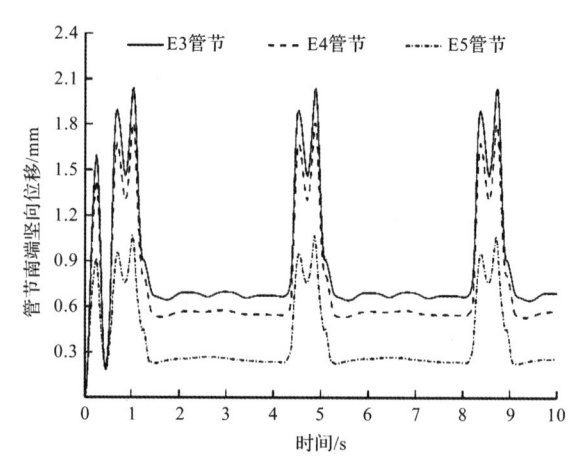

图 12.3-3　管节南端竖向位移

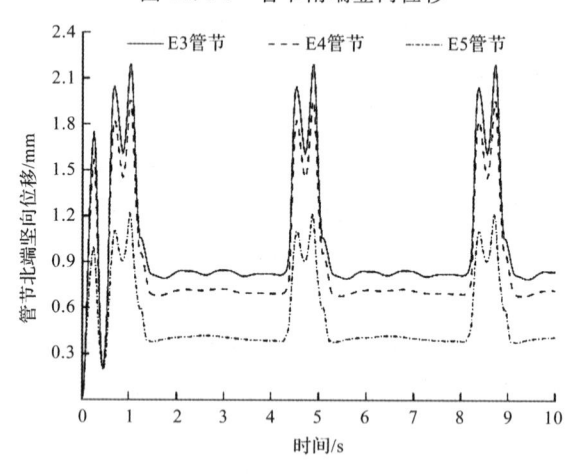

图 12.3-4　管节北端竖向位移

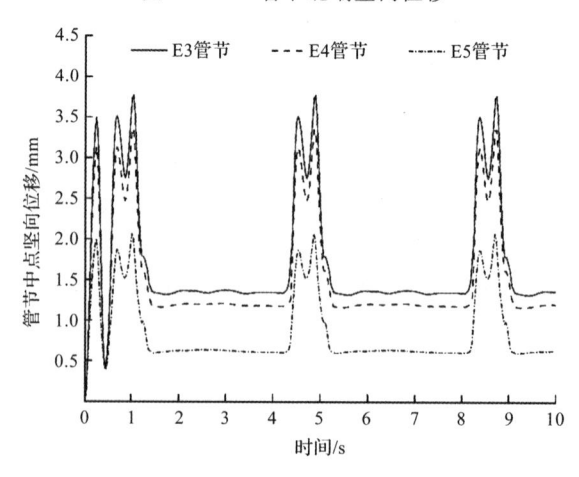

图 12.3-5　管节中点竖向位移

图 12.3-3～图 12.3-5 表明，当车流量稳定时，车辆荷载引起 E3～E5 管节南北两端向下最大位移为 1.1～2.2mm，振幅为 0.9～1.4mm。车辆荷载引起 E3～E5 管节中点向下最大位移为 2.1～3.7mm，振幅为 1.5～2.4mm。当管节两端边界条件视为自由且无外力作用时，管节端部竖向位移理应大于中点，然而本章模型中考虑了接头作用，端部竖向位移受到相邻管节约束，因此出现了中点竖向位移大于端部的情况。此外，通过分析还可得到，不同管节的端部或中点，越靠近江中段的管节竖向位移幅值越大，且同一管节中，北端竖向位移幅值稍大于南端，由此可知车辆荷载对远离岸边的管节竖向位移响应影响较大。

魏纲等[14]采用 Euler 梁等效管节模型，在不考虑接头作用、假定管节两端简支的情况下，对车辆荷载引起单一管节竖向位移响应进行分析。由于该模型只能对一个管节的位移进行计算，而不考虑管节间的相互影响，因此得到的各管节中点位移响应曲线一致，结果见图 12.3-6。该模型的结果表明，车流稳定时管节中点竖向振幅约为 0.7mm，与本章理论方法计算所得结果比较，振幅偏小，但两者在量级上接近。分析产生偏差的原因：①魏纲等[14]采用的 Euler 梁模型仅考虑了管节弯曲变形，而本章采用的 Timoshenko 梁模型还考虑了管节剪切变形；②本章建立了隧道沉管段模型，并引入柔性接头，增大了模型整体柔度；③本章对魏纲等[14]两端简支的边界条件进行了改进，在假定两端自由的基础上考虑端面受力情况，使模型更趋近实际工况，从而产生管节端部竖向位移。两种结果在振动频率上的差异，主要是因为魏纲等[14]采用的车辆波动荷载在荷载作用周期上取值过小，与实际工况存在偏差。综上分析，认为本章提出的管节动力模型和竖向位移响应计算方法较为合理，计算结果更为准确。

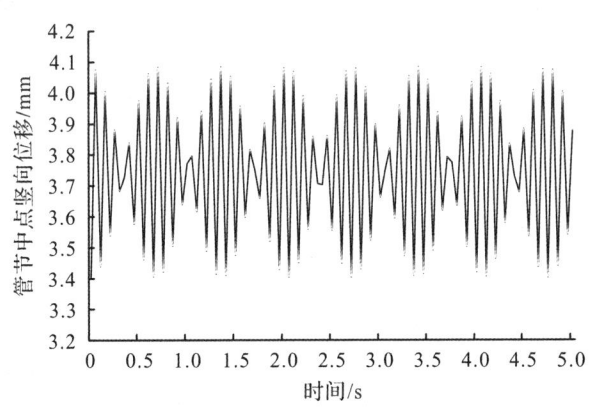

图 12.3-6　魏纲等[14]得到的管节中点竖向位移

为保证沉管隧道接头防水性和接头附近行车舒适性，管节相邻端面的位移差需要严格控制。本章对车辆荷载下 J4～J6 接头两端竖向位移差（绝对值）进行计算,结果如图 12.3-7 所示。其中,J6 接头为岸边接头,在不考虑岸边位移的情况下其两端竖向位移差仅由 E5 管节南端竖向位移引起。

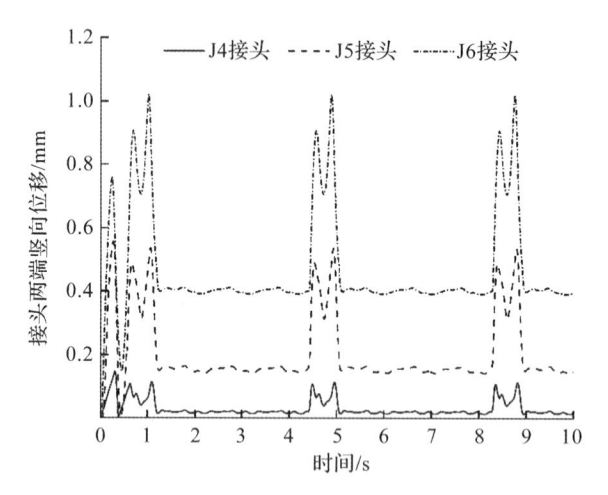

图 12.3-7　接头两端竖向位移差

图 12.3-7 结果表明,越靠近岸边的管节接头竖向位移差受车辆荷载影响越大。当车流量稳定时,最大位移差出现在 J6 接头,大小为 1mm。变化幅度为 0.6mm。本算例考虑所有接头刚度为单一值,实际工程中应适当增大岸边接头刚度,控制岸边管节端部竖向位移。

3. 管节竖向位移响应影响因素分析

上述算例结果表明,管节接头竖向位移差实际是由相邻管节端面竖向位移响应引起,而不同管节端部及中点的竖向位移响应规律基本一致。因此,本章以 E4 管节南端和中点竖向位移响应为例,进行单因素影响分析,其余参数取值与上述算例相同。

(1) 地基分布弹簧系数影响

计算模型中的地基分布弹簧系数实际取决于地基软硬程度和基础层的材料密实度及处理工艺。本章分别取地基分布弹簧系数 $k_0 = 1 \times 10^4 \sim 9 \times 10^4 \text{kN/m}^2$,研究其对车辆荷载下管节竖向位移响应的影响。计算结果如图 12.3-8 所示。

图 12.3-8 结果表明,随着地基分布弹簧系数增大,管节端部和中点振幅减小速度先快后慢,最后逐渐稳定。当地基分布弹簧系数从 $1 \times 10^4 \text{kN/m}^2$ 增大到 $9 \times 10^4 \text{kN/m}^2$ 时,管节端部和中点竖向位移响应幅值减小到约为最初的 1/4,可知地基分布弹簧系数对管节竖向位移影响较大。因此,沉管隧道工程地基加固及基础处理过程中需保证管节下方持力层材料的密实度,尤其靠近江中段的管节。

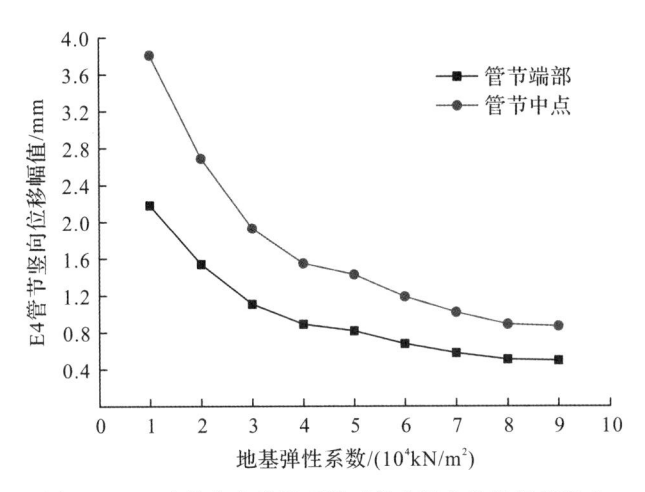

图 12.3-8　地基分布弹簧系数对管节竖向位移幅值影响

(2)接头刚度和阻尼影响

沉管隧道接头的抗弯和抗剪性能主要由波形连接件或预应力钢索和剪切件性能体现。实际工程中采用的柔性接头由于部件性能不同,刚度差异较大。本章分别取接头抗剪刚度变化范围为 $1\times10^3\sim1\times10^8$ kN/m,抗弯刚度变化范围为 $1\times10^5\sim1\times10^{10}$ kN·m/rad,研究车辆荷载引起管节竖向位移幅值随接头刚度变化规律,结果如图 12.3-9 和图 12.3-10 所示。其中,当 $k_j=1\times10^8$ kN/m,且 $k_w=1\times10^{10}$ kN·m/rad 时,接头刚度接近管节刚度。

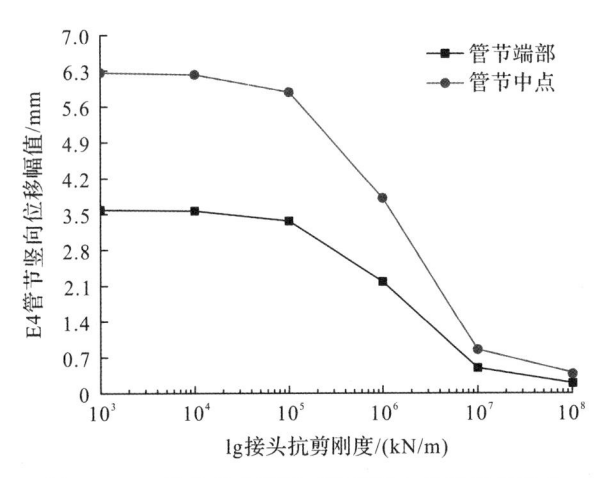

图 12.3-9　接头抗剪刚度对管节竖向位移幅值影响

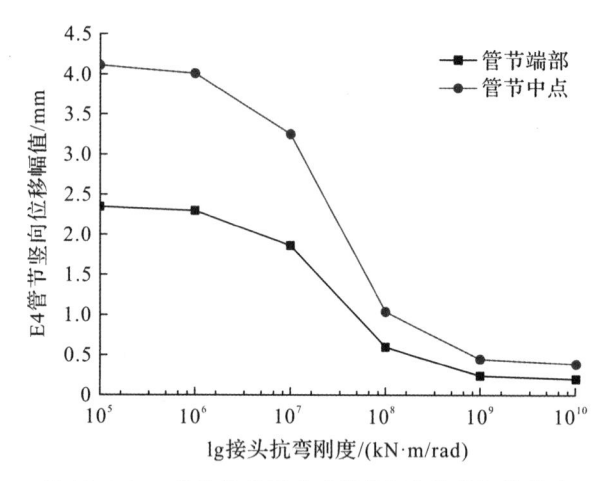

图 12.3-10　接头抗弯刚度对管节竖向位移幅值影响

图 12.3-9 和图 12.3-10 的结果表明，接头抗剪刚度和抗弯刚度对管节竖向振幅影响曲线基本一致。当接头刚度较小时，一般 $k_j < 1 \times 10^5$ kN/m，$k_w < 1 \times 10^6$ kN·m/rad，管节竖向振幅稳定在较大值；当接头刚度增大时，一般 $1 \times 10^5 < k_j < 1 \times 10^7$ kN/m，$1 \times 10^6 < k_w < 1 \times 10^8$ kN·m/rad，管节竖向振幅随着接头刚度增大迅速减小；当接头刚度较大时，一般 $k_j > 1 \times 10^7$ kN/m，$k_w > 1 \times 10^8$ kN·m/rad，管节竖向振幅较小，且趋于稳定。研究结果表明，接头刚度大小对管节竖向位移控制较为重要，当柔性接头刚度取值范围为 $1 \times 10^5 < k_j < 1 \times 10^7$ kN/m，且 $1 \times 10^6 < k_w < 1 \times 10^8$ kN·m/rad 时，管节竖向振幅对接头刚度变化较为敏感。

管节竖向振幅随接头阻尼变化规律与随刚度变化规律类似，当阻尼在较小值范围内变化时，管节竖向振幅基本稳定，而实际接头中波形连接件和剪切键间橡胶支座的阻尼系数较小，因此接头阻尼系数对管节位移影响可忽略不计。

(3) 车速影响

隧道设计车速为 60km/h，考虑到甬江沉管隧道位置靠近市区，早晚高峰车速较慢，本章设置 $u = 30、35、40、45、50、55、60$ km/h 共七种工况，在保持前后车距 60m 不变的情况下，研究车速对管节竖向位移响应影响，结果如图 12.3-11 所示。结果表明，随着车速增大，管节竖向振动幅度加剧。当车速从 30km/h 增大到 60km/h 时，管节最大竖向位移增幅约为 40%。尤其当车速大于 50km/h 时，管节竖向位移振幅增速明显变快。因此，在不考虑路面不平顺度的情况下，车速对管节竖向位移幅值有一定影响，限制隧道内行车速度能有效减小管节振动。

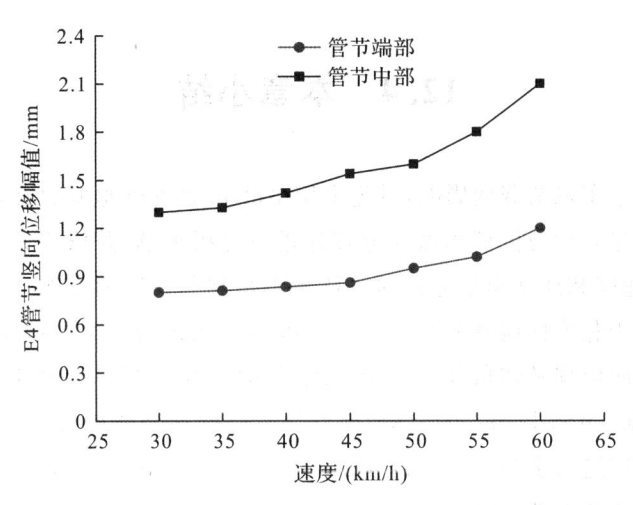

图 12.3-11　车速对管节竖向位移幅值影响

(4) 车流密度影响

甬江沉管隧道建造前设计日平均交通量为 5500 辆，但随着车流量的增加，设计交通量明显偏离了实际情况，后在 2007 年隧道大修时提升至 15745 辆。根据监测，隧道高低峰时段车流密度差异巨大。为研究车流密度对管节位移响应的影响，保持车速 $u=60\text{km/h}$ 不变的情况下，考虑车距 $l_c=50$、55、60、65、70、75、80m 共七种工况，计算结果如图 12.3-12 所示。结果表明，随着车距增大，管节端部和中点的竖向位移幅值变化均较小。说明在安全车距范围内，车流密度对管节竖向位移幅值影响不大。

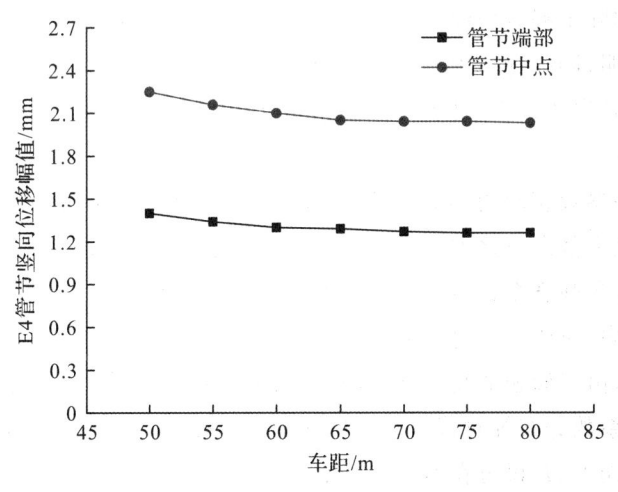

图 12.3-12　车距对管节竖向位移幅值影响

12.4 本章小结

本章考虑了车辆荷载的影响,首先采用 Kelvin 黏弹性地基梁在沉管隧道接头为刚性情况下建立动力模型和振动方程并进行分析求解,并依托天津海河隧道工程,分析车辆速度和地基模量分别对管段中点位移及弯矩的影响。接着将沉管隧道管节视为置于黏弹性地基上的 Timoshenko 梁,改进传统柔性接头等效模型,限制接头两端竖向位移及转角并考虑接头阻尼作用,建立沉管隧道管节动力响应计算模型,并依据 Timoshenko 梁理论,推导管节竖向振动微分方程,采用数值方法对管节位移响应进行求解。本章依托宁波甬江沉管隧道工程,分析车辆荷载下沉管隧道管节中点和端部的竖向位移响应情况,计算接头两端最大竖向位移差,并对管节竖向位移进行了单因素影响分析。本章研究成果可以概括为以下几点。

(1)软土地区海底沉管隧道的动力分析可以采用 Kelvin 黏弹性地基梁模型分析,管段位移、弯矩、地基反力响应用级数解形式表示。

(2)车速对管段振动的频率产生影响,且车速越快,振动越剧烈,但对振幅没有影响;地基模量对管段振动的振幅影响很大,且地基模量越小,振幅越大,但对振动周期没有影响。

(3)同时考虑管节的弯曲变形和剪切变形,将管节视为置于黏弹性地基上的 Timoshenko 梁,考虑接头部件的黏弹性并简化管节边界条件,建立管节动力响应计算模型。

(4)结合实际工程算例验证了上述模型可应用于车辆荷载引起管节竖向位移计算。结果表明,同一管节中,中点竖向位移较端部竖向位移大。不同管节中,江中段竖向位移较岸边段大,且当车流量稳定时,最大竖向位移达到 3.7mm,最大振幅达到 2.4mm。

(5)各接头参数相同的情况下,岸边接头的位移差较中间接头位移差大。当车流量稳定时,最大竖向位移差达到 1mm,变化幅度为 0.6mm。

(6)地基分布弹簧系数、接头刚度和车速对管节竖向位移幅值影响较大,而在安全车距范围内,车流密度对管节竖向位移幅值影响不大。

尽管如此,由于课题的复杂性,本章在计算中作了较多假设,如不考虑管节坡度和横向基床系数分布等对管节竖向位移响应的影响。以上假设均会使理论计算结果产生一定误差,建议可在本章基础上作进一步研究。

参考文献

[1] 李伟,熊福文. 潮汐对过江隧道沉降的影响[J]. 上海地质,2007,2：18-20.

[2] 陈智杰. 波浪作用下沉管管段沉放运动的试验与数值研究[D]. 大连：大连理工大学,2009.

[3] 高峰,关宝树,潘昌实. 沉管隧道在列车振动作用下受力状态的研究[J]. 工程力学(增刊),2000,734-738.

[4] 高峰,关宝树. 列车荷载对长江沉管隧道的影响[J]. 铁道学报,2001,23(3)：117-120.

[5] 李宏男,李忠献. 结构振动与控制[M]. 北京：中国建筑工业出版社,2005.

[6] 吴小刚. 交通荷载作用下软土地基中管道的受力分析模型研究[D]. 杭州：浙江大学,2004.

[7] 陈清军,朱合华,李彤,等. 沉管隧道结构的空间受力性态分析[J]. 力学季刊,2000,21(2)：237-242.

[8] 刘建飞,贺维国,曾进群. 静力作用下沉管隧道三维数值模拟[J]. 现代隧道技术,2007,44(1)：5-9.

[9] 魏纲,裘慧杰,杨泽飞,等. 考虑回淤的沉管隧道基础层压缩模型试验研究[J]. 岩土工程学报,2014,36(8)：1544-1552.

[10] Xiao W H,Yu H T,Yuan Y,et al. Compression-Bending Behavior of a Scaled Immersion Joint[J]. Tunnelling and Underground Space Technology,2015,49：426-437.

[11] Li W,Fang Y G,Mo H H,et al. Model Test of Immersed Tube Tunnel Foundation Treated by Sand-Flow Method[J]. Tunnelling and Underground Space Technology,2014,40(2)：102-108.

[12] 陈韶章,陈越,张弥. 沉管隧道设计与施工[M]. 北京：科学出版社,2002.

[13] 唐英,管敏鑫,万晓燕. 高速铁路南京长江沉管隧道段的结构设计与计算[J]. 中国铁道科学,1999,20(4)：88-96.

[14] 魏纲,苏勤卫. 车辆荷载对软土地区海底沉管隧道的影响分析[J]. 地震工程学报,2015,37(1)：94-99.

[15] 魏纲,陆世杰,齐永洁. 车辆荷载下沉管隧道动力响应有限元分析[J]. 低温建筑技术,2019,41(9)：89-93.

[16] 梁禹. 广州地铁一号线越江隧道运营期结构变形监测[J]. 现代隧道技术,2008,

45(3):84-87.

[17] 杨文武.沉管隧道工程技术的发展[J].隧道建设,2009,29(4):397-404.

[18] 彭丽,陈春霞.黏弹性 Winkle 地基梁的振动特性分析[J].上海师范大学学报,2012,41(6):586-589.

[19] 李秀华.中央大道海河沉管隧道基础注浆施工技术[J].国防交通工程与技术,2013,4:55-59.

[20] 魏纲,朱昕光,苏勤卫.沉管隧道竖向不均匀沉降的计算方法及分布研究[J].现代隧道技术,2013,50(6):58-65.

[21] 邢建见.考虑临时支撑垫块的沉管隧道管段结构静力计算方法研究[D].杭州:浙江大学,2016.

[22] Anastasopoulos I, Gerolymos N, Drosos V, et al. Behaviour of Deep Immersed Tunnel under Combined Normal Fault Rupture Deformation and Subsequent Seismic Shaking[J]. Bulletin of Earthquake Engineering, 2008, 6(2):213-239.

[23] Anastasopoulos I, Gerolymos N, Drosos V, et al. Nonlinear Response of Deep Immersed Tunnel to Strong Seismic Shaking[J]. Journal of Geotechnical and Geoenvironmental Engineering, 2007, 133(9):1067-1090.

[24] Timoshenko S P. On the Correction for Shear of the Differential Equation for Transverse Vibrations of Prismatic Bars[J]. Philosophical Magazine, 1921, 41(7):744-746.

[25] 翟婉明.车辆-轨道耦合动力学[M].北京:科学出版社,2007.

[26] Grundmann H, Lieb M, Trommer E. The Response of a Layered Half-Space to Traffic Loads Moving along Its Surface[J]. Archive of Applied Mechanics, 1999, 69(2):55-67.

[27] 黄明华.甬江水底隧道运行性能分析与健康监测系统设计实现[D].哈尔滨:哈尔滨工业大学,2008.

[28] 谢雄耀,王培,李永盛,等.甬江沉管隧道长期沉降监测数据及有限元分析[J].岩土力学,2014,35(8):2314-2324.

[29] 邵俊江.沉管隧道的沉降预测及其控制研究[D].上海:同济大学,2003.

[30] 苏勤卫.海底沉管隧道管段沉降与应变研究[D].杭州:浙江大学,2015.

[31] 周玉民,谈至明,田波.车-路耦合作用力特性及混凝土路面动态响应[J].同济大学学报(自然科学版),2012,40(6):854-860.

[32] 李韶华,杨绍普,李皓玉.汽车-路面-路基系统动态响应及参数分析[J].北京交通大学学报,2010,34(4):127-131.

[33] 严松宏,高波,潘昌实.地震作用下沉管隧道接头力学性能分析[J].岩石力学与

工程学报,2003,22(2):286-289.
- [34] 胡指南. 沉管隧道节段接头剪力键结构形式与力学特性研究[D]. 西安:长安大学,2013.
- [35] 萧文浩,柴瑞,禹海涛,等. 沉管隧道接头非线性力学性能模拟方法[J]. 力学与实践,2014,36(6):757-763.
- [36] 刘鹏,丁文其,杨波. 沉管隧道接头刚度模型研究[J]. 岩土工程学报,2013,35(增刊2):133-139.
- [37] 周宣兆,朱伟,孙政. 清淤淤泥的固结特性试验研究[J]. 水资源与水工程学报,2013,24(1):69-72.

第13章
车辆荷载下沉管隧道动力响应有限元分析

13.1 引　言

沉管隧道是横跨大江、大河及海峡等水域的水底隧道,在技术和造价上具有诸多优点,故在工程界广受青睐。在目前国内外沉管隧道结构设计中,车辆荷载大多采用拟静力法计算[1-3,8-10],有关车辆荷载对管节动力响应[4-7]的研究较少。在实测方面,梁禹[11]对广州地铁越江沉管隧道运营期变形进行了长期监测,但未对监测结果进行深入分析。在理论研究方面,魏纲等[12]将车辆荷载等效为随时间变化的波动荷载,将管节等效为两端铰接的黏弹性地基梁,对单一管节中点的位移和弯矩进行计算。陆世杰[13]将车辆荷载等效为移动集中荷载,将管节等效为Timoshenko梁,在考虑接头的前提下,计算管节中点和端部的位移响应。在有限元研究方面,高峰等[14]采用拟静力法,按最不利情况加载,对南京长江沉管隧道管节及接头在列车荷载下的受力进行分析。魏纲等[15]依托宁波甬江沉管隧道工程,利用MIDAS GTS NX软件建立沉管隧道三维有限元模型;采用非线性弹簧模拟接头,选取影响接头刚度的主要部件,依据各部件材料特性对接头各向刚度进行取值;通过对路床网格节点添加线性变化的荷载来模拟车辆行驶,对管节及接头产生的动力响应进行分析。综上所述,车辆荷载对沉管隧道结构影响研究较少,尤其车辆荷载下管节及接头结构动力响应的有限元分析。因此,该领域的研究还有待进一步深入探究。

本章依据隧道设计尺寸,建立宁波甬江沉管隧道三维有限元模型,采用非线性弹簧模拟管节接头,并根据材料特性对接头参数进行合理取值。在车辆荷载作用下,对管节中点位移、接头两端位移差和管节、接头受力情况进行了研究。

13.2 工程概况

甬江沉管隧道位于宁波甬江下游[16]，管节在干船坞内由 C50 混凝土预制形成，具体工程概况见第 11.4 节。隧道基础层采用压浆法处理，由下往上依次为 60cm 厚的碎石层和 40cm 厚的混合砂浆层。管节周围覆土层为回淤土和回填土，其基槽回填覆盖横断面图见图 13.2-1。

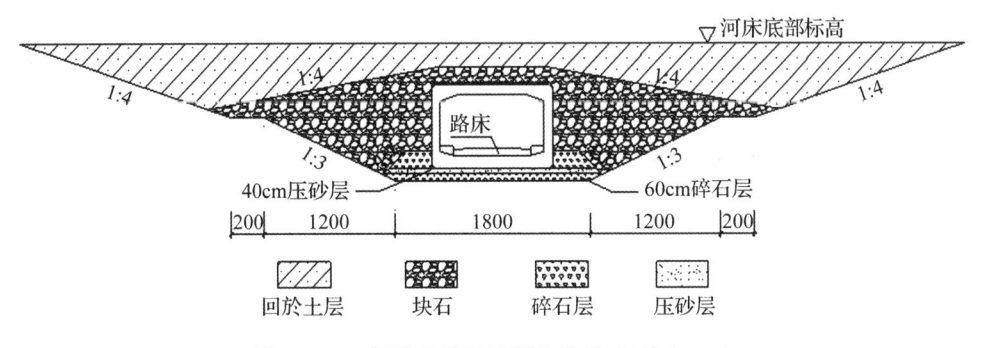

图 13.2-1 隧道基槽回填覆盖横截面（单位：cm）

13.3 有限元模型建立

本章采用 MIDAS GTS NX 软件建立宁波甬江沉管隧道三维有限元模型，对车辆荷载引起管节动力响应进行研究。

1. 研究思路及创新点

(1) 选取影响接头刚度的主要部件，依据各个部件的材料特性或经验建议值对接头各向刚度进行合理取值。

(2) 建立宁波甬江沉管隧道三维有限元模型，采用线性变化荷载对车辆荷载进行模拟。

(3) 克服理论计算中假设条件过多的缺点，首次通过三维有限元方法研究车辆荷载作用下管节、接头的位移及受力。

2. 简化计算模型基本假定

建模过程中，为简化模型和方便计算，本章作出以下假定。

(1) 考虑到岸边接头处设置了桩基础，该处沉降较小，故在模型中假定岸边管节端面为三向位移约束，转角自由。

(2) 将管节定义为理想的弹性材料，并假定各个管节水平埋置于河床中，不考虑其纵向坡度。

(3) 假定管节所受车辆荷载沿横向对称分布，且土层模型沿管节横向均匀分布。

(4) 将土体定义为各向同性且连续的理想弹塑性材料，且服从 Mohr-Coulomb 准则。

3. 材料属性定义

模型中，管节和镇重块石采用弹性模型，地基土层、回淤土层、回填土和基础层均采用 Mohr-Coulomb 模型，材料计算参数取值见表 13.3-1[16]。为简化模型，本章不设置水位，而将除管节外其余材料的重度按浮重度考虑。管节为中空的环状结构，因此不能简单地按 C50 混凝土材料浮重度取值。根据设计要求，管节在运营阶段的抗浮系数一般不小于 1.10[17]，本章按抗浮系数为 1.10 考虑，结合管节外壁几何尺寸反算得到管节等效浮重度为 2.53kN/m³。

表 13.3-1 材料计算参数[16]

土层/结构	浮重度 /(kN/m³)	弹性模量 /MPa	泊松比	初始应力参数	孔隙比	黏聚力 /kPa	内摩擦角 /°
淤泥	8.1	9.7	0.42	0.72	1.094	19	13.0
淤泥质黏土	7.2	13.5	0.38	0.61	1.367	23	16.1
中砂	8.7	50.0	0.22	0.28	1.040	8	35.0
含泥或黏土层砂	8.2	30.0	0.28	0.39	1.070	31	39.0
基础层	9.0	E5 5.0 E1~E4 10.0	0.20	0.25	0.704	7	36.0
回填土	10.0	30.0	0.20	0.25	0.856	8	33.0
回淤土	4.7	5.0	0.45	0.82	1.311	5	5
管节	2.5	34500.0	0.20	0.25	—	—	—

有关接头模型，本章采用沿管节环向分布的 39 组非线性弹簧单元模拟柔性接头，考虑轴向、竖向和纵向弯曲三个方向的接头约束效应。其中，轴向约束主要考虑 GINA 止水带的作用。J5 接头采用 G155-109-50 型 GINA 止水带，其余接头采用 G155-109-60 型 GINA 止水带[18]。上述两种型号的 GINA 止水带压缩特性相近，故接头非线性弹簧的压缩特性近似按 G155-109-50 型 GINA 止水带取值。结合李伟平等[18]的研究分析及图 13.3-1 所示的压力-压缩曲线拟合结果，估算得到第一阶段和第二阶段的弹簧抗拉/压刚度分别为 $k_{x1}=3.2\times10^3$ kN/m 和 $k_{x2}=2.2\times10^4$ kN/m。

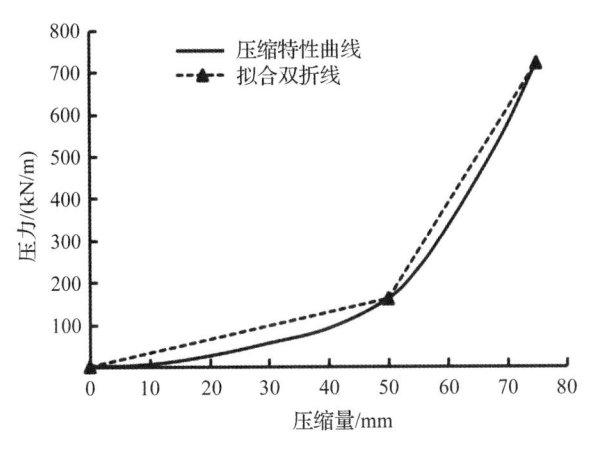

图 13.3-1 GINA 止水带压缩特性曲线

接头竖向约束主要考虑垂直剪切键的作用。甬江沉管隧道的剪切件由四氟板式橡胶支座和混凝土结构组成，经研究，其竖向压缩特性也可近似用双折线表示。第一阶段，橡胶刚化前，竖向压缩特性由橡胶支座特性决定，弹性模量 $E_0 = 2 \times 10^3$ MPa[13]；第二阶段，产生 4mm 的变形后，橡胶发生刚化，此时压缩特性由混凝土特性决定，弹性模量 $E = 3.45 \times 10^4$ MPa，其应力-应变曲线如图 13.3-2 所示。甬江沉管隧道每个接头分布有 10 个剪切键，8 个橡胶支座（厚度为 8cm），结合等效弹簧数量，估算出第一阶段和第二阶段的弹簧抗剪刚度分别为 $k_{z1} = 2.8 \times 10^4$ kN/m，$k_{z2} = 4.9 \times 10^5$ kN/m。接头抗弯刚度主要由波形连接件特性决定，本章根据陈韶章等[8]建议按管体抗弯刚度的 1/600 取用，即接头抗弯刚度取 $k_w = 3.2 \times 10^6$ kN·m/rad[13]。结合等效弹簧数量，可以估算出弹簧绕 x 轴的弯曲刚度取 $k_{rx} = 8.2 \times 10^4$ kN·m/rad。

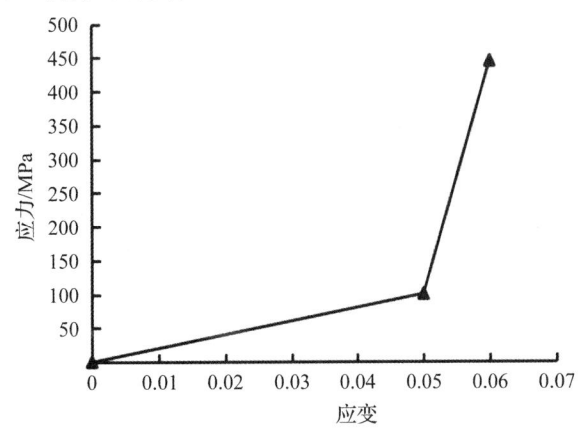

图 13.3-2 剪切键压缩特性曲线

4. 几何建模及网格划分

依据甬江沉管隧道的地层纵剖面图[16]和隧道基槽回填覆盖横截面图(见图 13.2-3),采用 MIDAS GTS NX 软件建立甬江沉管隧道三维有限元模型。整体模型正视图和立体图分别见图 13.3-3 和图 13.3-4 所示。

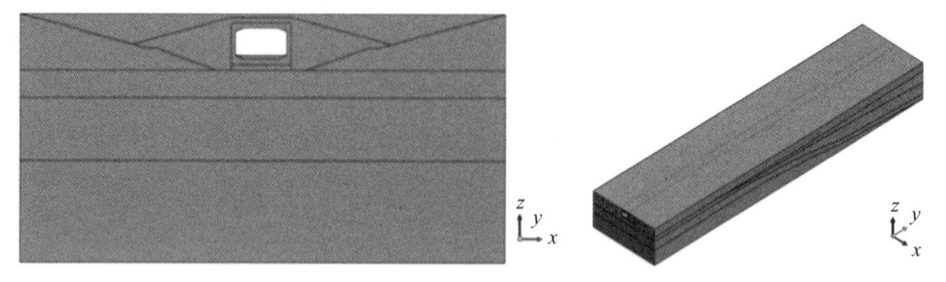

图 13.3-3　整体模型正视图

图 13.3-4　整体模型立体图

模型尺寸为 $424\text{m} \times 96.8\text{m} \times 45\text{m}$,其中,$x$ 轴为管节横向,y 轴为管节轴向,z 轴为管节竖向。另外,相邻管节端面距离 1m。由于本章只针对沉管段进行研究,故模型中未包含北岸竖井和南北岸的明挖暗埋段。另外,本章假定土层模型沿管节横向均匀分布,单个管节模型如图 13.3-5 所示,管节模型沿纵向水平放置,路床厚度为 70cm。

通过三维网格自动生成模式对实体模型进行网格划分。其中,管节单元、路床单元和基础层单元网格尺寸取 1,其他单元网格尺寸均取 2。实体单元网格划分顺序遵循由内至外,先粗后细的原则,整体模型和管节模型划分结果分别如图 13.3-6 和图 13.3-7 所示。隧道接头采用非线性弹簧模拟,基于管节端面网格划分情况,每个接头处生成沿管节环向分布的 39 组弹簧,如图 13.3-8 所示。

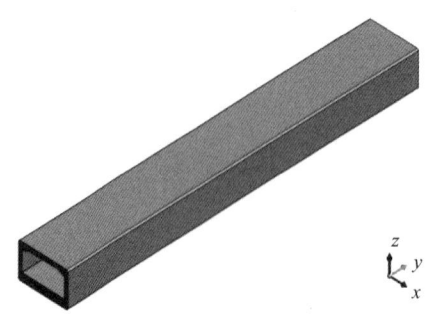

图 13.3-5　管节模型

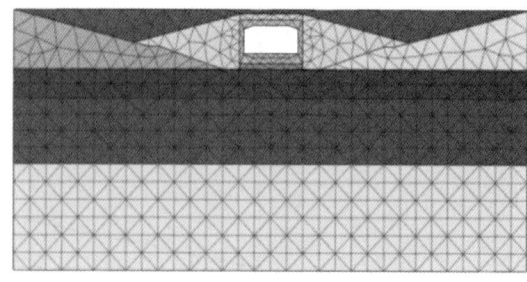

图 13.3-6　整体模型网格划分

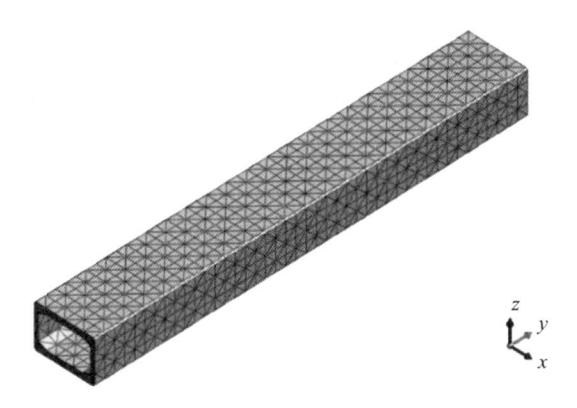

图 13.3-7　管节模型网格划分图

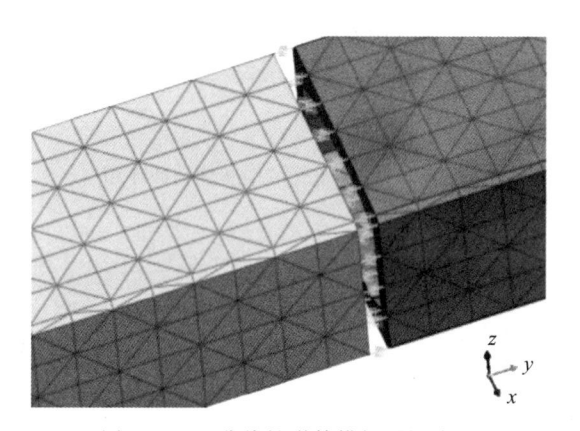

图 13.3-8　非线性弹簧模拟柔性接头

5. 荷载及边界条件定义

由于车辆荷载时程分析中需要计算阻尼矩阵,故本章通过对模型结构进行自由振动分析来获得第一和第二主振型的周期。具体而言,将所有网格组的边界条件均定义为弹性边界,激活所有网格组,利用 MIDAS GTS NX 有限元软件中特征值求解功能进行分析计算,得到结构第一和第二主振型的周期分别为 0.728s 和 0.698s。

假定车队沿管节轴向行驶,移动车辆荷载沿管节横向对称分布,从 $t=0$ 时刻起,多辆机动车组成的车队以固定间距和固定速度开始驶入隧道。按照汽车-20 级荷载标准确定前后轴重 $P_c=125 \text{kN}$,轴距 $l_w=4\text{m}$[8]。移动速度取隧道设计车速 $u=60\text{km/h}$,且相邻车辆间距按我国道路交通安全法规定取最小建议值 $l_c=60\text{m}$。

车辆荷载直接作用在路床上,如图 13.3-9 所示。MIDAS GTS NX 软件中的移动车辆荷载模型,假定移动轮载在短时间内作用于路床模型某个节点时,该节点所受冲击荷载变化呈现先线性增强再线性减弱,某节点所受车辆冲击荷载随时间变化结果如图 13.3-10 所示,最大荷载达到 125kN。

宁波甬江沉管隧道沉管段与两岸相接的部位均设置了桩基础,根据谢雄耀等[16]的监测结果,岸边接头处沉降随时间基本不发生变化。因此,本章在模型中固定岸边管节端面 x、y、z 三向位移,但转角自由。除此之外,本章设置其余网格组边界条件为黏性边界,并固定模型底部。

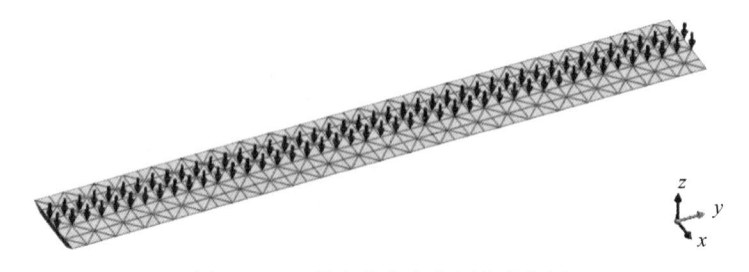

图 13.3-9 单个管节中车辆荷载作用

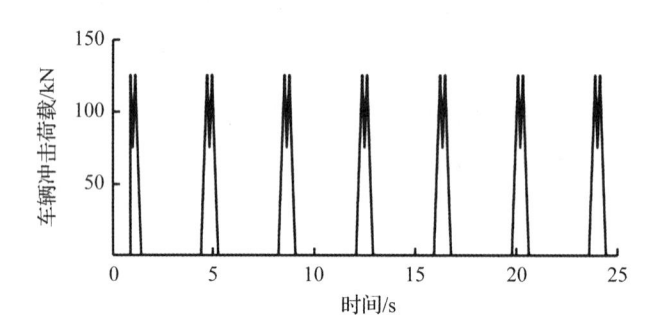

图 13.3-10 车辆冲击荷载随时间变化

13.4 计算结果分析

1.位移分析

提取 E1～E5 管节中点竖向位移时程曲线,结果如图 13.4-1 所示。车辆荷载作用阶段可分为两个阶段:第一阶段(即 $t=0～5.9s$),车队中的第一辆车开始驶入管节至第一辆车驶离管节;第二阶段(即 $t=5.9～16s$),车辆荷载周期作用阶段。

本章对不同管节中点振幅进行分析后得到,当车流稳定时,管节中点竖向振幅范围为1~2mm。通过对比不同管节中点竖向位移发现,越靠近江中段的管节中点竖向振动幅值越大。

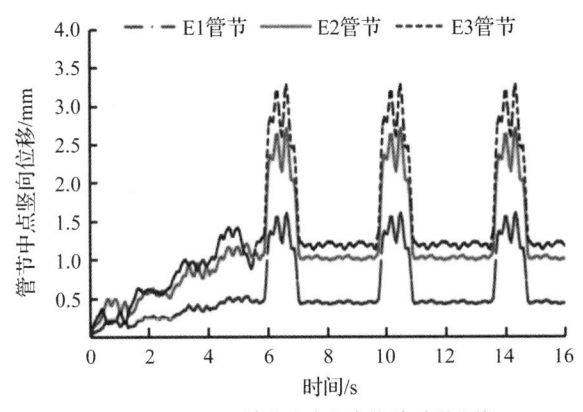

(a) E1~E3管节中点竖向位移时程曲线

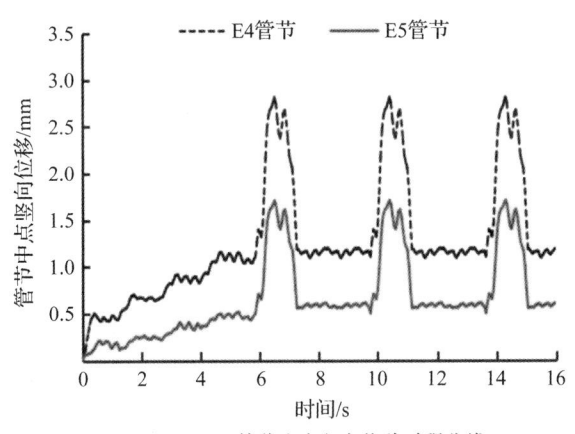

(b) E4~E5管节中点竖向位移时程曲线

图 13.4-1　管节中点竖向位移时程曲线

陆世杰[13]将沉管隧道管节等效为置于黏弹性地基上的 Timoshenko 梁,采用数值迭代的方法对管节位移响应进行求解。本章将 E3 管节中点竖向位移的有限元计算结果与该理论计算结果[13]进行对比,如图 13.4-2 所示。研究结果表明,在相同参数取值的情况下,两种方法计算得到的 E3 管节中点竖向位移变化规律及幅值接近。另外,其他管节中点竖向位移经比较也十分接近,从而验证了本章有限元模型的可靠性。需要说明的是,两种计算结果显示的周期振动起始时间差异是由不同的加载方式引起。

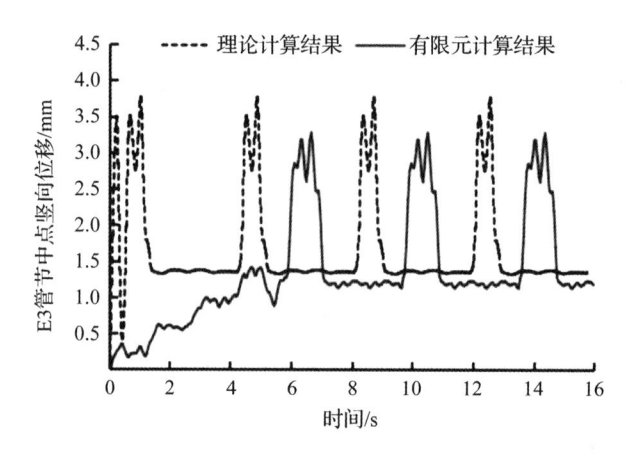

图 13.4-2　不同方法下的 E3 管节中点竖向位移时程曲线

为了对车辆荷载作用第二阶段(即稳定阶段)中某一周期内的管节竖向位移进行分析，本章分别截取 $t=6.5$、8、9.5s 三个时刻的管节位移云图(见图 13.4-3)。由云图可发现，车辆荷载作用下，沉管段竖向位移沿纵向大致呈现对称分布。

为保证沉管隧道的接头防水性和接头附近的行车舒适性，需要严格控制管节相邻端面的位移差。本章对接头两端竖向位移差(绝对值)进行计算，结果见图 13.4-4。由于有限元模拟中，E1 管节北端和 E5 管节南端的三向位移被限制，因此 J1 和 J6 接头两端竖向位移差为 0。有限元分析结果表明，车辆荷载引起管节接头两端竖向位移差基本保持在 1mm 以内。对比不同接头两端的位移差可以发现，J2 和 J5 接头最大竖向位移差大于 J3 和 J4 接头，其中，J3、J4 接头稳定后的最大竖向位移差约 0.2~0.3mm，而 J2、J5 接头稳定后的最大竖向位移差分别达到 0.8mm 和 0.6mm。分析出现上述现象的原因：E1 管节下方土层性质较好，而 E2 管节下方存在较厚的淤泥层，两者性质差异较大，导致最大竖向位移差出现在 J2 接头。

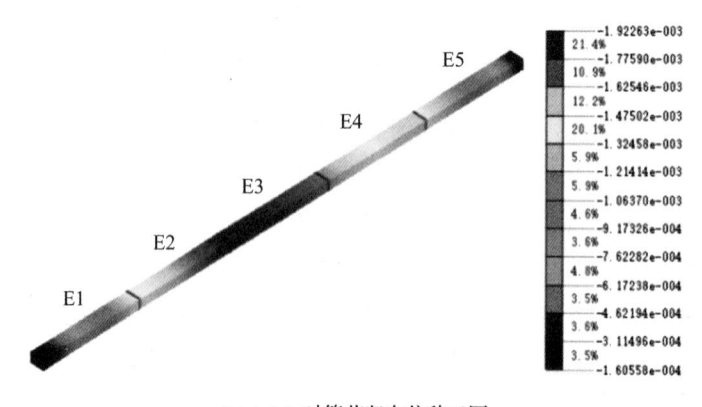

(a) $t=6.5$s 时管节竖向位移云图

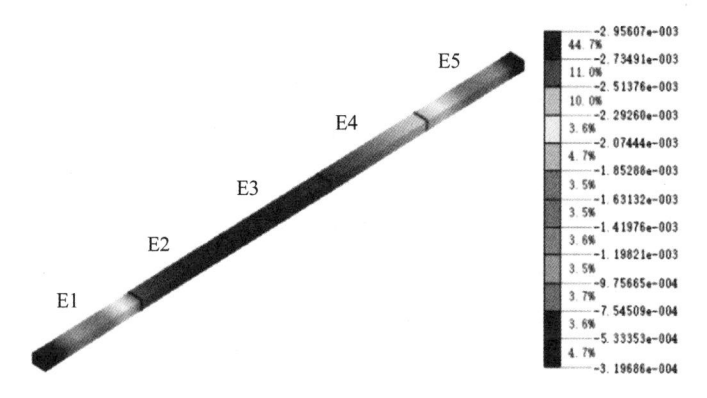

(b) t=8s时管节竖向位移云图

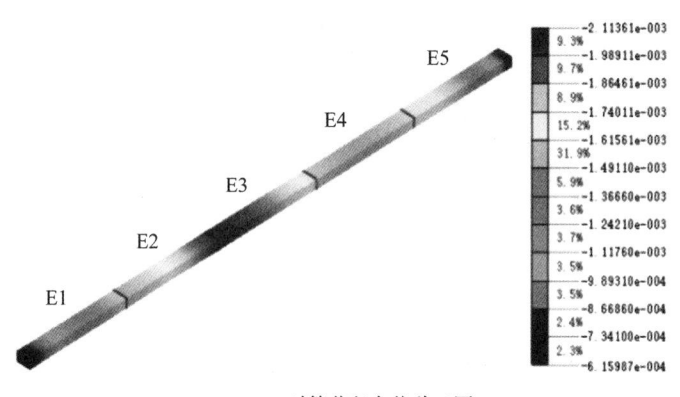

(c) t=9.5s时管节竖向位移云图

图 13.4-3　不同时刻管节竖向位移云图

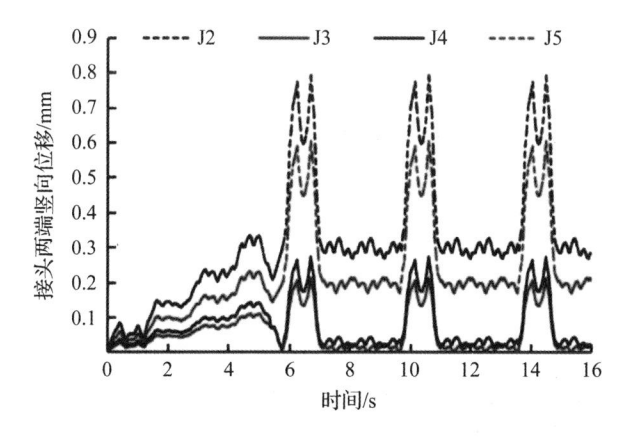

图 13.4-4　接头两端位移差随时间变化曲线

2.受力分析

对整个沉管段最大主应力进行分析,得到主应力最大时的管节应力分布云图,如图 13.4-5 所示,拉应力为正,压应力为负。结果表明,车辆荷载下沉管段两端的最大主应力较大,最大值为 0.6MPa,表现为拉应力,出现在沉管段北端的顶板处。分析产生上述现象的原因:一方面,隧道沉管段两端设置有桩基础,端部竖向位移约束较大,形成了支点效应,使顶板处拉应力较大;另一方面,E1 管节后半段下部开始出现淤泥土层[16],有沉降趋势,因此会进一步增大 E1 管节前半段的应力。此外,在车辆荷载下,中间管节的顶板和侧墙最大主应力分布差异并不明显,主要表现为压应力。

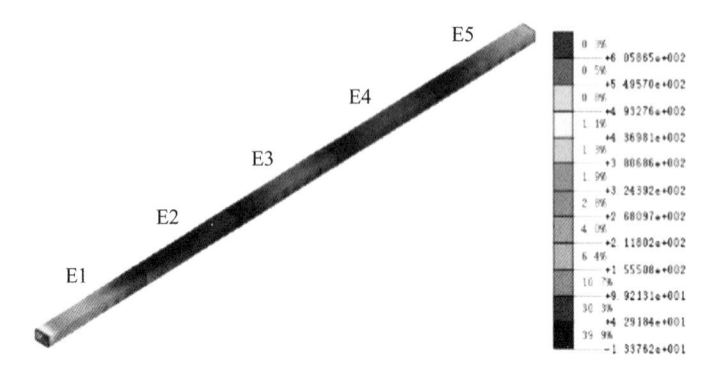

图 13.4-5 沉管段最大主应力分布

除此之外,本章还对管节间接头作用力进行分析。以 J3 接头为例,其等效非线性弹簧单元的轴力、剪力和弯矩达到最大值时的应力云图如图 13.4-6 所示,轴力和剪力以受拉为正,弯矩以向上弯曲为正。结果表明,单个等效弹簧最大轴力为 5.1kN,最大剪力为 4.8kN,最大弯矩为 94.2kN·m。同理,对 J2~J5 接头轴力、剪力和弯矩进行汇总,结果见表 13.4-1。需要说明的是,J1 和 J6 接头在建模时等效为边界约束,因此,未建立弹簧模型。

表 13.4-1 接头等效弹簧最大轴力、剪力和弯矩

接头	J2	J3	J4	J5
轴力/kN	8.1	5.1	6.3	7.9
剪力/kN	17.3	4.8	6.9	15.4
弯矩/(kN·m)	109.5	94.2	80.1	99.4

表 13.4-1 的结果表明,不同接头等效弹簧的最大轴力相差较小,而剪力和弯矩相差较大。靠近沉管段端部的接头剪力和弯矩大于中间接头,该结论与图 13.4-4 所示的接头位移差研究结果相一致。因此,隧道运营阶段需要重点对岸边接头的受力进行监测。

(a) 接头轴力云图

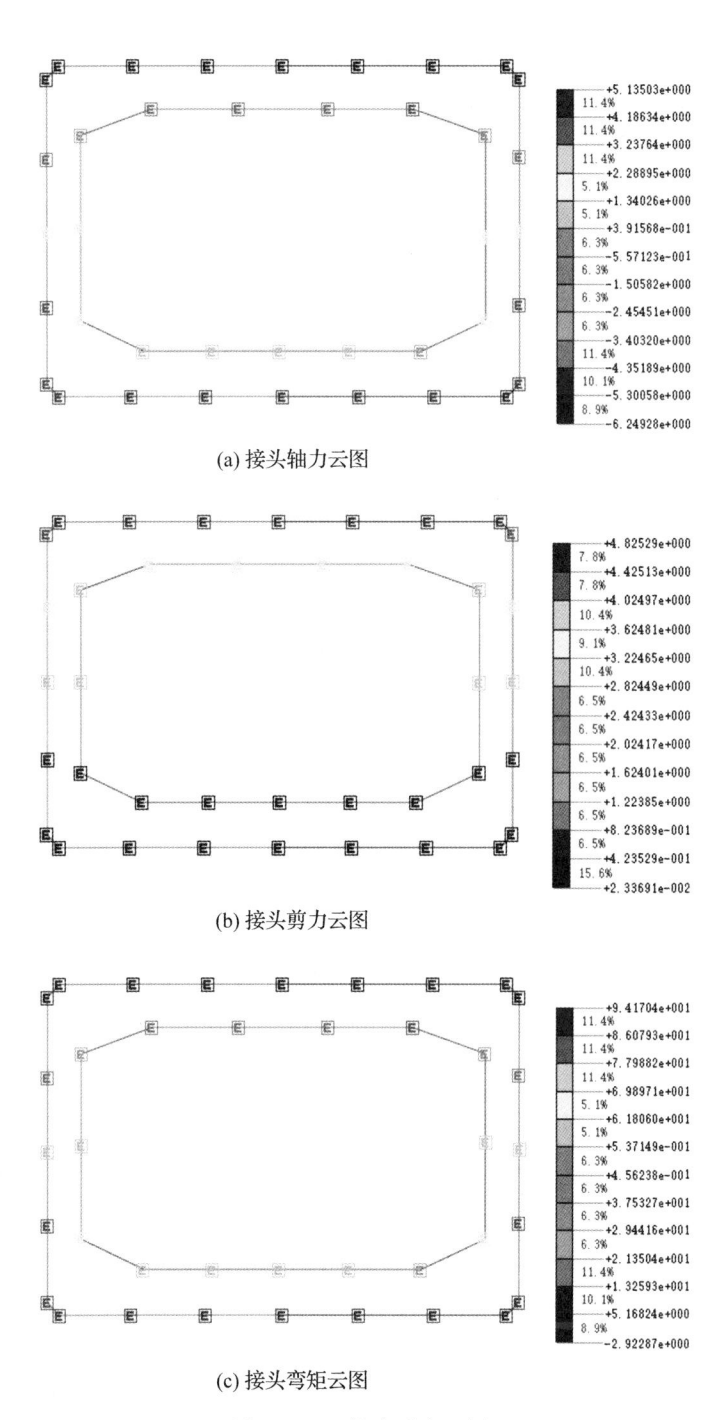

(b) 接头剪力云图

(c) 接头弯矩云图

图 13.4-6 接头受力云图

13.5 本章小结

(1) 本章利用 MIDAS GTS NX 软件建立宁波甬江沉管隧道三维有限元模型，对管节竖向位移响应进行计算。研究结果表明，有限元计算与理论计算得到的管节中点振动幅值接近，验证了本章有限元模型的可靠性。

(2) 通过分析不同管节竖向位移发现，江中段管节中点竖向振动幅值较岸边段大，靠近岸边的接头两端竖向位移差较中间接头大。

(3) 车辆荷载作用下，宁波甬江沉管隧道沉管段最大主应力的最大值出现在沉管段北端的顶板处，同时，靠近岸边的接头剪力和弯矩大于中间接头。建议隧道运营阶段需要重点对岸边接头的受力进行监测。

参考文献

[1] 魏纲, 裘慧杰, 杨泽飞, 等. 考虑回淤的沉管隧道基础层压缩模型试验研究[J]. 岩土工程学报, 2014, 36(8): 1544-1552.

[2] Xiao W H, Yu H T, Yuan Y, et al. Compression-Bending Behavior of a Scaled Immersion Joint[J]. Tunnelling and Underground Space Technology, 2015, 49: 426-437.

[3] Li W, Fang Y G, Mo H H, et al. Model Test of Immersed Tube Tunnel Foundation Treated by Sand-Flow Method[J]. Tunnelling and Underground Space Technology, 2014, 40(2): 102-108.

[4] Oorsouw R S V. Behaviour of Segment Joints in Immersed Tunnels under Seismic Loading[D]. Delft: Delft University of Technology, 2010.

[5] Anastasopoulos I, Gerolymos N, Drosos V, et al. Behaviour of Deep Immersed Tunnel under Combined Normal Fault Rupture Deformation and Subsequent Seismic Shaking[J]. Bulletin of Earthquake Engineering, 2008, 6(2): 213-239.

[6] Kiyomiya O. Earthquake-resistant Design Features of Immersed Tunnels in Japan [J]. Tunnelling and Underground Space Technology, 1995, 10(4): 463-475.

[7] Anastasopoulos I, Gerolymos N, Drosos V, et al. Nonlinear Response of Deep Immersed Tunnel to Strong Seismic Shaking[J]. Journal of Geotechnical and

Geoenvironmental Engineering, 2007, 133(9): 1067-1090.

[8] 陈韶章, 陈越, 张弥. 沉管隧道设计与施工[M]. 北京: 科学出版社, 2002.

[9] 唐英, 管敏鑫, 万晓燕. 高速铁路南京长江沉管隧道段的结构设计与计算[J]. 中国铁道科学, 1999, 20(4): 88-96.

[10] 刘建飞, 贺维国, 曾进群. 静力作用下沉管隧道三维数值模拟[J]. 现代隧道技术, 2007, 44(1): 5-9.

[11] 梁禹. 广州地铁一号线越江隧道运营期结构变形监测[J]. 现代隧道技术, 2008, 45(3): 84-87.

[12] 魏纲, 苏勤卫. 车辆荷载对软土地区海底沉管隧道的影响分析[J]. 地震工程学报, 2015, 37(1): 94-99.

[13] 陆世杰. 潮汐及车辆荷载作用下沉管隧道管节位移及应变研究[D]. 杭州: 浙江大学, 2018.

[14] 高峰, 关宝树. 列车荷载对长江沉管隧道的影响[J]. 铁道学报, 2001, 23(3): 117-120.

[15] 魏纲, 陆世杰, 齐永洁. 车辆荷载下沉管隧道动力响应有限元分析[J]. 低温建筑技术, 2019, 41(9): 89-93.

[16] 谢雄耀, 王培, 李永盛, 等. 甬江沉管隧道长期沉降监测数据及有限分析[J]. 岩土力学, 2014, 35(8): 2314-2324.

[17] 邢永辉, 陈海军. 浅谈沉管隧道起浮与抗浮设计[J]. 现代隧道技术, 2008, 45(3): 36-39.

[18] 李伟平, 吴德兴, 郭霄, 等. 宁波甬江沉管隧道大修设计与施工[J]. 现代隧道技术, 2011, 48(1): 82-89.